SHEHUI ZHUYI FAZHAN
JIANSHI

# 社会主义发展简史

本书编写组

人民出版社
学习出版社

马克思

恩格斯

列 宁

　　1999 年 10 月 1 日，江泽民在天安门城楼上向参加庆祝中华人民共和国成立 50 周年大会的群众游行队伍挥手致意

2009 年 10 月 1 日，胡锦涛在庆祝中华人民共和国成立 60 周年大会上发表重要讲话

2019 年 10 月 1 日，习近平在庆祝中华人民共和国成立 70 周年大会上发表重要讲话

# 目　录

# 前　言

　　社会主义从破土而出到现在，已经有 500 多年发展史。它的最初形态是空想社会主义。从 16 世纪初到 19 世纪 40 年代，在 300 多年里，一批伟大的空想社会主义先驱天才地勾画了未来社会图景，点燃和播撒了人类追求社会主义的思想火种。然而，由于没有找到实现其社会理想的正确道路和社会力量，这些思想终究没能起到实际推动社会进步的作用。

　　1848 年，马克思、恩格斯发表《共产党宣言》，系统阐述了科学社会主义的一般原理，并在后来的《资本论》等著作中，以透彻而鲜明的语言阐明了唯物史观和剩余价值学说，深刻揭示了资本主义的内在矛盾和无产阶级的历史使命，科学论证了社会主义必然代替资本主义的历史趋势，实现了社会主义从空想到科学的历史性跨越，为人类进步指明了奋斗方向。在 170 多年里，科学社会主义经历了从 19 世纪 40 年代到 20 世纪初期国际共产主义运动、工人运动兴起，马克思主义、社会主义理想广泛传播于全世界；经历了1917 年列宁领导十月社会主义革命胜利、创建世界上第一个社会主义国家，实现社会主义从理论、运动到实践、制度的划时代跨越；经历了 20 世纪 20 年代至 50 年代苏联共产党和苏联人民巩固、捍卫和建设第一个社会主义国家，以及社会主义制度从一国实践到多国的发展；经历了 20 世纪 50 年代后社会主义建设从学习单一模式初创基础，到各国结合自己的国情和实际进行探索的发展；经历了从 20 世纪八九十年代世界社会主义遭遇曲折，到以中国特色社会主义为代表，各国人民总结经验教训，在开拓创新中推动社会主义重新奋起的波澜壮阔的历史进程。

社会主义在中国传播、实践和发展有 100 多年历史，走过了上下求索、星火燎原、苦难辉煌、开创基业、改革发展、进入新时代，不断迈向新的胜利的伟大历程。以毛泽东同志为主要代表的中国共产党人，把马克思主义基本原理与中国实际相结合，领导全国各族人民浴血奋战，取得新民主主义革命的伟大胜利，建立了中华人民共和国，完成了社会主义革命，确立社会主义基本制度，对适合中国国情的社会主义道路进行初步探索。1978 年党的十一届三中全会以后，以邓小平同志为主要代表的中国共产党人，成功开辟了中国特色社会主义道路，开启中国社会主义发展新时期；以江泽民同志为主要代表的中国共产党人，成功把中国特色社会主义推向 21 世纪；以胡锦涛同志为主要代表的中国共产党人，成功在新世纪新起点上坚持和发展中国特色社会主义。中国共产党经受住了来自国际和国内的、自然界和社会的、世界社会主义和中国社会主义自身发展的各种风险、挑战、冲击和严峻考验，成功捍卫了中国的社会主义事业，把中国特色社会主义不断推向前进。

党的十八大以来，中国特色社会主义进入新时代。以习近平同志为核心的党中央领导全党全国各族人民，创立了习近平新时代中国特色社会主义思想，统揽伟大斗争、伟大工程、伟大事业、伟大梦想，推动党和国家事业发生一系列历史性变革、取得一系列历史性成就，社会主义中国以更加雄伟的身姿屹立在世界的东方。实践证明，中国特色社会主义是科学社会主义的理论逻辑与中国社会发展的历史逻辑的统一；在当代中国，坚持和发展中国特色社会主义，就是真正坚持科学社会主义；坚持走符合中国实际的中国特色社会主义道路，就是真正走科学社会主义指明的道路。中国特色社会主义是中国共产党和中国人民团结的旗帜、奋进的旗帜、胜利的旗帜。

在人类社会的漫漫历史长河中，500 多年的时间不算长，170 多年和 100 多年更不算长。然而，社会主义的理论和实践，却深刻改变了亿万人民的命运、改变了人类历史发展的方向。社会主义、共产主义事业就像喷薄而出的朝阳，它光芒四射、穿云破雾、生机勃勃、势不可当，用自己的实践、奋斗和精神，不断揭示着人类社会发展的必然趋势，不断展现着社会主义制度的优越性和共产主义理想的光明前景。

认真学习和全面了解社会主义发展史特别是中国特色社会主义发展史，是习近平的一贯要求。2013 年 1 月 5 日，习近平在新进中央委员会的委员、候补委员学习贯彻党的十八大精神研讨班上，深刻阐明了世界社会主义 500 多年发展的非凡历程，阐明了中国特色社会主义历史渊源和发展进程，强调要通过学习坚定理想信念，做到倍加珍惜、不断发展中国特色社会主义，始终朝着最终实现共产主义这个远大目标前进。2020 年 1 月 8 日，习近平在"不忘初心、牢记使命"主题教育总结大会上的重要讲话中指出，要把学习贯彻党的创新理论同学习党史、新中国史、改革开放史、社会主义发展史结合起来，不断深化理论认识，提高思想自觉和行动自觉。

习近平指出："重视历史、研究历史、借鉴历史，可以给人类带来很多了解昨天、把握今天、开创明天的智慧。所以说，历史是人类最好的老师。"深入学习社会主义的来龙去脉，对于深化用党的创新理论武装头脑，进一步增强"四个意识"、坚定"四个自信"、做到"两个维护"，牢记"国之大者"，加深对党的初心使命的认识，积极投身于新时代中国特色社会主义伟大征程具有重要意义。

第一，学习社会主义发展史，有助于认识和把握人类社会发展的历史规律，坚定走中国特色社会主义道路的信念。坚定的理想信念，是建立在对历史规律的深刻把握之上的。社会主义不是凭空出现的，它是资本主义时代深刻社会矛盾的反映、是无产阶级和资产阶级激烈斗争的产物。空想社会主义者深刻感觉到了这种矛盾和斗争，但并没有真正认识它们。马克思发现了唯物史观和剩余价值学说，运用这"两个伟大发现"，深刻揭示了资本主义的基本矛盾，阐明了人类必将最终走向共产主义的历史规律。科学社会主义的诞生，极大地鼓舞了无产阶级和劳动人民，科学理想的火种从此代代相传、生生不息，成为推动人类进步的原动力。20世纪八九十年代的苏联解体、东欧剧变，使世界社会主义运动遭遇曲折，但并没有改变资本主义的固有矛盾，没有改变资本主义社会的对立和斗争，没有也无法否定科学社会主义基本原理。中国特色社会主义用自己的理论和实践，给世界社会主义发展带来了希望,在 21 世纪的中国展示了科学社会主义的强大生机活力!学习社会主义发展史,就要从源头上搞清楚中国先进分子是怎样经过反复比较和总结,历史地选择了马克思主义、社会主义道路的;我们党是怎样把马克思主义基本原理同中国具体实际和时代特征结合起来,独立自主走自己的路的,又是怎样历经千辛万苦、付出各种代价,开创和发展中国特色社会主义的,从而深刻把握人类社会发展的历史规律和社会主义、共产主义必然胜利的历史趋势,更加坚定共产主义理想、坚定走中国特色社会主义道路的信念。

第二,学习社会主义发展史,有助于总结社会主义发展正反两方面的经验教训,更好地推进中国特色社会主义伟大事业。历史是一面镜子,可以明得失。社会主义发展史,是我们了解社会主义发展中的得失成败,总结经验教训,更好地坚持和发展社会主义的最好教材。社会主义是前无古人的事业,始终是在开拓探索中前进的,发展中既有顺利、突破和成功,也有斗争、曲折甚至失败。列宁引用车尔尼雪夫斯基的话说,历史活动不是像涅瓦大街的人行道那样宽阔、自由和笔直。他指出,"历史通常都是循着曲折的道路发展的,马克思主义者必须善于重视历史的极其复杂奇特的曲折道路"。20 世纪世界社会主义经历了战争与和平、革命与改革、高潮与低潮、胜利与挫折的种种磨砺,既创造了惊天动地的伟绩,也出现了令人扼腕叹息的失误,尤其是苏联解体、东欧剧变这样的历史曲折,是我们始终不能忘记的。中国共产党开拓中国社会主义道路,也经历了艰辛探索的历程。从"以俄为师"到"以苏为鉴",从纠正"文化大革命"错误到开启改革开放、建设社会主义现代化的新时期,中国共产党团结带领全国各族人民，以马克思主义为指导，深刻总结历史经验教训，紧密联系中国国情和时代特征，深刻把握社会主义发展的根本规律，在接续奋斗中开拓了中国特色社会主义崭新道路，书写了世界社会主义的壮丽史诗。善于总结经验教训，从中汲取智慧，是我们党的光荣传统，是推动党和国家事业发展的重要法宝。学习社会主义发展史，就要深入认识和了解社会主义光荣、曲折、走向辉煌的发展历程，科学认识和总结正反两方面的经验教训，不断深化对什么是社会主义、怎样建设社会主义等基本问题的认识，更好地坚持和发展中国特色社会主义。

第三，学习社会主义发展史，有助于学习和铭记革命先辈对社会主义事业的忠诚，矢志不渝为发展中国特色社会主义伟大事业而不懈奋斗。社会主义500多年历史，演绎了无数动人的故事，它是一部为真理而献身、为主义而奋斗、为信仰而坚守的历史。早期的许多空想社会主义者，出身上层社会，本来生活优裕，但他们对资本主义制度深恶痛绝，对工人的苦难深切同情，对建设更美好社会无比向往，义无反顾地为之奋斗。科学社会主义创立170多年来，无数志士仁人前仆后继、不屈不挠，亿万人民群众紧紧追随、英勇斗争。作为科学社会主义创始人，马克思把毕生心血、才华乃至生命献给了无产阶级事业，以至于无法顾及自己和家人的基本生活，长期陷于贫困；恩格斯为了从经济上更好地帮助和支持马克思，长达20年之久从事他称之为"可诅咒的商业"，把自己的黄金岁月大量消耗在商务琐事之中，并甘当"第二小提琴手"，全身心地支持帮助他的战友，他们的友谊"超过了古人关于人类友谊的一切最动人的传说"。列宁毕生为俄国和世界无产阶级革命事业奋斗，长期在凶险艰苦的环境中工作，直到晚年他身患重病，自知来日无多，仍然为了苏维埃政权的巩固，为了探索一条社会主义建设道路而呕心沥血，工作到最后一刻。在中国革命、建设和改革的历史进程中，更是遍地英雄、处处忠魂。毛泽东一家六口为革命献身，周恩来为了革命事业鞠躬尽瘁、死而后已，许多老一辈革命家为民族、为国家奋斗一生；还有"砍头不要紧，只要主义真"的夏明翰，爬冰卧雪、弹尽粮绝中奋战的杨靖宇，面对铡刀毫无惧色的刘胡兰，把"有限的生命投入到无限的为人民服务中去"的共产主义战士雷锋，"宁可少活20年，拼命也要拿下大油田"的铁人王进喜，县委书记的榜样焦裕禄；等等。无数革命先辈为了民族独立、人民解放和人民幸福，为了崇高的社会主义、共产主义事业抛头颅、洒热血、矢志不移，为我们树立了光辉榜样。习近平指出："革命理想高于天。没有远大理想，不是合格的共产党员；离开现实工作而空谈远大理想，也不是合格的共产党员。"学习社会主义发展史，就要学习无产阶级革命导师和无数革命先辈为着主义和信仰，矢志不渝、不惜牺牲的奋斗精神，像他们那样对理想、对事业、对人民无限忠诚，始终把自己的命运同国家前途、民族未来、人民幸福和人类进步事业结合在一起，勇于担当历史重任，胸怀远大理想、脚踏实地地为中国特色社会主义事业不懈奋斗！

第四，学习社会主义发展史，有助于加深对中国共产党人初心使命的认识，在新时代更好地为中国人民谋幸福、为中华民族谋复兴。我们党以马克思主义为根本指导思想，马克思主义奠定了我们党的理想信念基础，也决定了我们党的初心和使命。马克思、恩格斯指出："过去的一切运动都是少数人的，或者为少数人谋利益的运动。无产阶级的运动是绝大多数人的，为绝大多数人谋利益的独立的运动。"科学社会主义170多年的历史，鲜明地印证了这一论断。社会主义是追求人类自由解放的事业、是为最广大劳动人民谋幸福的事业，它植根于人民之中，始终把建立一个没有压迫、没有剥削、人人平等、共同富裕的新社会作为奋斗目标。正因如此，它具有生生不息、跨越国界、穿越时代的影响力。中国共产党立党之始，就确立了为人民谋幸福、为民族谋复兴的初心使命。习近平指出："从石库门到天安门，从兴业路到复兴路，我们党近百年来所付出的一切努力、进行的一切斗争、作出的一切牺牲，都是为了人民幸福和民族复兴。正是由于始终坚守这个初心和使命，我们党才能在极端困境中发展壮大，才能在濒临绝境中突出重围，才能在困顿逆境中毅然奋起。忘记初心和使命，我们党就会改变性质、改变颜色，就会失去人民、失去未来。"学习社会主义发展史，就要深刻认识人民立场始终是我们党的根本立场，中国共产党人流血牺牲、艰苦创业和一切奋斗，根本目的就是为了实现人民对美好生活的向往、实现中华民族伟大复兴的中国梦；深刻认识"江山就是人民、人民就是江山，打江山、守江山，守的是人民的心"，必须始终不忘初心、牢记使命，始终保持同人民群众的血肉联系，始终同人民想在一起、干在一起，风雨同舟、同甘共苦，不断作出为人民谋幸福的新贡献，不断谱写为中华民族谋复兴的新篇章。

2021年是中国共产党成立100周年。中国共产党是为社会主义、共产主义理想信念而奋斗的马克思主义政党。认识中国共产党，就要认识我们党所信仰的主义、认识我们党为之奋斗的伟大事业，坚定听党话、跟党走的信念。习近平指出："今天，我们回顾历史，不是为了从成功中寻求慰藉，更不是为了躺在功劳簿上、为回避今天面临的困难和问题寻找借口，而是为了总结历史经验、把握历史规律，增强开拓前进的勇气和力量。"我们要从社会主义 500 多年的历史中汲取智慧、力量和信心，始终不忘初心、牢记使命，始终坚守理想、坚定信念，接好社会主义发展的"接力棒"，走好新时代的长征路，在全面建成富强民主文明和谐美丽的社会主义现代化强国、实现中华民族伟大复兴征程中，用热血、汗水和牺牲铸就新的辉煌。

# 第一章 ‖ 空想社会主义的
产生和发展

公元 1516 年，英国人托马斯·莫尔的《乌托邦》一书出版，描绘了一个没有剥削压迫、人人平等、和谐安宁的社会，这是社会主义思想的最初萌芽，后来被称为"空想社会主义"。从 16 世纪初到 19 世纪 40 年代，300 多年间，空想社会主义影响遍及欧洲，并达于美洲。19 世纪 40 年代，科学社会主义产生后，空想社会主义便日渐失去了影响力。作为人类文明的重要成果，空想社会主义为科学社会主义创立积累了丰富的思想资料，其关于理想社会的许多构想，至今仍然具有重要的启示意义。

## 一、人类自古就有对理想社会的向往

人类关于理想社会的构想源远流长。人类社会发展初期，社会生产力落后、自然环境恶劣、生存竞争严酷，人类主要希望摆脱自然界的束缚，因此，产生了许多神话传说，在神话世界里寄托美好期望。

原始公社解体之后，人类社会先后进入奴隶社会、封建社会和资本主义社会，这些社会形态的出现尽管是人类历史的进步，但都是建立在生产资料私有制基础上的阶级社会，充满着剥削、压迫、奴役，以及由此造成的贫穷、愚昧和各种罪恶、仇恨。面对社会的严重不公和人间的深重苦难，处于社会底层的广大劳动人民渴望有朝一日能摆脱剥削和压迫，摆脱贫困和动荡，过上安定富裕的生活；各个时代的先贤、志士发出不平的抗议和解放的呼声。我国古代诗篇中，就有许多这样的声音。比如，《诗经·魏风·硕鼠》中，"逝将去女，适彼乐土。乐土乐土，爰得我所"，明确表达了劳动人民向往没有剥削、压迫，充满欢乐的人间乐土的社会理想。

春秋战国时期，诸子百家学说反映了各自的理想社会。老子提出过"小国寡民"的理想社会，孔子提出了"天下有道"的理想社会，墨子则构思了一个"尚贤""尚同"的理想社会，农家、法家等也各有自己的理想社会。汉代编纂的儒家经典《礼记·礼运》，正式提出了"天下为公"的大同世界构想："大道之行也，天下为公，选贤与能，讲信修睦。故人不独亲其亲，不独子其子，使老有所终，壮有所用，幼有所长，矜寡孤独废疾者皆有所养。男有分，女有归。货恶其弃于地也，不必藏于己；力恶其不出于身也，不必为己。是故谋闭而不兴，盗窃乱贼而不作，故外户而不闭，是谓大同。"这些理想社会构想，大多是追求一种道德上的完美主义，其价值取向基本是"不患寡而患不均"，而不是通过大幅度提高生产力水平更好满足社会需要。

在古希腊，柏拉图提出了"理想国"、亚里士多德设计了"理想城邦"等理想社会构想。柏拉图以"公平正义"作为理想国的准则。在这样的理想国中，治国者是德高望重的哲学家或"哲人王"，他们按照理性的指引，公正地治理国家，从而使城邦安定和谐，使每个人得到最大的幸福和快乐。治国者不能有自己的私产和家庭，因为私产和家庭是一切私心邪念的根源。亚里士多德的"理想城邦"，是在柏拉图"理想国"的基础上构想的，他设想通过某种政治变革塑造一个理想化的城邦，这个城邦只有公民（自由民）和非公民（非自由民）。公民限定于有产者，他们有政治权利。在此基础上使"城邦实现善德"的目的。西方先贤对理想社会的构想，带有各自时代和阶级印记，所依据的是生产力水平较低的经济社会条件，更多带有神秘色彩和幻想性质。

到了近代，随着现代资本主义大工业的兴起，社会财富不断增加，社会矛盾大量积累，使得社会改造的任务更加迫切，人们提出对未来社会的构想，开始具有为社会改造提供方案的意义。但这些构想，主要出于改良和维护现存社会制度的目的，大多不包含对资本主义制度的根本反思和批判，没有对现存社会进行彻底改造的思想。

古人和近代以来一些思想家对未来社会的构想，还不是我们所说的空想社会主义。空想社会主义是人类进入资本主义社会、出现了现代雇佣劳动后，作为资本主义的对立物、批判者出现的。它站在工人阶级和被压迫人民的鲜明立场上，是反对资本主义的思想体系中一颗耀眼的明星，对未来社会的构想具有较为深刻的历史意义和较为丰富的思想内涵。

## 二、资本主义生产方式形成与
## 空想社会主义产生

　　资本主义生产方式的出现，是空想社会主义产生的现实前提。恩格斯在《社会主义从空想到科学的发展》一文中写道："现代社会主义，就其内容来说，首先是对现代社会中普遍存在的有财产者和无财产者之间、资本家和雇佣工人之间的阶级对立以及生产中普遍存在的无政府状态这两个方面进行考察的结果。"这里的现代社会，就是指现代资本主义社会。空想社会主义，是资本主义时代到来时，人们对脱离新的深重苦难，建设美好社会的渴望和构想。

　　传统社会向现代社会的过渡是从 15 世纪下半叶开始的。那一时期，西欧大部分国家进入了封建社会的末期。社会生产力已经有了相当程度的发展，农民和手工业者在长期辛勤劳动中积累了丰富的生产经验，生产工具得到进一步改进。在纺织工业中，13 世纪已经出现了手摇纺车，15 世纪末，又出现了集纺纱和卷线功能于一身的自动纺车。与此同时，更加先进的卧式织布机逐渐取代立式织布机，大大提高了纺织品的产量。在采矿、冶金和金属等行业中，也先后发明了各种机械装置，除使用人力外，畜力、风力也运用到生产当中。随着生产力的发展，西欧封建社会内部发生了一系列重大变化：农奴制衰落和消失，清教主义运动和清教革命兴起，纺织业大发展和圈地运动在英国出现，科学技术新发展，海外殖民地建立与国外市场扩大，文艺复兴和法国启蒙运动，等等。正是这些变化最终导致工业革命的发生，而工业革命又带来生产力的跃进和社会物质财富快速增加。

地理大发现和世界市场的出现，促进了资本主义的发展，预示着现代社会的到来。1487年，迪亚士到达非洲南端的好望角；1492年，哥伦布发现美洲新大陆；1497年到1498年，达·伽马绕过好望角，开辟了通往印度的新航路；1519年到1522年，麦哲伦率领的船队实现了环球航行。美洲大陆的发现和新航路的开辟，极大地推动了西欧对外贸易的发展：一方面，发展了欧洲与美洲、欧洲与亚洲的跨洋贸易；另一方面，促进了地中海、大西洋、北海、波罗的海沿岸的贸易。伴随着贸易越来越占有突出的地位，欧洲的经济中心从地中海沿岸转移到大西洋沿岸，早期的世界市场形成了。尽管这时的世界市场，同工业革命之后的世界市场不同，贸易仍属于互通有无的性质，尚未建立在国际分工的基础之上；占支配地位的是商业资本，还不是工业资本。但是，早期世界市场的形成，是促使封建主义生产方式向资本主义生产方式过渡的一个主要因素。马克思指出，"资本主义时代是从16世纪才开始的"，"世界贸易和世界市场在16世纪揭开了资本的现代生活史"。

16世纪以后，葡萄牙、西班牙、荷兰、法国、英国等西欧国家先后开始了海外殖民掠夺，其首要目标就是黄金。地理大发现，不仅使巨额财富流向欧洲，而且促使欧洲商业的性质和经营方式发生了变化，商业资产阶级的经济力量空前膨胀，推动了工场手工业的发展。

在这些因素共同作用下，封建社会自给自足的小生产方式开始瓦解，资本主义生产方式逐步形成；手工业者和农民的两极分化速度加快，资产者和无产者两支新生的阶级力量同时登上历史舞台。在资本主义生产方式下，无论是新生的资产阶级还是新生的无产阶级，他们在生产、交换、分配和消费的过程中，在工作和生活过程中，都表现出与历史上曾经出现的阶级的极大不同。广大劳动群众从人身依附的封建生产关系中走出来，这是一种历史的进步。但他们随即又陷入资本主义这种新的剥削方式中，为资本所奴役，由对人的依附变为对物的依附，人身实际上更加不自由，社会也并不和谐。马克思、恩格斯指出："资产阶级在它已经取得了统治的地方把一切封建的、宗法的和田园诗般的关系都破坏了。它无情地斩断了把人们束缚于天然尊长的形形色色的封建羁绊，它使人和人之间除了赤裸裸的利害关系，除了冷酷无情的'现金交易'，就再也没有任何别的联系了。"资本主义带来的，不仅远非资产阶级启蒙思想家所描绘的"和谐理想之邦"，而且充满更多的不平等不自由。

14世纪末15世纪初，地中海沿岸的某些城市已经稀疏地出现资本主义生产方式的萌芽。从16世纪起，资本主义生产方式在西欧各国逐步发展起来。随着1688年英国资产阶级革命和1789年法国资产阶级革命的胜利，资本主义迅速发展起来。

西方资本主义的发展经历了家庭手工业、工场手工业和机器大工业三个阶段。18世纪60年代，以珍妮纺纱机和瓦特蒸汽机的改良和广泛使用为标志，工业革命首先在英国发起，资本主义生产开始由工场手工业向机器大工业转变。工业革命是以机器大生产为主体的工厂制度代替以手工业技术为基础的手工工场的革命，也称为产业革命。工业革命的过程，是各工业部门、各产业环节互相联系、互相推动的过程，从轻工业到重工业，从工作机到发动机再到工作母机（即生产机器的机器），以至形成机器生产的完整体系。工业革命用复杂的机器代替手工，为科学技术应用于生产开辟了广阔的空间，使整个社会生产力得到比以往任何历史时期都高得多的新发展。马克思、恩格斯说："资产阶级在它的不到一百年的阶级统治中所创造的生产力，比过去一切世代创造的全部生产力还要多，还要大。"自18世纪中期英国工业革命开始后，1770—1840年的70年间，工人的平均劳动生产率提高了大约20倍。工业革命的标志是纺纱机及蒸汽机的发明、完善和推广应用；而机器制造业的形成和发展，则标志着工业革命的完成。英国率先完成工业革命，成为当时世界上最先进的资本主义工业国家。此后，法国、美国、德国、俄国先后进行了工业革命。工业革命显示了资本主义生产方式相对于封建主义生产方式的优越性，巩固了从封建社会废墟上建立起来的资本主义制度。随着工业革命的完成，建立在机器大工业基础上的资本主义，成为占统治地位的生产方式。

工业革命不仅是生产技术和社会生产的革命，同时带来生产关系的重大变革。其重要表现之一，就是雇佣劳动者即无产阶级的人数激增。恩格斯说："工业革命创造了一个大工业资本家的阶级，但是也创造了一个人数远远超过前者的产业工人的阶级。随着工业革命逐步波及各个工业部门，这个阶级在人数上不断增加；随着人数的增加，它的力量也增强了。"现代无产阶级是社会化大生产的产物，尤其是机器大生产的出现，对现代无产阶级的形成起到了决定性作用。

机器大工业从根本上改变了工人与生产资料的关系。在工场手工业中，工人可以支配生产资料，而在现代化工厂中，工人则要受生产资料的支配，成为机器的简单附属品；机器大生产本来应该为工人的解放提供物质技术条件，但资本家却通过使用机器大幅度降低工资，尽量延长劳动时间，不断增加劳动强度，通过廉价雇用童工、女工等办法榨取广大工人的血汗，工人只能接受被奴役被压榨的命运；机器的广泛使用，导致工人进一步失去自由，加速了工人的"相对贫困化"。马克思指出："资本来到世间，从头到脚，每个毛孔都滴着血和肮脏的东西。"资本主义给广大劳动人民带来的苦难，是空想社会主义产生和发展的社会基础和实践源泉。

空想社会主义是适应早期无产阶级渴望改变现状的需要而产生的，也是人类自古就有的追求更美好社会的理想在资本主义条件下的反映。在资本主义制度下，无产阶级和资产阶级是利益根本对立的两大阶级，它们从一开始就存在着矛盾与斗争。最初，无产阶级对资本主义的认识和斗争是表面的，他们并不理解资本主义的本质，不理解自己遭受剥削和奴役的真正原因，他们往往把工厂和机器视为贫困的根源，采取破坏工厂、捣毁机器的行动。尽管这些做法还非常幼稚，只是出于本能自发进行反抗，却预示着无产阶级反对资产阶级斗争的序幕从此拉开。在不成熟的资本主义发展状况下，不成熟的无产阶级渴望改变自身生存条件的需要，导致了空想社会主义的产生。恩格斯指出："不成熟的理论，是同不成熟的资本主义生产状况、不成熟的阶级状况相适应的。解决社会问题的办法还隐藏在不发达的经济关系中，所以只能从头脑中产生出来。"

　　早期空想社会主义从古代哲学家的著作中，从基督教的传说中，汲取了大量的思想素材，还汲取了早期地理大发现带来的新知识。当时，人们对介绍新发现地区风土人情的文章最感兴趣，常常把异域见闻写成游记，因而游记这一文学体裁风行一时。《乌托邦》一书就是用游记的形式写成的，描述了一个西班牙人拉斐尔在奇异岛国乌托邦 5 年生活的见闻。

　　资产阶级启蒙思想也是空想社会主义创立的直接思想材料。18 世纪法国资产阶级代表人物掀起了声势浩大的思想解放运动，即启蒙运动。他们以"理性"为武器，对封建专制制度和维护这种制度的宗教神学进行猛烈批判，不仅为资产阶级革命做好了舆论准备，而且促进了现代无产阶级先驱的觉醒。18 世纪空想社会主义思想家的著作充满了"理性""平等""公平""正义""和谐"等词语。19 世纪初的空想社会主义者也受到启蒙思想家的影响。恩格斯指出，三大空想社会主义者的学说，"就其理论形式来说，它起初表现为 18 世纪法国伟大的启蒙学者们所提出的各种原则的进一步的、据称是更彻底的发展"。

## 三、空想社会主义发展阶段和代表人物

　　空想社会主义诞生以后，其思想理论的发展，是随着资本主义矛盾的激化，特别是随着无产阶级与资产阶级斗争的发展而发展的。在空想社会主义 300 多年的发展中，出现了许多伟大的名字，传颂着很多不朽的篇章，留下了不懈奋斗的足迹。

从16世纪初到17世纪末，是早期空想社会主义阶段。这一时期空想社会主义的共同特点是，从古代哲学著作、早期基督教传说以及当时人文主义著作中，汲取思想素材，采用文学的形式，虚构描写未来理想社会的情景。所以，恩格斯指出，"在16世纪和17世纪有理想社会制度的空想的描写"。这一时期空想社会主义思想家像一群灿烂的新星，出现在人类思想史上，主要代表人物有：

托马斯·莫尔（1478—1535），空想社会主义的开山鼻祖。他出生于英国伦敦的一个贵族家庭，天资聪颖，14岁时就到牛津大学深造。大学毕业后，他很快成为出色的律师和知名的议员，还担任过下议院议长和大法官，但他没有满足于锦绣仕途和荣华富贵，而是致力于社会问题的研究。

莫尔生活的年代是英国封建制度解体和资本主义原始积累时期。他目睹了英国资本原始积累的残酷，对"羊吃人"的圈地运动深有感触，引起他对劳动人民的深切同情和建设一个理想社会的向往。当时意大利著名航海家韦斯甫契的游记风靡整个欧洲，他在游记中说，在美洲南纬18度的地方留下

★ 1516年，托马斯·莫尔的《乌托邦》出版

了24个人，在那里安家落户。莫尔就假借24个人中的一位，讲述自己心目中的理想国，写成了人类思想史上第一部空想社会主义著作《乌托邦》。莫尔在书中控诉了资本原始积累的罪恶，他说：你们的羊"一向是那么驯服，那么容易喂饱，据说现在变得很贪婪、很凶蛮，以至于吃人，并把你们的田地、家园和城市蹂躏成废墟"。1535年7月7日，莫尔因反对国王亨利八世任英国教会的首领被判死刑，其头颅被悬挂在伦敦桥上示众。

托马斯·闵采尔（1489—1525），出生于德国一个富裕家庭，17岁上大学，先后获得神学学士学位和自然科学硕士学位。闵采尔曾经游历几十个城市和数百个村庄，看到许多穷苦人遭受苛捐杂税和苦役盘剥，境遇悲惨又申诉无门。人民的深重苦难，撞击着闵采尔的心灵。他认为，只有把人民组织起来，进行坚决斗争，建立一个没有压迫剥削的人间天堂，舍此别无他途。大学毕业后，他自愿选择了神学教员和传教士的职业，就是为了更方便宣传自己的思想。从1520年开始，闵采尔利用布道的机会，到处宣传社会变革、揭露社会罪恶，主张进行宗教改革。他提出，要用暴力建立一个以公有制为基础、消灭压迫和剥削、平等民主幸福的"千载太平天国"，这些思想主张深受各地下层群众的欢迎，却引起特权阶级的恐慌。1525年初，闵采尔在米尔豪森领导农民起义，推翻了城市贵族议会，成立了革命的权力机关——永久市政会。之后，德国各地纷纷爆发了农民起义，闵采尔成为农民起义的精神领袖。1525年5月，农民起义遭到镇压，闵采尔受伤被俘，遭受严刑拷打，宁死不屈，被秘密杀害。

托马佐·康帕内拉（1568—1639），出生于意大利的一个贫苦农民家庭。康帕内拉一生因冒犯教会，参加反抗西班牙殖民统治的活动，多次被捕入狱，在狱中度过了33年，但他始终坚贞不屈。在狱中，康帕内拉忍受痛苦，秘密创作了《太阳城》这一空想社会主义的重要著作。他用对话体裁，描绘了印度洋上一个虚幻的岛国太阳城，这是一个实行绝对的公有制、没有阶级的区分、没有贫富的对立、没有因贫富对立产生的一切恶习的社会。他写道：请把高傲、无知和谎言，放在我从太阳那里偷来的烈火中，销毁吧！出狱之后，康帕内拉的坚强意志毫未减退，他继续从事政治活动，在再次组织起义失败后流亡法国，1639年5月21日于巴黎去世。

杰拉德·温斯坦莱（约1609—约1660），出生于英国兰开夏郡一个商人家庭，17世纪掘地派运动的著名领袖和杰出思想家，是最早把自己的理想付诸实践的空想社会主义者。1649年1月，温斯坦莱发表了《新的正义的法律》，提出在土地公有制的基础上，共同利用土地和享受土地果实的主张。为了实现这个想法，他带领一批失地的穷苦庄稼汉，在英国的圣乔治山开垦无主的荒地，山上一切公有，共享收成，过着原始共产主义的生活，被称为"掘地派"。后来，随着掘地运动的快速扩展，引起了统治阶级的恐慌，掘地运动遭到镇压。1652年，温斯坦莱出版了《自由法》一书，提出了在土地公有制基础上改造现存社会、建立理想的社会制度——共和管理制度的方案，呼吁建立一个有"使用土地的自由"的真正自由的共和国。温斯坦莱后期的活动不详，大约于1660年去世。

18世纪资本主义已由简单协作发展到工场手工业，空想社会主义也摆脱早期纯粹虚构的幻想，开始更多地面向现实，注重从法理角度批判资本主义私有制，以法律条文的形式阐述未来理想社会的基本原则。这一时期著名的空想社会主义代表人物大都出现在法国，主要有：

让·梅叶（1664—1729），他在极其艰苦的条件下，秘密创作了三卷本巨著《遗书》，以"作为真理的凭证"。他号召人民群众起来追求自身的解放，建立一个财产公有，财富平等享有，婚恋自由，没有战争、欺骗、盗窃、诉讼和掠夺的平均共产主义制度。他去世后，《遗书》的手抄本在法国秘密流传。伏尔泰高度评价该书。

摩莱里（约1720—1780），他一生写下了许多著作，其中《巴齐里阿达》和《自然法典》最有代表性。书中用法律条文形式描绘了合乎"自然意图"的未来社会蓝图。在这个社会中，生产资料公有，人人劳动，人人都为社会公益尽其所能，人人都从社会获其所需。这对后来的空想社会主义者影响很大。

马布利（1709—1785），他创作出版了两部代表性著作《论法制或法律的原则》《论公民的权利和义务》，把批判的锋芒直接对准资本主义私有制，提出要建立一个以自由、平等和劳动为基础的公众福利的"平等共和国"，实现"人人都是富人，人人都是穷人，人人平等，人人自由，人人是兄弟"。

格拉古·巴贝夫（1760—1797），他积极参加了法国大革命，并创办报刊，宣传革命思想，号召人民群众武装起来。1796年，巴贝夫组织成立平等派密谋组织，试图进行武装起义，因叛徒出卖，起义失败被捕。临刑前，他在遗书中写道："我是为了最伟大和最崇高的事业而牺牲自己的"，"后世的公论一定会宣布我们无罪并为我们戴上花冠。"

19 世纪三四十年代，英国已经基本完成工业革命，德国、法国的资本主义发展也开始向机器大工业过渡，资产阶级已经确立了自己的统治地位。这时，广大劳动群众的地位仍然与以前没多大改变，政治上无权，经济上更加贫困，他们反抗资本主义的斗争更加激烈。活生生的社会现实，打破了启蒙学者对资本主义新社会的华美预言。在那个时代，著名作家巴尔扎克的《人间喜剧》、雨果的《巴黎圣母院》和《悲惨世界》、狄更斯的《雾都孤儿》和《大卫·科波菲尔》等作品，都以辛辣尖锐的笔法，无情揭露了资本主义社会的虚伪、贪婪、凶残，描写了下层民众的悲惨处境，反映了劳苦大众的不屈抗争。在这样的社会历史条件下，资本主义的基本矛盾日益深化，无产阶级改变社会现状的愿望和要求更加强烈。

经过 300 多年发展，空想社会主义的理论和实践已积累了丰富成果，为进一步发展奠定了重要基础。空想社会主义发展到 19 世纪初，无论理论上还是实践上都达到一个高峰，出现了一批杰出代表人物，其中有法国的克劳德·昂利·圣西门、沙尔·傅立叶和英国的罗伯特·欧文，他们被称为 19 世纪三大空想社会主义者。他们继承以往的空想社会主义思想，吸收 18 世纪法国启蒙学者的理论形式，在批判资本主义社会制度的同时，对未来社会提出了许多积极合理的设想。

克劳德·昂利·圣西门（1760—1825），出生于法国一个显赫的贵族家庭，自幼受到良好的教育。他本可以一辈子安享荣华富贵，但他不愿意沉湎于这样的生活，而是立志做"工人阶级的代言人"，为全人类的幸福而奋斗。1779 年，

★ 克劳德·昂利·圣西门

他以志愿军的身份赴美洲参加北美人民反抗英国殖民统治的战争。他作战勇敢，几次负伤，连续晋升，被华盛顿授予最高奖章——辛辛那提勋章。然而，圣西门并不自满于此。他宣称，其天职根本不是当一个职业军人，而是要从事更伟大的活动，就是要研究人类理性的进程，以便为将来改进人类文明而努力。抱着这样的理想，战争结束后，他放弃了有大好前途的军队生涯，开始从事他所称的"改进人类文明"的伟大实践。1789年，圣西门回国参加了法国大革命，他郑重宣布放弃世袭的爵位和自己的显贵姓氏，改称"公民包诺姆"（意为老百姓、庄稼汉）。群众选举他担任皮卡迪佩龙纳市市长和国民近卫队队长，他认为自己出身特权阶层，不适合担任这样的职务，因而予以拒绝。圣西门利用革命之后出现的难得的商机，与他人一起合伙经营房地产，很快成为富甲一方的大富豪。但是，他经商的目的不是"筑起富丽堂皇的庙堂"，而是要建起"荣誉的祭坛"。圣西门把赚来的钱用于科学研究、学习知识以及游历各地并著书立说。圣西门一生创作了《论实业制度》《新基督教》等一系列著作，系统阐述了自己的思想。他认为，未来社会应坚持"一切人都要劳动"的原则，尽可能实现完全平等和最大限度自由。恩格斯曾高度评价圣西门，"我们在圣西门那里发现了天才的远大眼光，由于他有这种眼光，后来的社会主义者的几乎所有并非严格意义上的经济学思想都以萌芽状态包含在他的思想中"。

沙尔·傅立叶（1772—1837），出生于法国一个富商家庭，父亲曾是当地商业法庭庭长，母亲家有贵族称号，他受过良好教育并酷爱读书。法国大革命时期，他为生计所迫当过交易所的经纪人、商店售货员、会计、发行员和推销员。在长期的经商过程中，傅立叶对资本主义商业的内幕有了直接的感受和认识，深刻了解资本主义社会的尔虞我诈，

★ 沙尔·傅立叶

以及给民众带来的痛苦。1799年的一天，受老板的指令，他带人把因等待涨价而变质的200多万公斤大米秘密抛进大海，当时法国还有800多万人处于饥饿状态。这件事深深刺激了他。事后，一种无可名状的犯罪感一直困扰着他，促使他寻求"医治社会疾苦的药方"和"新的科学"，因为"一切幻想消失了，所有的政治科学和道德科学都被人怀疑并无可挽回地失去了信用"，"包括贫穷在内的最可耻的灾难都会在某些教条的掩护下永远地继续下去"，"社会的幸福必须求之于另一种新的科学"。之后，傅立叶近40年如一日从事写作和宣传自己的学说，经常工作到深夜，一直到去世的前夕。他先后发表了《全世界和谐》《四种运动论》《宇宙统一论》《论商业》等著述，对资本主义进行了深刻而辛辣的批判和

讽刺，描述了其心目中的理想社会制度——和谐制度，以普遍的协作代替个人竞争，使人们摆脱贫困、痛苦、灾难和不幸。恩格斯曾高度评价傅立叶，认为他通过"无情地揭露资产阶级世界在物质上和道德上的贫困"使自己成为"自古以来最伟大的讽刺家之一"。

★ 罗伯特·欧文

罗伯特·欧文（1771—1858），出生在英国一个贫困的家庭，9 岁就在一家呢绒店当学徒，尽管生活十分艰苦，但他一直利用业余时间自学。凭着自己的勤恳和智慧，年仅 20 岁，欧文就在英国实业界崭露头角，1791 年开始管理有 500 名工人的工厂，享受优厚的待遇。在管理过程中，欧文亲眼目睹了工业革命带来的社会后果，他对穷苦的工人给予深切的同情，并尽自己的能力来改善工人的生产生活条件。1799 年，欧文与他人一起买下了新拉纳克工厂，包括 4 个纺织厂、1 个机器制造厂和占地 150 英亩的农场。随之，他进行了一系列既要"有利于社会的大规模试验"，又要"牟利"的改革活动，如：压缩工作时间；禁止雇用童工；提高工人工资；设立工厂商店，排除商人的中间剥削；拓宽街道，扩大广场和公园；为工人建住宅；设立互助储金会和医院；发放抚恤金；创办幼儿园和学校；等等。这些改革措施使工厂面貌焕然一新，企业不但没有减少利润，反而增加了大量利润，酗酒、诉讼、仇视等不见了，新拉纳克工厂变成了一个"完善的模范移民区"，获得了"幸福之乡"的称号，欧文也因此成为享誉欧洲的富有工厂主和慈善家。然而，欧文并没有满足，他开始提出财产公有、消灭私有制、共同劳动的理想社会计划。他除了从伦理和道义上对资本主义进行谴责，还用政治经济学观点对其进行批判，把矛头直接指向财产私有制。他的这些主张遭到资产阶级的普遍排斥，被主流报刊封杀，他也被逐出了上流社会。但欧文不为所动，开始尝试进行社会试验。1824 年，他带着 4 个儿子和一些门徒跑到美国，用他积累的财富购得 3 万英亩土地，进行"新和谐公社"的共产主义新村试验，引起了美国和西欧的广泛关注。由于缺乏管理经验，消费超过了生产，试验无法持续下去。资本主义的汪洋大海很快淹没了欧文的"新和谐"孤岛。几乎耗尽了全部资产后，"新和谐公社"瓦解。回到英国后，欧文继续在工人中进行共产主义宣传和实践活动，并推行在生产领域建立合作社、在流通领域组织公平交换市场的合作运动。1832 年，英国的合作社达到几百个。1833 年，欧文当选为英国历史上第一个全国性的工会组织——"全国生产大联盟"主席，成为英国工会运动的创始人。在积极进行实践活动的同时，欧文出版了《新道德世界书》《人类思想和实践中的革命》等著作。马克思、恩格斯对欧文有过高度的评价，认为欧文猜到了"文明世界的基本缺陷"，并且"对现代社会的现实基础进行了深刻的批判"，指出"当时英国的有利于工人的一切社会运动、一切实际进步，都是和欧文的名字联在一起的"。

19 世纪 40 年代，空想社会主义发展到了它的最后阶段。除了三大空想社会主义者，还有卡贝，他写了《伊加利亚旅行记》；布朗基，他的著作被编为《布朗基文选》；德萨米，他写了《公有法典》；魏特林，他写了《和谐与自由的保证》；等等。这一时期的空想社会主义者在理论上虽然有一些积极的、值得肯定的见解，例如，提出了要革命就必须建立严密的革命组织的思想等。但总的说来，他们的理论再没有什么新建树。用恩格斯的话说，"这是一种粗糙的、尚欠修琢的、纯粹出于本能的共产主义"。

19世纪40年代后，马克思、恩格斯科学总结欧洲工人运动经验，批判地吸收空想社会主义，特别是19世纪三大空想社会主义者的思想成果，创立了科学社会主义，并使之与国际工人运动紧密结合起来。从此，科学社会主义迅速传播，并在工人运动中占据主导地位，空想社会主义的影响逐步走向衰落。

# 四、空想社会主义的基本主张和历史地位

空想社会主义对资本主义进行了激烈批判和揭露，对未来美好社会进行了精心勾画和设计，提出了一系列重要思想和观点。

第一，废除私有制和雇佣劳动，消灭阶级和阶级差别。莫尔提出，未来社会应实行财产公有，大家都热心于公事，"每人一无所有，而又每人都富裕"。康帕内拉提出，未来社会要实行绝对的公有制，没有阶级的区分，没有贫富的对立，由贫富对立而引起的一切恶习也都不再存在，人剥削人、人压迫人和少数人发财、多数人贫困将成为过去。梅叶

提出，人人生而平等是自然权利，自然权利就是消灭阶级和一切阶级差别的社会平等。欧文认为，私有制、宗教和婚姻形式是阻碍社会改造的三大障碍和祸害，其中最主要的是私有制。私有制"是人们所犯的无数罪行和所遭的无数灾祸的原因"，是隔阂、仇视、欺骗、敲诈、卖淫等各种丑恶现象的根源，也"是各国的一切阶级之间的纷争的永久根源"。有的空想社会主义者虽然没有明确提出废除私有制的主张，但对私有制的弊端和罪恶同样进行了深刻的揭露。

第二，改变资本主义分配制度，实行共同劳动、合理分配。莫尔认为，资本主义制度造成贫富两极分化，"一面穷困不堪，一面又奢侈无度"。欧文通过对资本主义企业赢利的计算，揭露了资本家对工人的残酷剥削。在资本主义制度下，劳动者创造的巨量财富，大部分落入资本家的私囊，造成工人阶级日益贫困。欧文痛斥英国资本主义社会是"知识与无知的结合，富贵与贫困的结合，奢侈与忍辱受苦的结合"。欧文认为，资产阶级政府是掠夺、暴虐和欺骗的集合体，它使用暴力和欺骗手段"掠夺和折磨生产阶级，并为他们制造低劣、有害和罪恶的条件"；它经常宣称"保证人民得到持久的福利"，实际上是空话。针对资本主义分配制度的不合理，空想社会主义提出了按劳分配和按需分配的思想。圣西门提出，"要各按其能，各按其劳"。这已经隐约反映出他对社会主义各尽所能、按劳分配原则的设想。傅立叶提出，分配应该按劳动、资本、才能三方面进行，即"按比例分配"。欧文还提出了消灭货币和实行按需分配的思想。

第三，消灭社会生产的无政府状态，有计划地组织社会生产。莫尔提出，未来社会产品直接满足社会全体成员需要，社会生产是按计划组织起来的，避免了盲目性。巴贝夫认为，未来社会的平等不仅体现在政治权利方面，而且还要扩大到社会经济的各个领域；无政府状态将被有计划的生产所代替，整个社会"不再有盲目经营的危险，不再有任意生产或生产过剩的危险"。圣西门指出，资本主义社会的生产无政府状态是"一切灾难中的最严重的灾难"。傅立叶指出，资本主义罪恶的根源主要是生产的分散性或不协调的劳动。文明制度一方面拥有大规模生产，另一方面生产仍然是分散的，这种矛盾必然引起生产的无政府状态，引起各企业主之间的激烈竞争，产生垄断。竞争又通过商业造成"经济生活周期地陷入混乱"，从而使经济危机的爆发不可避免。傅立叶形象地把经济危机叫作"多血症的危机"，解决问题的办法，只能用自然的、协作的、诚恳的、诱人的生产代替"虚伪的、分散的、欺诈的、令人厌恶的生产"。许多空想社会主义者都提出，未来社会生产应该是有计划地组织生产。

第四，消灭城乡差别、脑力劳动和体力劳动差别。康帕内拉提出，未来社会要重视生产技术的革新和发明创造，利用新的生产技术减轻劳动强度和提高劳动效率，创造更为富裕的生活；要实现脑力劳动与体力劳动相结合，教育与生产劳动相结合，劳动应当成为光荣和受人尊重的事。梅叶提出，"流汗是道德之源，而劳动是光荣之本"，认为劳动不仅创造物质财富、保证人们过上幸福生活，而且也是锤炼人们优秀品质和高尚道德情操的必要手段。摩莱里提出，劳动是幸福的事业，"同心协力使劳动变成了有趣和轻松的活动"。圣西门提出，劳动是一切美德的源泉，一切人都应当劳动。

他们还提出了未来社会要以自由劳动和协作为出发点，要取消雇佣劳动，把劳动和享受统一起来。傅立叶认为，在未来社会里，"教育的目的在于实现体力和智力的全面发展"，劳动是建立在协作制度前提下的。劳动应恢复它本身的面貌，大家都能按照自己的兴趣劳动，变成一种享受。欧文提出，社会生活要把城市和乡村结合起来，把工业和农业结合起来，把脑力劳动和体力劳动结合起来，消灭三者之间的差别；实行教育同生产劳动相结合，培养全面发展的新人。马克思指出："正如我们在罗伯特·欧文那里可以详细看到的那样，从工厂制度中萌发出了未来教育的幼芽，未来教育对所有已满一定年龄的儿童来说，就是生产劳动同智育和体育相结合，它不仅是提高社会生产的一种方法，而且是造就全面发展的人的唯一方法。"

第五，主张把国家变成纯粹的生产管理机构，直至最后消亡。在未来社会的国体和政体、国家职能、民主和法制等问题上，空想社会主义者提出了不少有价值的见解。莫尔设想，未来社会应实行民主的政治制度，人民选举产生首领，不允许专制独裁；法律条文少而明确，解释简单；信仰自由，免费医疗，人们把快乐当作追求的目标。康帕内拉提出，理想社会的政治制度和政治机构，是按照民主原则和"贤人政治"的原则组织起来的；人们之间的关系是一种新型的关系，团结友爱、互相关心、互相爱护。圣西门认为，未来社会的政治将是关于生产的科学，对人的管理将代之以对物的管理。傅立叶辛辣地嘲笑了鼓吹资本主义制度永存的观点。他指出，在历史上，蒙昧制度、宗法制度、野蛮制度和文明制度，不过是痛苦多难的一些荆棘丛生的小道，不过是上升到更完美的社会制度的阶段而已。资本主义制度已经处于文明制度的衰落阶段，把衰落的东西看成永恒的东西，是很可笑的。恩格斯对此给予高度的评价，指出"傅立叶最了不起的地方表现在他对社会历史的看法上"，傅立叶"熟练地掌握了辩证法"，"正如康德把地球将来会走向灭亡的思想引入自然科学一样，傅立叶把人类将来会走向灭亡的思想引入历史研究"。

第六，倡导妇女解放和婚姻自由。欧文认为，建立在资本主义私有制基础上的婚姻制度，根本不是以两性纯洁的爱情为基础，而是以私有财产和宗教信仰为基础，许多极为离奇的结合，是以图谋财产为目的的。通奸和卖淫是这种制度的必然产物。这种制度给家庭特别是给妇女和儿童带来无穷的灾难。欧文提出，婚姻应该建立在爱情基础之上，实行自由的婚姻制度；将人口的生产与节制结合起来，以防止人口过剩。傅立叶认为，妇女问题的性质随着社会制度的变化而有所不同，资本主义的婚姻制度是一种使妇女受压迫、受苦难的制度，婚姻之中并无爱情。而在和谐制度下，男女平等，婚姻完全建立在两性相互爱慕的基础上，两性结合或离异都是完全自由的。对傅立叶关于妇女解放的思想，恩格斯评价道："他第一个表述了这样的思想：在任何社会中，妇女解放的程度是衡量普遍解放的天然尺度。"

空想社会主义是正在产生的无产阶级的"象征、表现和先声"，是早期无产阶级"对社会普遍改造的最初的本能的渴望"，为科学社会主义的诞生提供了丰富的思想材料和重要启示。马克思、恩格斯高度赞扬空想社会主义者，特别是19世纪三大空想社会主义者的成就。马克思指出，我们不应该否定这些社会主义的鼻祖，正如现代化学家不能否定古代的炼金术士一样。恩格斯也指出："德国的理论上的社会主义永远不会忘记，它是站在圣西门、傅立叶和欧文这三个人的肩上的。虽然这三个人的学说含有十分虚幻和空想的性质，但他们终究是属于一切时代最伟大的智士之列的，他们天才地预示了我们现在已经科学地证明了其正确性的无数真理。"空想社会主义的思想，对科学社会主义的创立和发展产生了直接的影响。马克思在《资本论》中曾三次引用莫尔在《乌托邦》中的材料。马克思、恩格斯非常重视圣西门、傅立叶和欧文对资本主义制度的批判，给予很高的评价。列宁曾指出，马克思的"学说的产生正是哲学、政治经济学和社会主义极伟大的代表人物的学说的直接继续"。

空想社会主义者探求真理的精神和品格令人敬佩。历史上的空想社会主义者，大多家境优渥，有的当过高官，有的才华横溢，有的富甲一方，但他们对无产阶级抱着深切同情，关心他们遭受的重重苦难，对资产阶级的贪婪、无情和罪恶无比痛恨。他们放弃高官厚禄和锦衣玉食，甘于清贫，想救民于水火之中；有的不怕杀头坐牢，百折不挠，矢志不渝，义无反顾地投入反对资本主义的斗争，甚至付出了生命的代价。空想社会主义者布朗基说过："一个革命家的天职，就是不断地斗争，不顾一切地斗争，一直斗争到死为止。"这句话可以概括布朗基坎坷不平的一生。他是这样说的，也是这样做的。他先后参加过法国的三次革命，两次被判处死刑（后改为无期徒刑），一生在监狱中度过了 37 个春秋，受尽了各种酷刑的折磨。1880 年 11 月，75 岁高龄且满身伤病的布朗基创办了一份报纸，名称叫作《不要上帝也不要老爷》。两个月后布朗基中风去世，法国有 10 多万人自发地为他送葬，巴黎工人自发筹集资金为他铸造铜像。尽管布朗基依靠少数人搞密谋暴动的做法是行不通的，但是他英勇壮烈的义举、不屈不挠的精神赢得了马克思和恩格斯的高度评价，称赞他为"革命共产主义的高尚的蒙难者"。

空想社会主义为人类思想史作出了重要贡献，同时由于受时代条件，特别是无产阶级自身发展阶段的局限，存在着许多片面性和不成熟性。主要表现在：

第一，主张理性支配世界的唯心史观。空想社会主义者从理性支配世界和天才论的唯心史观出发，认为变革资本主义制度的根本障碍，是理性的迷误和没有出现解除这种迷误的天才人物。认为一个国家的政治制度、法律决定其经济状况，而政治制度、法律的好与坏，又决定于人的理性，只有进行完善的道德教育，改善人们的理性，才能产生好的政治制度和法律，才能最终实现理想的社会。正是由于他们所依据的是人类理性和正义等抽象原则，因而更倾向于从道德上揭露资本主义社会的弊端，并以此来设计未来社会的蓝图，所以，不可能真正把握社会发展的客观规律和资本主义的本质。

第二，主张阶级调和，反对阶级斗争。圣西门不仅主张在资本家和封建贵族之间实行阶级合作，而且主张在劳动者和剥削者之间实行阶级合作。欧文认为，对于人性的正确认识，将消除人间的一切仇恨和愤怒，并为新的社会制度铺平道路，所以，尽管工人对资本家的愤怒是有理由的，但把"人间地狱"变成"地上天堂"，不能靠愤怒，不能靠阶级斗争，而只能靠宣传、示范，靠争取舆论。对于欧文及其门徒的这种软弱和偏见，恩格斯作了深刻的批判，指出欧文的社会主义虽然在实质上要超越资产阶级和无产阶级的对立，但在形式上仍然以极宽容的态度对待资产阶级。

第三，没有找到代替资本主义社会、建立新社会的真正力量和正确途径。空想社会主义者虽然普遍同情无产阶级，但实际上认为，无产阶级只是受苦受难的群体，是需要同情和怜悯的阶级，看不到无产阶级的真正力量。在他们的心目中，无产阶级是需要天才人物解救的受害者，而不是推翻旧社会、建设新社会的主体力量。他们不加区别地向整个社会呼吁，主要是向统治阶级呼吁，祈求统治者发善心，解救苦难的无产阶级。圣西门和傅立叶曾多次上书法国皇帝拿破仑一世，希望皇帝接受他们的变革计划。傅立叶一直幻想用和平的方式改造资本主义社会，希望得到有钱人和社会名流的支持。他在报纸上刊登广告，说他每天中午 12 点在家接见答应出资建设和谐制度的人。但是，直到临终他也没有等到一位这样的有钱人。欧文还力图说服英国维多利亚女王，希望女王理解他的原则和方案是合乎理性的，接受他的社会改革方案，但始终没有下文。空想社会主义者的这些呼吁和祈求所得到的是无情的嘲弄，那些贵族和财主甚至把他们看成疯子。至于他们所做的许多试验，也没有一个不是以失败告终的。

## 第二章 ‖ 科学社会主义的创立及其实践

社会主义在空想的原野上星火传承了 300 多年。到 19 世纪 40 年代，随着资本主义机器大工业时代的到来，特别是无产阶级登上历史舞台，空想社会主义的自身缺陷更加凸显，逐渐成为社会主义运动发展的障碍。工人运动的发展呼唤着科学理论指导。马克思、恩格斯适应时代发展的要求，继承空想社会主义先驱们的宝贵思想材料，积极参加工人运动，在深入批判资本主义旧世界的基础上，创立了科学社会主义，使社会主义实现了从空想到科学的历史性跨越。这是人类思想史和人类解放史上的一次壮丽日出。

### 一、马克思恩格斯早期理论和实践活动

马克思和恩格斯都是德国人，都出身于文明富足的家庭，都受过良好的教育，马克思还接受了当时德国最好的高等教育。后来他们经过长期的理论探索和社会实践，逐步转变了自己的世界观，超越了原来所属阶级而转向无产阶级立场，并立志终生为无产阶级和全人类解放事业服务，共同成

为科学社会主义的创始人。

卡尔·马克思（1818 — 1883），出生在德国莱茵地区特里尔城一个有名望的律师家庭。中学时代他就立下了为人类幸福而工作的志向，他在中学毕业作文《青年在选择职业时的考虑》中写道："如果我们选择了最能为人类而工作的职业，那么，重担就不能把我们压倒，因为这是为大家作出的牺牲；那时我们所享受的就不是可怜的、有限的、自私的

★ 卡尔·马克思

乐趣，我们的幸福将属于千百万人，我们的事业将悄然无声地存在下去，但是它会永远发挥作用，而面对我们的骨灰，高尚的人们将洒下热泪。"

马克思先后到波恩大学和柏林大学学习法律，但他更爱好哲学和历史。马克思最初醉心于康德和费希特的哲学，很快转向热衷于黑格尔哲学，成为青年黑格尔派组织的"博士俱乐部"成员。不过，马克思的革命批判精神，为以后同青年黑格尔派决裂，扬弃黑格尔哲学埋下了伏笔。

1841 年，马克思通过博士论文《德谟克利特的自然哲学和伊壁鸠鲁的自然哲学的差别》获得耶拿大学哲学博士学位。毕业后，马克思放弃了在大学任教的计划，到《莱茵报》从事政论写作和编辑工作，这让他有机会接触普鲁士的社会现实。封建统治者对贫苦农民的仇视态度，农民的悲惨生活

境地，深深触动了马克思。他开始为贫苦农民申辩，与封建统治者产生了不可调和的矛盾。在《莱茵报》期间，马克思开始认识到青年黑格尔派唯心主义和革命民主主义立场的局限性，逐渐倾向于唯物主义和共产主义。

马克思早期思想的发展受到费尔巴哈的影响。费尔巴哈用异化来揭露神学和思辨哲学的本质，强调神学的本质是人本学，认为思辨哲学割裂和颠倒了主客体关系。这直接影响了马克思思想的发展，促进马克思向唯物主义立场转变。恩格斯后来甚至说，"那时大家都很兴奋：我们一时都成为费尔巴哈派了"。

《莱茵报》被查封后，马克思到了克罗伊茨纳赫，开始反思《莱茵报》时期"对所谓物质利益发表意见的难事"，同时完成了《黑格尔法哲学批判》。马克思认识到"法的关系正像国家的形式一样"，应该在"物质的生活关系的总和"即市民社会中寻找根源。费尔巴哈哲学的影响和对黑格尔法哲学的批判，让马克思走向唯物主义历史观。

1843年10月，马克思和他的妻子燕妮流亡到了巴黎。马克思亲身接触到工人群众，了解和同情他们的生活状况和现实处境，决心为无产阶级和全人类的解放事业而奋斗终生。马克思在《德法年鉴》上发表了《论犹太人问题》和《〈黑格尔法哲学批判〉导言》两篇论文，发展了市民社会决定国家的观点，区别了"政治解放"和"社会解放"，提出通过改造市民社会实现全人类解放，认识到了无产阶级的历史地位和使命，形成了社会革命的思想。

马克思还进行深入研究并做了大量笔记和摘录，这一时期完成的《论犹太人问题》《〈黑格尔法哲学批判〉导言》和

《1844 年经济学哲学手稿》等著作，提出了无产阶级的历史使命的学说，把批判对象直接指向私有制，指出共产主义就是消除劳动者的异化状态，扬弃私有制，并强调"批判的武器当然不能代替武器的批判，物质力量只能用物质力量来摧毁；但是理论一经掌握群众，也会变成物质力量"。这标志着马克思实现了由唯心主义向唯物主义、由革命民主主义向共产主义的转变。

★ 弗里德里希·恩格斯

弗里德里希·恩格斯（1820—1895），出生在德国莱茵地区巴门市一个纺织厂主的家庭，中学尚未毕业就遵从父命，先到父亲的工厂，再到不来梅一家商行做实习生，后来到英国的曼彻斯特从事商务工作。

恩格斯早年批判宗教神学，后来受到"青年德意志"文艺思想的影响，转变为追求科学和理性的自由主义者。通过青年黑格尔派成员，恩格斯开始了解黑格尔的哲学思想，用它为革命民主主义和人道主义辩护。恩格斯通过批判谢林的哲学和学习费尔巴哈的思想，最终确立了无神论的观点，在自然观上开始迈向唯物主义。

恩格斯最终转向唯物主义和共产主义立场，与他在曼彻斯特接触到英国的社会现实和工人阶级的生活有着密切关系。曼彻斯特是英国工业革命的发源地，在这里，资产阶级的贪婪、残酷和工人阶级的贫苦、无助，使恩格斯深受触动，促使他决心为工人阶级探索一条解放的道路。他系统钻研了英国和法国的空想社会主义著作，批判地研究了资产阶级哲学和古典政治经济学，并根据英国宪章运动和对英国工人阶级生活现状的调查，于1844年2月在《德法年鉴》上发表了《英国状况——评托马斯·卡莱尔的〈过去和现在〉》和《国民经济学批判大纲》两篇文章。恩格斯批判了唯心史观，提出工人阶级才是现代社会发展的基础。他用唯物主义的观点分析了资产阶级政治经济学，认为私有制是整个资本主义制度的基础，是资本主义社会矛盾和分裂的根源，需要通过社会革命推翻资本主义社会。这些思想深得马克思的赞赏，他称赞《国民经济学批判大纲》不但是"批判经济学范畴的天才大纲"，而且"已经表述了科学社会主义的某些一般原则"。这些思想的形成，标志着恩格斯完成了从唯心主义到唯物主义、从革命民主主义到共产主义的转变。

## 二、科学社会主义产生的历史必然性

社会主义为什么会实现从空想到科学的飞跃？科学社会主义为什么会产生？它的诞生是偶然的还是必然的？

科学社会主义绝不是从某个天才人物头脑中凭空出现的，而是在特定社会历史条件下，适应社会实践和时代发展需要产生的。科学社会主义的创立者是马克思和恩格斯，他们的卓越才智和特有经历对这一伟大思想体系的形成起了重要作用，但这一思想体系产生的根源绝不应仅从他们的天才中去寻找，而要从那个时代的历史条件中去寻找。

科学社会主义是社会化大生产成为主导趋势、资本主义基本矛盾充分显露、无产阶级作为独立的政治力量登上历史舞台并为争取自身解放而斗争的历史条件下的产物，是那个时代的呼唤。

资本主义机器大工业的发展，是科学社会主义产生的物质基础。19世纪三四十年代，资本主义生产方式已经在英国等欧洲国家占据统治地位。英国率先完成工业革命，建立了机器大工业的工厂制度，制造了全世界绝大部分工业品，被称为"世界工厂"。法国在19世纪初开始工业革命，在1830年七月革命后获得了很大发展，进入工业革命全面推进阶段。德国工业革命始于19世纪30年代，1848年革命后也获得迅速发展。工业革命的胜利带来了社会生产力的巨大发展，极大地提高了劳动生产率，促进了物质财富的空前增长。

随着资本主义生产的发展，其自身固有的内在矛盾日益暴露，并趋向激化。资本主义生产方式的基本矛盾，即生产的社会化和生产资料资本主义私人占有之间的矛盾，贯穿于资本主义生产的始终，决定着资本主义的命运。资本主义的经济危机，就是这种矛盾的直接表现，其实质是以社会化大生产为标志的生产力反抗以生产资料资本主义私人占有为标志的生产关系。1825年，英国爆发了全国性的生产过剩的经济危机，此后每隔10年左右重复一次。1836年英国再次爆发经济危机并波及美国。1847年的经济危机席卷了整个欧洲，造成了世界性的影响。经济危机的频繁发生，使社会生产力遭到巨大破坏，给无产阶级和劳动群众带来了深重的灾难。如何认识频繁发生的资本主义经济危机？如何看待资本主义经济发展带来的社会灾难？人类未来的方向在哪里？这引起有识之士的深入思考。

随着资本主义内在矛盾日趋激化，工人阶级和资产阶级的矛盾也趋于尖锐，工人反抗资本家的斗争此起彼伏。这一斗争经历了从自发到日益自觉的转变。起初，工人把贫困和痛苦的根源归咎于机器的使用，于是起来捣毁机器、烧毁厂房。这种斗争形式在18世纪七八十年代的英国十分盛行，被称为"卢德运动"。后来，工人们意识到让他们贫困的是压迫他们的雇主，于是开始组成反对资本家的联合组织，成立工会，争取自己的基本权益。这种斗争比破坏机器前进了一步，但也仅限于提高工资、改善劳动条件等经济要求，还没有提出改变资本主义制度这样的政治要求。再后来，工人阶级的政治意识不断增强，斗争发展为大规模的政治罢工甚至武装起义，矛头开始指向资本主义制度。

1831年和1834年，法国里昂的纺织工人先后两次举行武装起义，明确提出了"废除君主制度、建立共和政体"的口号。起义虽然失败了，但它提高了工人阶级的组织性，推动了法国工人运动的发展。1836年，英国开始了人民宪章运动。这个运动一直持续到19世纪40年代末，先后经历了三次高潮，罢工和游行示威波及全国。工人提出参政议政的政治纲领，形成了全国性的工人阶级争取政治权利的运动。1844年，德国西里西亚的纺织工人起义，直接反对资本家残酷剥削，提出消灭私有制、劳动者享有自己的成果、人民应有选举权等政治权利的口号。这三次大的工人运动不再仅仅是自发的反抗，而具有了自为抗争的意义，提出了公开的政治主张和政治要求，明确反抗资本主义制度，突出了斗争的阶级性；开始采取罢工、游行示威和武装起义等政治斗争方式，直接与资产阶级统治者面对面斗争，提高了斗争的组织性，标志着欧洲工人阶级已作为独立的政治力量登上了历史舞台。但是，这三大运动最终都失败了。这表明，由于缺乏革命理论的指导，无产阶级还不能准确认识资本主义的本质，不能提出科学的行动纲领，没有组成强大的政党，还没有找到实现自身解放的正确道路。理论突破成为无产阶级革命的迫切需要。

如果说欧洲资本主义的发展和工人运动的兴起，为科学社会主义的产生提供了现实的依据，那么当时欧洲的三大思潮，即德国古典哲学、英国古典政治经济学、英法两国的空想社会主义，则为科学社会主义的产生提供了直接的理论来源。

德国古典哲学是指 18 世纪下半期至 19 世纪上半期德国资产阶级在其形成、壮大和准备革命时期的哲学，主要代表人物有康德、费希特、谢林、黑格尔和费尔巴哈等。其中，黑格尔的唯心主义辩证法和费尔巴哈的人本学唯物主义对马克思、恩格斯影响甚深。马克思在批判黑格尔唯心主义哲学的同时，把黑格尔头足倒置的辩证法"倒过来"，发现并吸取了其"神秘外壳中的合理内核"。在摆脱黑格尔唯心主义哲学世界观的过程中，费尔巴哈的唯物主义哲学对马克思、恩格斯产生过重大影响。但马克思、恩格斯很快就清醒地意识到："当费尔巴哈是一个唯物主义者的时候，历史在他的视野之外；当他去探讨历史的时候，他不是一个唯物主义者。在他那里，唯物主义和历史是彼此完全脱离的。"

英国古典政治经济学是代表新兴资产阶级利益的理论。它产生于17世纪后半期即英国资产阶级革命时期，完成于英国工业革命正值高潮的19世纪初。英国古典政治经济学的创始人是威廉·配第，他提出劳动是价值的源泉等命题，但把价值和价格混同了。亚当·斯密区分了商品的使用价值和交换价值，区分了简单劳动和复杂劳动，为古典政治经济学的劳动价值论奠定了更广泛的基础。但是，亚当·斯密并没有把劳动价值论贯彻始终，这为后来的庸俗经济学打开了方便之门。大卫·李嘉图关于价值量大小与劳动量成正比关系、价值是由生产商品的社会必要劳动量决定等观点非常重要，同时在经济领域他注意到了资本家和工人之间的对立，但不能用劳动价值论解释资本主义经济中的矛盾和问题，其学说最终走向了解体。马克思从英国古典政治经济学中，批判地继承了劳动价值论等思想，天才地创立了剩余价值学说，使之成为科学社会主义的一个重要理论基石。

英法两国的空想社会主义，特别是19世纪上半期以圣西门、傅立叶、欧文为代表的三大空想社会主义者的学说，对资本主义进行了尖锐的批判，探索了人类社会发展规律，对未来社会作出了天才的设想，并且作了大胆的试验。欧文建立的具有共产主义劳动公社性质的"新和谐公社"，傅立叶创办的体现"和谐制度"的"法郎吉"（意为"具有共同目标的集体"），都是在改变资本主义不合理制度，创立平等、幸福、和谐社会方面进行的尝试。马克思、恩格斯认为，空想社会主义者的学说提出了很多"天才的思想萌芽和天才的思想"。

空想社会主义思想中包含着许多合理因素，但是随着无产阶级日益成为独立政治力量，对社会革命的要求愈加迫切和具体，空想社会主义的理论缺陷，逐渐成为社会主义运动的障碍。社会主义从空想到科学的发展，不仅是无产阶级革命形势发展的客观要求，也是社会主义运动在理论和实践上的必然要求。

马克思、恩格斯为创立科学社会主义所吸收的人类思想成果远不止这三大思潮。列宁谈到马克思时说："凡是人类社会所创造的一切，他都有批判地重新加以探讨，任何一点也没有忽略过去。凡是人类思想所建树的一切，他都放在工人运动中检验过，重新加以探讨，加以批判，从而得出了那些被资产阶级狭隘性所限制或被资产阶级偏见束缚住的人所不能得出的结论。"马克思、恩格斯从包括古希腊古罗马哲学、文艺复兴运动的思想成果、法国复辟时期历史学家的进步思想，以及自然科学发展的最新成果中，广泛汲取知识、智慧和思想精华，为科学社会主义奠定了雄厚的理论和历史基础。

# 三、科学社会主义的创立

科学社会主义是由马克思和恩格斯共同创立的，他们各自完成了阶级立场和世界观的转变，这是他们共同创立科学社会主义的思想前提，也是他们创立科学社会主义的开端。马克思的《〈黑格尔法哲学批判〉导言》已提出了无产阶级历史使命的观点。恩格斯的《英国工人阶级状况》论述了工人阶级的社会地位、斗争历程和历史使命。这些都是科学社会主义思想的萌芽。但是，科学社会主义作为科学的理论体系，必须建立在更深入的哲学和经济学研究的基础上。马克思、恩格斯关于唯物史观和剩余价值学说的伟大发现和系统阐述，为科学社会主义理论大厦奠定了两大基石。

马克思和恩格斯确立唯物主义历史观是从清算"我们从前的哲学信仰"开始的。马克思的《论犹太人问题》已经开始批判布鲁诺·鲍威尔的宗教理论，清算青年黑格尔派的哲学思想。马克思、恩格斯在 1845 年公开出版了《神圣家族》，开始对青年黑格尔派的自我意识哲学进行全面批判。他们指出了无产阶级贫困的根本原因是私有制；阐述了群众在社会历史发展中的地位；看到了物质利益的作用，认为"'思想'一旦离开'利益'，就一定会使自己出丑"；初步论述了唯物主义的认识论；分析了唯物主义和社会主义之间的关系。《神圣家族》是唯物主义历史观形成的前奏。

马克思 1845 年春写的《关于费尔巴哈的提纲》（以下简称《提纲》）提出了科学的实践观点，认为实践应该是真正哲学的最终旨归，"哲学家们只是用不同的方式解释世界，问题在于改变世界"；提出"人的本质不是单个人所固有的抽象物，在其现实性上，它是一切社会关系的总和"。《提纲》被恩格斯称为"包含着新世界观的天才萌芽的第一个文献"，"历史唯物主义的起源"。

马克思、恩格斯 1845—1846 年合写的《德意志意识形态》，首次对唯物史观作了较系统的论述。他们论证了研究现实的人的活动和他们的物质生活条件是唯物史观的前提，阐明了社会存在决定社会意识的原理，深刻地揭示了唯物史观与唯心史观的根本区别，论证了物质生产在人类历史发展中的决定作用，阐述了共产主义取代资本主义的历史必然性。他们提出了无产阶级消灭私有制、建立新社会并在斗争实践中改造自己的任务，强调未来新社会的创建，一方面要以生产力的高度发展为前提，另一方面要以同生产力发展相联系的世界交往为前提。他们还考察了国家、法律和意识形态等上层建筑的阶级属性，认为国家本质上只是"统治阶级的各个人借以实现其共同利益的形式"；法律的基础并不是自由意志，而是所有制形式；统治阶级的意识形态就是每个时代占据主导地位的意识形态，物质力量占统治地位的阶级在精神力量上也会占统治地位；在新的社会中，"各个人在自己的联合中并通过这种联合获得自己的自由"，自由和全面的发展将成为现实；等等。《德意志意识形态》和《关于费尔巴哈的提纲》被公认为马克思主义哲学，特别是唯物史观创立的基本标志，为科学社会主义奠定了哲学基础。

与唯物史观的创立相比，剩余价值理论的创立稍晚一些。马克思在 1847 年发表的《哲学的贫困》和 1849 年发表的《雇佣劳动与资本》，已经孕育了剩余价值的思想。但对剩余价值学说系统、严谨的论证，是马克思在 19 世纪 50 年代中后期和 60 年代前半期创作的《资本论》手稿和 1867 年出版的《资本论》第一卷等著作中完成的。剩余价值理论的创立，揭露了资本主义社会内部资产阶级剥削无产阶级的秘密，"使明亮的阳光照进了经济学的各个领域，而在这些领域中，从前社会主义者也曾像资产阶级经济学家一样在深沉的黑暗中摸索。科学社会主义就是以这个问题的解决为起点，并以此为中心的"。由于剩余价值的发现，资本主义生产方式和资产阶级社会的特殊运动规律，就豁然开朗了起来。

科学社会主义创立的标志性著作，是马克思、恩格斯共同创作的《共产党宣言》（以下简称《宣言》）。《宣言》是马克思、恩格斯为世界上第一个无产阶级政党"共产主义者同盟"制定的党纲。1836 年，流亡法国的德国工人建立了一个独立的无产阶级政治组织"正义者同盟"，组织了一些工人罢工和武装起义，但都以失败告终。这个组织的领导人总结失败的教训，开始寻求从思想上改造这个组织。1847 年初，马克思、恩格斯接受这个组织的邀请，为它起草一部党纲，开始了把这一工人组织改造成为无产阶级政党的工作。在马克思、恩格斯影响下，"正义者同盟"于 1847 年 6 月在伦敦召开大会，改名为"共产主义者同盟"。"共产主义者同盟"是科学社会主义理论和国际工人运动相结合的产物，是世界上第一个国际性的无产阶级政党，改组后，"共产主义者同盟"把原来"人人皆兄弟"的口号，改为"全世界无产者，联合起来！"1848 年 2 月，马克思、恩格斯起草的党纲《共产党宣言》发表。这标志着科学社会主义的诞生。

《宣言》论证了资本主义灭亡和社会主义胜利

★ 1848 年《共产党宣言》德文第一版封面

的历史必然性。马克思、恩格斯指出，资产阶级在历史上曾经起过非常革命的作用，它反对封建主义，对生产关系进而对整个社会关系进行革命；它开拓了世界市场，广泛使用科学技术，创造了惊人的生产力。但资本主义生产力和生产关系的矛盾始终存在并日益激化，资本主义生产关系逐渐成为生产力发展的桎梏，这不仅表现为频繁爆发的经济危机，而且表现为无产阶级和资产阶级日益激烈的斗争。马克思、恩格斯依据资本主义发展的规律和无产阶级与资产阶级斗争的趋势，提出了"两个必然"的科学论断："资产阶级的灭亡和无产阶级的胜利是同样不可避免的。"

《宣言》指出要用暴力推翻资产阶级统治，阐述了无产阶级夺取政权并利用政权改造社会的思想。《宣言》指出，无产阶级处在社会最底层，代表着最广大群众的利益，必然会得到绝大多数人的支持。无产阶级要解放自己，就必须采取暴力手段，让自己上升为统治阶级。马克思、恩格斯指出："工人革命的第一步就是使无产阶级上升为统治阶级，争得民主。"在这一过程中，无产阶级将利用自己的政治统治，一步一步地夺取资产阶级的全部资本，把一切生产工具集中在国家即组织成为统治阶级的无产阶级手里，并且尽可能快地增加生产力的总量。

《宣言》阐述了未来共产主义社会的根本特征，提出了建设未来新社会的基本措施和基本观点。马克思和恩格斯指出："代替那存在着阶级和阶级对立的资产阶级旧社会的，将是这样一个联合体，在那里，每个人的自由发展是一切人的自由发展的条件。"这一精辟的概括，是马克思、恩格斯对未来共产主义社会本质的揭示。

《宣言》阐述了无产阶级政党的性质、宗旨和政策主张。无产阶级要完成自己的历史使命，必须组建自己的政党。在各国工人政党中，共产党是最先进、最坚决、始终推动运动前进的部分。共产党始终代表整个无产阶级的利益，同时代表社会绝大多数人民群众的利益，而没有自己特殊的利益。共产党人为工人阶级的最近的目的和利益而斗争，但是他们在当前的运动中同时代表运动的未来。

《宣言》分析和批判了当时欧洲流行的形形色色的社会主义思潮，揭露了它们的阶级实质和错误根源，划清了科学社会主义和其他社会主义的界限，从各个方面阐明了科学社会主义是什么和不是什么，主张什么和反对什么。

《共产党宣言》是第一次全面阐述科学社会主义原理的伟大著作，"向全世界公开说明自己的观点、自己的目的、自己的意图"，矗立起一座马克思主义精神丰碑，它一经问世，就在实践上推动了世界社会主义发展，深刻改变了人类历史进程，为全世界无产阶级和劳动群众争取自由解放提供了强大的思想武器。

# 四、科学社会主义的基本原则

科学社会主义的基本原则作为马克思主义的核心内容，是马克思和恩格斯通过深入揭露资本主义基本矛盾，深入阐发人类社会发展的基本规律，并在指导国际工人运动的实践中逐步形成的。这些基本原则在《共产党宣言》中第一次全面阐述，在《资本论》及其手稿等一系列著作中得到充分展开和深入论证，在《哥达纲领批判》和《反杜林论》等著作中，得到进一步总结和阐发。

马克思、恩格斯从生产力和生产关系、经济基础和上层建筑的矛盾运动规律，来说明资本主义产生、发展、灭亡的历史必然性；从社会化大生产同生产资料私人占有之间的矛盾斗争和发展总趋势，来阐释共产主义取代资本主义是自然历史过程。他们指出，资本主义生产方式的基本矛盾，即生产的社会化和生产资料的资本家私人占有之间的矛盾，是资本主义不可克服的内在矛盾。这一基本矛盾集中表现为"社会化生产和资本主义占有的不相容性"，并产生两个方面的结果：一是资产阶级和无产阶级的对立；二是个别企业中生产的有组织性和整个社会中生产的无政府状态之间的对立。随着资本主义生产的发展，资本主义基本矛盾也不断发展并趋向尖锐化，直接导致资本主义周期性的经济危机。这一痼疾直到 21世纪的今天仍然没有消除，2008 年国际金融危机就是一个例证。在经济危机中，资本主义内在矛盾冲突尖锐爆发，资本主义生产关系已不适应生产力发展的需要，成为生产力发展的严重桎梏。资本主义基本矛盾的固有性、不可克服性、不可抗拒性，决定了资本主义制度必然要被比它更加先进的社会制度所代替。正是基于这样一个客观事实，马克思和恩格斯得出了这样的结论：资本主义必然灭亡、社会主义必然胜利。

马克思、恩格斯从资本主义社会的阶级对立来分析无产阶级的历史使命，得出无产阶级是最革命的阶级，是资本主义掘墓人和共产主义建设者。他们指出，无产阶级是社会化大生产的产物，是"没有自己的生产资料，因而不得不靠出卖劳动力来维持生活的现代雇佣工人阶级"。无产阶级处于资本主义社会最底层，是革命最坚决、最彻底的阶级，革命对于无产阶级来说，"失去的只是锁链。他们获得的将是整个世界"。无产阶级只有推翻资产阶级政治统治，废除资本主义雇佣劳动制度，消灭资本家的剥削和压迫，才能得到彻底解放。无产阶级革命代表的不仅是无产阶级自身解放的利益，而且代表全人类解放的利益。无产阶级只有解放全人类才能最终解放自己。

马克思、恩格斯在批判旧世界的基础上，对未来社会的发展过程、发展方向和一般特征作出了科学预测和设想。他们认为，社会主义社会和资本主义社会具有决定意义的差别主要包括：

一是在生产资料公有制基础上组织生产，满足全体社会成员的需要是社会主义生产的根本目的。马克思、恩格斯认为，私有制是造成资本主义罪恶和社会不平等等一切问题的根源，因此，未来的新社会将"直到完全废除私有制为止"。恩格斯强调："废除私有制甚至是工业发展必然引起的改造整个社会制度的最简明扼要的概括。"应当指出，马克思、恩格斯虽然认为共产主义最终将消灭私有制，但他们同时认为，一个社会生产资料所有制所具有的主要形式，应当与社会生产力发展水平相适应，不能脱离生产力发展水平，任意改变生产资料所有制形式和构成方式。马克思、恩格斯指出："生产力的这种发展……之所以是绝对必需的实际前提，还因为如果没有这种发展，那就只会有贫穷、极端贫困的普遍化；而在极端贫困的情况下，必须重新开始争取必需品的斗争，全部陈腐污浊的东西又要死灰复燃。"马克思、恩格斯还认为，无产阶级建立的未来新社会，将是公平正义的社会，将给所有人提供健康而有益的工作，给所有人提供充裕的物质生活和闲暇时间，给所有人提供真正的充分的自由。

二是新的社会将对社会生产进行有计划的指导和调节，遵循等量劳动领取等量产品的按劳分配原则。马克思、恩格斯通过对资本主义社会基本矛盾的深刻分析指出，新的社会主义经济必须坚持社会生产有计划和按比例的内在统一性。他们认为，资本主义生产实质上是"由各个资本家离开社会需要而支配的生产力调节的"，这是导致频繁发生经济危机，对生产力造成严重破坏的根本原因。在未来新的社会主义社会，要实行有计划、按比例的生产经营，"就是说，为了共同的利益、按照共同的计划、在社会全体成员的参加下来经营"。需要指出的是，马克思、恩格斯所讲的有计划地组织社会生产，是针对资本主义生产方式的弊端（这种弊端是实实在在的）讲的，是针对完全自由放任的资本主义市场经济讲的，不能与后来一些国家实行的指令性的计划经济画等号，也并没有终结人类对社会生产规律的认识，没有终结人们对市场与计划、市场作用与政府作用相互关系认识的探索。

在资本主义社会，一部分人凭借占有生产资料剥削另一部分人，造成社会的贫富两极分化。马克思认为，在共产主义的不同阶段，应当实行具有不同特征的分配制度。在第一阶段，还存在旧的社会分工，存在着脑力劳动和体力劳动的差别，劳动还是谋生的手段，个人消费品的分配应当实行"按劳分配"的原则。就是按照等量劳动领取等量产品的原则，这与资本主义的分配原则相比，无疑是一个历史性进步。这种分配方式尽管存在历史局限性，但在共产主义第一阶段是无法避免的。而"在共产主义社会高级阶段，在迫使个人奴隶般地服从分工的情形已经消失，从而脑力劳动和体力劳动的对立也随之消失之后；在劳动已经不仅仅是谋生的手段，而且本身成了生活的第一需要之后；在随着个人的全面发展，他们的生产力也增长起来，而集体财富的一切源泉都充分涌流之后，——只有在那个时候，才能完全超出资产阶级权利的狭隘眼界，社会才能在自己的旗帜上写上：各尽所能，按需分配！"

三是无产阶级革命是无产阶级进行斗争的最高形式，必须由无产阶级政党领导、以建立无产阶级政权为目的。这是无产阶级实现其推翻旧世界、建设新世界的历史使命的关键所在。马克思、恩格斯指出，无产阶级反抗资产阶级的斗争要从自发走向自觉，要把斗争引向深入，要制定正确的政策和斗争策略、团结最广泛的队伍、克服重重险阻和困难并取得最终胜利，必须建立起无产阶级自己的革命政党。无产阶级建立人民政权以后，要改造旧社会，发展生产力，不断提高人民的生活水平，推动社会向更高阶段过渡，也必须由无产阶级政党即共产党领导。共产党不是同其他工人政党相对立的特殊政党，他们没有任何同整个无产阶级的利益不同的利益。"在实践方面，共产党人是各国工人政党中最坚决的、始终起推动作用的部分；在理论方面，他们胜过其余无产阶级群众的地方在于他们了解无产阶级运动的条件、进程和一般结果。"马克思、恩格斯认为，无产阶级革命的第一个目的，就是要使无产阶级取得政权，上升为统治阶级，建立无产阶级专政，并利用自己的政治统治大力发展生产力。无产阶级革命斗争不能孤立地进行，必须建立牢固的工农联盟，建立广泛的革命统一战线。

四是通过无产阶级专政和社会主义高度发展，最终实现向消灭阶级、消灭剥削、实现人的全面而自由发展的共产主义社会的过渡。马克思指出："在资本主义社会和共产主义社会之间，有一个从前者变为后者的革命转变时期。同这个时期相适应的也有一个政治上的过渡时期，这个时期的国家只能是无产阶级的革命专政。"就是说，取得政权的无产阶级，必须以自己的革命专政来巩固革命成果，并实现对旧社会的改造，建立起新的社会制度。到了共产主义社会，由于生产力的高度发展，消除了阶级和阶级差别，国家逐渐消亡，人们的精神境界极大提高，人类社会"将是这样一个联合体，在那里，每个人的自由发展是一切人的自由发展的条件"。恩格斯在《反杜林论》中深刻阐明，共产主义社会是人类从必然王国向自由王国的飞跃。他指出，只有到那时，一直统治着历史的客观的异己的力量才处于人们自己的控制之下，人们才完全自觉地自己创造自己的历史，由人们使之起作用的社会原因才大部分并且越来越多地达到他们所预期的结果。

应当指出，上述这些原则性内容直到今天仍然是正确的，但它的具体结论却不是一成不变，而是随着实践的深化和时代的变迁而变化的。马克思、恩格斯在《共产党宣言》1872年德文版序言中指出，恩格斯在1888年英文版序言中再次重申："这个《宣言》中所阐述的一般原理整个说来直到现在还是完全正确的。"而"这些原理的实际运用，正如《宣言》中所说的，随时随地都要以当时的历史条件为转移"。马克思、恩格斯从来没有对未来社会的发展和将要面临的问题给出现成答案，正如恩格斯指出的，"我们的理论是发展着的理论，而不是必须背得烂熟并机械地加以重复的教条"。他们反复强调，要从最顽强的事实出发预测未来社会，坚决反对教条式预测未来和规定未来社会的具体细节。

今天，我们坚持科学社会主义基本原则，不能抱着教条主义的态度，而必须坚持理论联系实际的原则，把这些基本原则同社会主义探索的具体实际结合起来，在实践中丰富和发展科学社会主义。习近平指出："我们要以科学的态度对待科学，以真理的精神追求真理，不断赋予马克思主义以新的时代内涵。"

# 五、科学社会主义理论的完善

马克思、恩格斯在《宣言》中指出："共产党人的理论原理，决不是以这个或那个世界改革家所发明或发现的思想、原则为根据的。"科学社会主义基本原则也不是纯粹思想的产物，而是随着社会实践发展而不断发展的。科学社会主义创立之后，马克思、恩格斯根据形势的发展和工人运动实践的推进，及时进行新的总结，形成新的认识，不断丰富和发展科学社会主义原理。

就在《宣言》发表的同时，欧洲爆发了一场声势浩大的革命。这是科学社会主义产生之后经受的第一次大的革命实践的检验。科学社会主义进入了一个在革命实践中丰富发展的阶段。

1848—1849 年的这次革命首先在意大利引发，进而扩展到欧洲大陆。其中，以法国的"二月革命""六月起义"

影响最大。"二月革命"推翻了七月王朝，资产阶级共和派建立了法兰西第二共和国，成立了临时政府，宣布实行普选制，宣布工人享有劳动权，缩短工人工作日。针对"二月革命"取得的成就，恩格斯在《巴黎的革命》一文中称赞它使"法国的无产阶级又成了欧洲运动的领袖……是无产阶级的朝霞"。但是，临时政府很快开始束缚工人运动，诋毁"社会主义"，离间工人和农民之间的关系。5月，资产阶级开始禁止工人集会，这成了工人再次起义的导火索。6月，巴黎工人开始起义，提出了建立"民主的社会共和国"的要求。"六月起义"虽以失败告终，但这次起义具有鲜明的无产阶级革命性质，"是分裂现代社会的两个阶级之间的第一次大规模的战斗。这是保存还是消灭资产阶级制度的斗争"。

在法国革命影响下，德意志各邦也爆发了"三月革命"，开始阶段取得了一定进展，但在封建势力反扑下，资产阶级妥协退让，革命遭到残酷镇压。这场革命具有资产阶级性质，其任务主要是建立统一的民族国家，为资本主义发展扫清道路。在革命过程中，资产阶级暂时联合了无产阶级革命群众，从而为革命打上了无产阶级的印记。

法国和德国爆发的革命运动表明，一旦无产阶级作为一个具有自身利益和要求的独立阶级起来进行反抗资产阶级的斗争时，资产阶级为了维持自己的统治，必然会以疯狂残暴的手段进行镇压。因此，无产阶级的解放必须借助暴力手段，必须推翻资产阶级统治，建立无产阶级专政的国家。

马克思、恩格斯参加了德国的革命，把共产主义者同盟的工作重心转到了德国，起草了《共产党在德国的要求》这一指导德国革命的纲领性文件，创办了《新莱茵报》，宣传和贯彻同盟的革命策略，关注德国和欧洲其他国家的革命进展。恩格斯还直接参加了普法尔茨的武装起义。革命失败后，马克思和恩格斯流亡伦敦，总结1848年革命的经验，丰富和发展了科学社会主义理论。他们提出，革命是历史的火车头，是社会发展和政治进步的巨大推动力量；必须坚持不断革命的思想，适时把资产阶级革命转变为无产阶级革命，"直到无产阶级夺得国家政权"，最终实现"消灭阶级"和"建立新社会"的目的；无产阶级必须打碎旧的国家机器，推翻资产阶级的统治，建立无产阶级专政的国家政权；无产阶级领导的工农联盟是革命胜利的基本力量和重要条件，要"在革命进程把站在无产阶级与资产阶级之间的国民大众即农民和小资产者发动起来反对资产阶级制度"，无产阶级革命必须形成合唱即组成工农联盟，否则"它在一切农民国度中的独唱是不免要变成孤鸿哀鸣的"；等等。

1848年革命失败后，欧洲工人运动暂时陷入低潮。但到1857年，新的经济危机到来，又催生了新的工人运动，并在19世纪60年代进入高潮。1859年7月，英国伦敦建筑工人的罢工打破了宪章运动以来工人运动沉寂已久的局面。随后，法国、德国、美国、意大利等国的工人相继罢工，争取工人权利，开展革命活动。欧洲各国工人阶级政治组织相继建立，各国工人开始相互支持，他们日益渴望加强国际联系。1864年9月，英国等各国工人决定成立国际性工人组织，后定名为国际工人协会（驻地英国），简称"国际"（第二国际成立后，史称第一国际）。在马克思的领导下，第一国际做了大量卓有成效的工作，推动了马克思主义与工人运动的结合。

19 世纪 70 年代，法国爆发新的革命。这一革命由 1870 年 7 月发生的法国与普鲁士的战争引起。为了反对卖国政府，1871 年 3 月 18 日，巴黎人民举行武装起义，3 月 28 日，建立了世界上第一个工人政权——巴黎公社。虽然公社仅存在了 72 天，但它采取了一系列显现无产阶级国家特点和社会主义性质的措施。比如摧毁资产阶级国家机构；取消征兵制和废除常备军，以人民武装国民自卫军为唯一的武装力量；所有公职人员实行全面的选举制和撤换制，取消高薪制；实行男女平等的社会政策；实行无产阶级国际主义与和平的对外政策；等等。但是，巴黎公社由于法国卖国政府与普鲁士占领军勾结起来进行残酷镇压和疯狂反扑，遭到失败，公社战士共有 7.29 万人在作战中牺牲。随后，反动派对起义者进

★ 1871 年 3 月 28 日，巴黎公社宣告成立

行疯狂报复，近 3 万人被枪杀，6 万多人被投入监狱或流放。马克思在《法兰西内战》中，对巴黎公社给予了高度评价，认为"工人的巴黎及其公社将永远作为新社会的光辉先驱而为人所称颂"。

马克思、恩格斯深刻总结了巴黎公社革命的经验，丰富和深化了科学社会主义基本原理，主要有：无产阶级革命成功并保住胜利果实的首要条件是无产阶级要有革命的武装；必须打碎旧的国家机器，建立无产阶级的国家机器；无产阶级专政的国家是为人民服务的机关，机关工作人员是人民的公仆；必须建立无产阶级的革命政党，发挥党的政治领导作用；等等。

19 世纪中期，科学社会主义最重要的理论成果，是马克思创作的《资本论》。《资本论》是马克思主义的不朽巨著，被誉为"工人阶级的圣经"。它不仅是一部伟大的经济学著作，而且也是伟大的科学社会主义著作。恩格斯说，无产阶级政党的"全部理论来自对政治经济学的研究"。列宁把政治经济学视为马克思主义理论"最深刻、最全面、最详尽的证明和运用"。这部伟大著作的产生，为科学社会主义奠定了不可动摇的理论基础。

在《资本论》中，马克思系统地论述了剩余价值理论，科学揭示了剩

★ 马克思写作《资本论》

余价值的来源、本质、生产、流通、分配，以及生产剩余价值作为资本主义的绝对规律的意义和作用。马克思论述了劳动者和劳动资料相分离以及劳动力和货币相交换是资本主义生产方式产生的前提，论述了剩余价值生产的起点是货币转化为资本，这种转化的决定性条件是劳动力成为商品；劳动力的价值等于生产和再生产工人及其家属的生活资料的价值；工资是劳动力的价格，不是劳动力的价值；劳动力的使用价值是劳动，它是价值的源泉；雇佣工人在劳动中创造的价值除补偿劳动力的价值外还有剩余，这些剩余价值被资本家无偿占有。马克思指出，资本在现象上表现为"物"，即一定数量的货币和生产资料，但资本不是物，而是通过物表现出来的资本家与雇佣劳动者之间剥削与被剥削的生产关系。只有当货币和生产资料被资本家用来作为剥削雇佣劳动者的手段时才能转化为资本。资本是一个历史范畴。剩余价值理论科学地揭露了资本主义剥削的秘密，为科学社会主义理论提供了经济学基础。

马克思在《资本论》中深刻揭示了资本主义发展的经济规律，科学论证了资本主义有着难以克服的固有矛盾，必将为新的社会制度所代替，科学预见了未来社会的重要特征，特别是论述了共产主义社会是"自由人的联合体"的思想，为无产阶级推翻资本主义制度、建立社会主义制度和最终实现共产主义指明了方向，对无产阶级解放事业具有重大的指导意义。

19 世纪的最后 30 年，欧美主要资本主义国家发生了以电力应用为标志的第二次产业革命。生产力的迅速发展引起了资本主义生产关系的深刻调整。从 19 世纪 70 年代起，资本主义开始从自由竞争阶段向垄断阶段过渡。这些情况的出现，引起了马克思、恩格斯的密切关注和深入思考。马克思、恩格斯晚年特别关注资本主义的新变化，根据新的条件深入思考无产阶级革命的战略策略，提出了一些新的观点和设想。恩格斯还于 1888 年八九月间去美国和加拿大旅行，对美国资本主义最新发展进行了实地考察。他们提出的一系列新观点，进一步丰富和完善了科学社会主义理论。主要包括：

一是指出社会主义革命取得胜利的长期性，在强调"两个必然"的同时，提出了"两个决不会"的思想。这一时期资本主义的最大变化，就是垄断资本的发展。马克思在《资本论》中已提出资本集中必然导致垄断，特别是在第三卷中考察了股份公司这种新的组织形式。恩格斯进一步明确论述了这一问题，指出生产力的迅猛发展增强了生产社会化的趋势，迫使资产阶级建立起规模日益增大的垄断组织以适应生产社会化发展的要求。而资本主义从自由竞争阶段走向垄断阶段，表现出一些新的趋势：随着垄断的不断发展，交易所对整个国民经济的支配作用越来越大，并逐渐把包括工业和农业在内的全部生产，包括交通工具和交换职能在内的全部流通，都集中在交易所经纪人手里。"交易所就成为资本主义生产本身的最突出的代表。"同时，随着垄断的发展，资本主义国家的资本输出在不断扩大，并由此导致列强对殖民地的瓜分。垄断组织的出现，并没有改变生产社会化与生产资料资本主义私人占有之间的矛盾，但卡特尔、托拉斯、辛迪加等大型垄断组织的建立以及某些国有化现象，客观上实现了一些大型企业内部和局部范围生产的计划性，这在一定程度上缓和了资本主义固有矛盾，并为未来的社会主义创造了必要的物质基础和社会条件。

根据资本主义的新变化，马克思从理论上提出了"两个决不会"的思想。早在 19 世纪 50 年代后期，马克思从资本主义渡过 1857 年危机并得到进一步发展的事实中，意识到资本主义还有生命力和扩张能力。1859 年，他在《〈政治经济学批判〉序言》中指出："无论哪一个社会形态，在它所能容纳的全部生产力发挥出来以前，是决不会灭亡的；而新的更高的生产关系，在它的物质存在条件在旧社会的胎胞里成熟以前，是决不会出现的。"1895 年，恩格斯在去世前夕为马克思《1848 年至 1850 年的法兰西阶级斗争》一书写的长篇导言中认为，"历史清楚地表明，当时欧洲大陆经济发展的状况还远没有成熟到可以铲除资本主义生产的程度"。恩格斯实际上已经意识到，社会主义革命的最终胜利将是一个长期的过程。但有人据此断言恩格斯晚年放弃了"两个必然"的思想，这是别有用心和完全错误的。

二是提出正确运用无产阶级革命的策略，重视和平手段的作用。在 19 世纪 70 年代中期以前，马克思、恩格斯更强调暴力革命和武装起义，这是与当时的革命环境相联系的。在欧洲历史上，无产阶级的历次斗争都受到资产阶级的暴力镇压，无产阶级只有用武装起义来反抗资产阶级的压迫，才能维护自己的利益。随着资本主义经济的发展和资产阶级统治的稳固，特别是巴黎公社等无产阶级的起义使资产阶级统治者看到了工人阶级的革命力量，资产阶级不得不开始用"民主"的手段来维护自己的统治，以普选制为基础的代议制开始得到发展。

　　根据这种新的情况，马克思、恩格斯在强调暴力革命的同时也指出，在一定条件下，无产阶级也有用和平手段取得政权的可能性。恩格斯认为，在议会制的国家，无产阶级充分利用资产阶级民主和普选权十分必要。1890年德国工人运动出现了新的高潮，当年2月的议会选举中，德国社会民主党获得了1/4以上的选票。恩格斯深受鼓舞，并以此为例说明了无产阶级调整斗争策略的必要性。他指出，德国工人阶级充分利用了普选权，并将它作为自己的一种崭新的斗争方式发挥了作用。恩格斯告诫说，我们的主要任务就是不停地促使这种力量增长到超出现政府制度的控制能力，不让这支日益增强的突击队在前哨战中被消灭掉，而要把它好好地保存到决战的那一天。恩格斯在重视合法斗争的同时，并没有否定暴力革命的作用，而是要求无产阶级保留在一定条件下进行暴力革命的权利。他说，"须知革命权是唯一的真正'历史权利'——是所有现代国家无一例外都以它为基础建立起来的唯一权利"。不能把普选权和参加议会选举等合法斗争绝对化，只能把它们看作新形势下斗争形式的一种选择，无产阶级的斗争策略应当随着历史环境和斗争条件的变化而变化。

　　三是提出新的社会应当合乎自然规律地利用和改造自然。早在1840年代，马克思和恩格斯在创立马克思主义的时期，就非常注意科学技术的发展对于推动社会发展的作用。恩格斯在1873年至1886年左右写作的未完成著作《自然辩证法》中，深入阐述了马克思主义自然观、科学观以及人与自然的关系，提出了以合乎自然规律的方式来利用和改造自然的观点。他写道："我们不要过分陶醉于我们人类对自然界的胜利。对于每一次这样的胜利，自然界都对我们进行报复。每一次胜利，起初确实取得了我们预期的结果，但是往后和再往后却发生完全不同的、出乎预料的影响，常常把最初的结果又消除了。美索不达米亚、希腊、小亚细亚以及其他各地的居民，为了得到耕地，毁灭了森林，但是他们做梦也想不到，这些地方今天竟因此而成为不毛之地，因为他们使这些地方失去了森林，也就失去了水分的积聚中心和贮藏库。阿尔卑斯山的意大利人，当他们在山南坡把那些在山北坡得到精心保护的枞树林砍光用尽时，没有预料到，这样一来，他们就把本地区的高山畜牧业的根基毁掉了；他们更没有预料到，他们这样做，竟使山泉在一年中的大部分时间内枯竭了，同时在雨季又使更加凶猛的洪水倾泻到平原上。……因此我们每走一步都要记住：我们决不像征服者统治异族人那样支配自然界，决不像站在自然界之外的人似的去支配自然界——相反，我们连同我们的肉、血和头脑都是属于自然界和存在于自然界之中的；我们对自然界的整个支配作用，就在于我们比其他一切生物强，能够认识和正确运用自然规律。"在新的社会主义社会，应该更自觉地按照自然规律来利用和改造自然，实现人与自然的和谐，保持人与自然之间的动态平衡。只有到了共产主义社会，人们才第一次能够"谈到那种同已被认识的自然规律和谐一致的生活"。

四是关注东方国家的革命道路，思考落后国家走向社会主义的可能性。马克思、恩格斯在思考欧洲无产阶级革命的同时，也把目光投向东方，关注着俄国、中国、印度等国家的革命运动。早在1853年，马克思在《中国革命和欧洲革命》一文中谈到太平天国运动时说："中国革命将把火星抛到现今工业体系这个火药装得足而又足的地雷上，把酝酿已久的普遍危机引爆，这个普遍危机一扩展到国外，紧接而来的将是欧洲大陆的政治革命。"马克思、恩格斯高度肯定中华文明对人类文明进步的贡献，科学预见了"中国社会主义"的出现，甚至为他们心中的新中国取了亮丽的名字——"中华共和国"。

与遥远的中国相比，俄国与西欧有着更紧密的联系，俄国革命将会对欧洲革命产生更直接的影响。因此，马克思和恩格斯对俄国革命格外关注。1861 年俄国废除农奴制，标志着俄国开始由封建生产方式向资本主义生产方式过渡。那么，俄国必然走向资本主义，还是可以避开资本主义而通过某种途径直接走向社会主义？这成为许多俄国革命者希望马克思和恩格斯回答的问题。1875 年，恩格斯发表《论俄国的社会问题》，比较全面地评论了俄国民粹派的一些观点。1877年 10—11 月，马克思给俄国的《祖国纪事》杂志编辑部写信，反对将《资本论》中关于西欧资本主义起源必然性的论述套用于俄国。1881 年 2 月，俄国女革命家查苏利奇给马克思写信，请教他对俄国历史发展前景，特别是对俄国农村公社命运的看法。马克思的复信尽管很简短，但他以极为负责的态度拟过 4 个复信草稿，包含着极为丰富的思想。1882年 1 月，马克思、恩格斯为《共产党宣言》俄文版写序言，进一步概括了他们的观点。1894 年 1 月，恩格斯的《论俄国的社会问题》被译为俄文在俄国出版时，恩格斯为该文作跋。他根据俄国社会发展的新情况，进一步探讨了俄国农村公社的命运和俄国社会前途的问题。

马克思认为，俄国农村公社是从原始社会的公有制向私有制社会过渡的产物，兼有公有制社会和私有制社会的二重特征，因而它的发展前途也有两种不同的可能。一是公社中的私有制因素进一步发展，最终导致公社完全解体；二是公社中的公有制因素得到保护和发展，从而成为俄国社会新生的支点。至于哪一种可能会成为现实，取决于俄国当时所处的历史环境。由于俄国农奴制改革后开始走上资本主义道路，马克思、恩格斯对俄国农村公社面临的危机和可能灭亡的命运有充分的估计，但同时也并不认为这是公社唯一的命运。马克思指出，俄国农村公社及土地公有制还可能另有一种前途，即"不通过资本主义制度的卡夫丁峡谷"而吸取资本主义的成就，直接进入社会主义社会。在这里，"通过卡夫丁峡谷"是一个历史典故，包含屈辱之谷的意思。马克思所说的"不通过资本主义制度的卡夫丁峡谷"，意指不遭受资本主义制度造成的苦难。马克思、恩格斯认为俄国实现这种跨越需要一个前提条件，即西欧国家无产阶级的革命胜利及其对俄国的帮助。他们批判了那种夸大农村公社的作用和崇拜农民革命自发性的观点，指出从这种农村公社自身并不能长出社会主义。

# 六、科学社会主义成为工人运动的主导思想

科学社会主义作为一种科学理论，也是在同工人运动内部各种错误思潮进行斗争中丰富发展的。马克思和恩格斯坚决捍卫科学社会主义基本原则，反对各种机会主义思潮对科

学社会主义理论和工人运动的侵蚀，不断扩大科学社会主义在工人运动中的影响，指导国际工人运动健康发展。

第一国际成立后，马克思成为第一国际的灵魂。习近平指出："在马克思领导下支持各国工人阶级开展斗争，支持被压迫民族争取民族解放的斗争。1871年爆发的巴黎公社革命，是推翻资产阶级统治、建立由人民当家作主政权的第一次伟大尝试。各国工人阶级通过斗争，取得了政治选举权、八小时工作制、劳工立法等过去不可能取得的重大胜利。"马克思主义在工人运动中的影响日益扩大，但各种机会主义思潮仍然存在，并不断侵蚀工人运动。为了防止机会主义的泛滥，消除这些错误思潮给无产阶级革命带来的危害，马克思、恩格斯与蒲鲁东主义、巴枯宁主义、拉萨尔主义、杜林主义等进行了坚决斗争。通过斗争，马克思主义在工人运动中的指导地位不断巩固和发展。

蒲鲁东主义主张用小私有制代替资本主义私有制，用小生产代替社会化大生产；建立"人民银行"，让工人摆脱资本家的剥削；反对建立任何形式的政党组织。马克思、恩格斯批判了蒲鲁东的主张，提出只有实行土地和生产资料的公有制，通过政治斗争才是工人阶级解放的根本途径，从根本上否定了蒲鲁东主义，扩大了马克思主义在第一国际中的影响。

巴枯宁主义主张废除一切国家，建立一个无政府主义社会；提出通过"全面彻底地废除继承权"，来进行社会革命，推翻资产阶级的统治。马克思、恩格斯系统批判了巴枯宁主义，强调无产阶级革命和无产阶级专政的伟大作用，指出所谓通过完全废除继承权来进行社会革命，颠倒了经济基础和上层建筑之间的关系。巴枯宁及其支持者被全部开除出第一国际。

1869年成立的德国社会民主工党（爱森纳赫派），是在民族国家范围内成立的第一个无产阶级政党。马克思、恩格斯对其寄予厚望，并给予直接理论指导。为了维护党的纯洁性，坚持科学社会主义对德国工人阶级政党的指导，他们同拉萨尔主义和杜林主义进行了坚决斗争。作为斗争的理论成果，马克思的《哥达纲领批判》和恩格斯的《反杜林论》等著作，对科学社会主义理论进行了进一步的系统化。

拉萨尔是德国工人运动的重要活动家，他受马克思影响并自称马克思的学生。拉萨尔虽然从19世纪60年代就参加工人运动，但是他并没有真正理解和掌握科学社会主义，而是形成了一套机会主义思想和拉萨尔主义宗派。1875年3月，爱森纳赫派和拉萨尔派在哥达城经过正式会谈后，公布了为准备合并成立德国社会主义工人党而共同拟订的纲领草案。马克思发现该草案充斥着拉萨尔主义谬误，就写下了著名的《哥达纲领批判》。马克思批判了拉萨尔的小资产阶级的分配观点，阐述了社会主义的分配原则；提出由资本主义向共产主义过渡时期必须实行无产阶级专政，指出了共产主义社会发展的两个阶段及其区别和联系；批判拉萨尔的"铁的工资规律"掩盖了资本主义的剥削关系，指出工人解放的前提是消灭雇佣劳动；认为无产阶级只有通过社会主义革命才能根本推翻资本主义制度，建立社会主义；等等。《哥达纲领批判》清算了拉萨尔主义在德国社会民主党内的影响，维护了党的团结，对国际工人运动有普遍的指导意义，是继《宣言》之后又一部论述科学社会主义的重要文献。

杜林是一个小资产阶级社会主义者，他公开攻击马克思，企图以杜林主义取代科学社会主义在德国工人运动和德国社会民主党中的影响。为了捍卫党的理论基础，在马克思的坚定支持下，恩格斯放下手头的研究工作，全力以赴地投入到批判杜林主义的斗争中。从1876年到1878年，恩格斯用了近两年的时间，写成了《反杜林论》这部"百科全书"式的马克思主义理论巨著。这一巨著科学回答了社会主义如何从空想转变为科学，全面阐述了科学社会主义的基本原理，揭示了资本主义社会基本矛盾，论证了"两个必然"的历史趋势。这部巨著第一次系统阐述了马克思主义哲学、政治经济学、科学社会主义"三个组成部分"，认为它们是一个不可分割的科学体系。《反杜林论》的发表，在德国工人阶级中产生了巨大反响。列宁认为这是每一位有觉悟的工人必读的马克思主义著作。

为进一步教育影响其他国家的工人群众，1880年恩格斯应马克思的女婿保尔·拉法格的请求，把《反杜林论》中的三章抽取出来，改写成为一部独立的通俗性著作《社会主义从空想到科学的发展》。这一著作陆续被译为法文、波兰文、意大利文、俄文等欧洲各国文字，在工人中得到了广泛传播，成为继《共产党宣言》之后传播最广的科学社会主义著作，被马克思称为"科学社会主义的入门"。

马克思、恩格斯通过对工人运动中错误思潮的批判，捍卫了科学社会主义基本原则，加强了马克思主义在工人运动中的指导地位，推动了马克思主义向世界各地的传播，培养了一大批马克思主义理论家和理论宣传家，促进了马克思主义和工人运动的结合。

科学社会主义是关于无产阶级解放条件的学说。170 多年来，科学社会主义基本原则成为"世界各文明国家工人运动的理论和纲领"，指导着一代又一代共产党人和革命者不懈奋斗，推进社会主义事业不断发展。邓小平曾经说，我们搞改革开放，把工作重心放在经济建设上，没有丢马克思，没有丢列宁，也没有丢毛泽东。老祖宗不能丢，丢了就会丧失根本。这个老祖宗，就是马克思主义基本原理，就是科学社会主义基本原则。习近平强调："中国特色社会主义是社会主义而不是其他什么主义，科学社会主义基本原则不能丢，丢了就不是社会主义。"这些重要论断，我们必须全面领会、深刻把握。

# 第三章 ‖ 世界第一个社会主义国家的建立

19世纪末20世纪初，世界资本主义由自由竞争阶段进入垄断阶段，也就是资本主义发展的最高阶段，即帝国主义阶段。世界无产阶级革命面临新情况新问题。列宁把马克思主义基本原理与俄国工人运动的具体实际和时代特征相结合，深刻回答了帝国主义阶段社会主义革命、建设的一系列时代课题，领导俄国人民夺取了十月社会主义革命的胜利，建立了世界上第一个社会主义国家，实现了社会主义从理论、运动到实践、制度的伟大跨越，并领导俄国共产党（布）对俄国这样一个经济文化比较落后的国家建设社会主义进行了初步探索，形成了一系列理论和实践成果，创立了列宁主义，把马克思主义发展到一个新的阶段。

## 一、俄国革命运动与布尔什维克党的建立

19世纪70至90年代，法国巴黎公社革命失败后，西欧无产阶级革命转入低潮，资本主义进入相对稳定发展时期。与此同时，在经济文化落后的俄国，反对沙皇专制制度

的斗争蓬勃发展，推动工人运动如火如荼地开展起来。70年代中后期，"南俄工人协会""俄国北方工人协会"先后成立，兴起了轰轰烈烈的工人运动。恩格斯当时预言："要是俄国发生革命，它就会使欧洲免遭全面战争的灾难，并成为全世界社会革命的开端。"俄国一部分进步知识分子组成民粹派，自称是"人民的精粹"。他们反对封建农奴制残余，但否认俄国资本主义发展的必然性，否认无产阶级的先进作用，认为知识分子领导的农民是革命的主要力量，认为俄国可以绕过资本主义直接由农民村社过渡到社会主义。他们发起"到民间去"运动，力图发动农民起来革命，推翻沙皇专制制度。但是，他们的宣传鼓动影响很小，没有达到预期目的，大多数农民没有跟他们一起革命。不久，运动就在沙皇政府的严酷镇压下失败了。他们中的一些人转而采取极端手段，谋求以刺杀沙皇和政府官员为手段推进革命，并于1881年3月在彼得堡刺死了沙皇亚历山大二世。1887年，列宁的哥哥亚历山大，因为参与刺杀沙皇被处以绞刑，牺牲时年仅21岁。虽然暗杀的手段不值得提倡，但这一事件折射出那个时期沙皇专制制度与俄国人民的尖锐矛盾，在俄国内外产生了强烈震动。

在这个暴风雨般的革命时代，俄国黑暗的沙皇统治摇摇欲坠，社会处于剧烈动荡之中，被压迫人民对革命充满了渴望，社会革命党组织纷纷建立。1883年，普列汉诺夫和查苏利奇等人，在日内瓦创立了俄国第一个马克思主义的政治组织"劳动解放社"。该社将《共产党宣言》《雇佣劳动与资本》《哲学的贫困》《费尔巴哈论》《资本论》《论俄国的社会问题》等著作译成俄文出版，促进了马克思主义在俄国的广泛传播，培养了一大批俄国马克思主义者，列宁就是其中的杰出代表。1895年秋，列宁把彼得堡分散的马克思主义小组统一组成"工人阶级解放斗争协会"，这标志着科学社会主义开始和俄国工人运动相结合。

1895年恩格斯去世后，第二国际大多数政党的领导权逐渐落入修正主义者手中，修正主义思潮开始在国际共产主义运动中泛滥，世界无产阶级革命有误入歧途的危险。受这些错误思潮的影响，俄国的工人运动出现了分裂，修正主义在俄国衍生出各式各样变种，如经济派、合法马克思主义、取消派、左派民粹派、调和派、崩得分子等。列宁同这些错误思潮进行了坚决斗争，捍卫和发展了马克思主义。他撰写了《马克思主义和修正主义》《马克思学说的历史命运》等著作，深刻揭露了修正主义产生的社会原因、阶级根源、思想实质和严重危害。列宁认为，资本主义的和平发展和资产阶级统治策略的改变，"合法主义"和改良主义的急剧膨胀，工人贵族阶层的蜕化，是修正主义产生和泛滥的根源。"临时应付，迁就眼前的事变，迁就微小的政治变动，忘记无产阶级的根本利益，忘记整个资本主义制度、整个资本主义演进的基本特点，为了实际的或假想的一时的利益而牺牲无产阶级的根本利益，——这就是修正主义的政策。"

列宁在斗争实践中很快意识到，俄国的工人运动要想取得成功，必须有一个坚强有力的无产阶级政党的领导。他套用阿基米德的名言说："给我们一个革命家组织，我们就能把俄国翻转过来！"当时的俄国政治舞台上有三个主要政治派别，即自由派资产阶级、小资产阶级民主派和无产阶级革命派，他们都在发出声音，推行自己的政治纲领和主张，并且展开了激烈的思想斗争和政治斗争。俄国无产阶级革命派面临的迫切任务，就是结束各个组织混乱、涣散的状态，早日建立起新型无产阶级政党来领导人民争取政治自由、争取资产阶级民主革命胜利，并为未来的社会主义革命准备条件。

1900 年列宁创办《火星报》。此后，发表了《从何着手?》《怎么办？（我们运动中的迫切问题)》《进一步，退两步（我们党内的危机)》等一系列文章，宣传马克思主义的建党学说，提出了无产阶级政党的建党原则和基本要求。

★ 列宁

第一，无产阶级政党是组织严密、纪律严明的革命家组织。列宁指出："无产阶级在争取政权的斗争中，除了组织，没有别的武器。"坚强而纪律严明的革命家组织，是无产阶级革命取得胜利的法宝。这个革命家组织应该是一个有机整体，必须按民主集中制原则组织起来，从中央到工厂有一个严密的组织体系，坚持少数服从多数、部分服从整体、下级组织服从上级组织的原则；它有一个革命家的领袖集团，由那些富有天才、经过考验、受过专业训练和长期教育并且彼此配合得很好的领袖组成。

第二，无产阶级政党必须坚持以马克思主义为指导。列宁强调，马克思主义是工人阶级的强大思想武器。党的力量就在于它的理论武装。"没有革命的理论，就不会有革命的运动"，"只有以先进理论为指南的党，才能实现先进战士的作用"。他指出，科学社会主义是不能在工人中自发产生的，工人阶级单靠自己的力量只能产生出工联主义意识，无产阶级意识必须从外面灌输进去。他指出，资产阶级会利用各种渠道，通过学校、教会、报纸、文学艺术等来压抑工人的自觉意识，从精神上奴役工人。无产阶级政党必须同资产阶级进行意识形态斗争，因为没有这样的斗争，工人运动是无力抵抗资产阶级思想进攻的。列宁强调，马克思主义不是教条，而是行动的指南。要学会用马克思主义对具体形势、具体条件进行认真的具体分析，在此基础上灵活地运用马克思主义基本原理。

第三，无产阶级政党必须牢牢掌握革命的领导权。列宁批驳了孟什维克以当时的革命性质是资产阶级革命为由，把领导权归于资产阶级的错误论调，提出俄国无产阶级应当而且能够领导俄国的资产阶级民主革命。他指出，西欧发生资产阶级革命时，无产阶级远不如资产阶级强大，所以资产阶级掌握了领导权；在 20 世纪初的俄国，资产阶级在政治上仍然弱小，而无产阶级已成为强大的政治力量，已先于资产阶级建立了自己的政党，比其他一切政党都先进，它有科学的纲领和严密的组织，完全可以牢牢掌握革命的领导权，保证革命不偏离正确方向。

无产阶级建党学说是列宁主义的精髓之一。根据列宁主义建党原则，俄国建立了新型的无产阶级政党——布尔什维克党。1903 年 7 月，俄国社会民主工党第二次代表大会在布鲁塞尔召开。在最后选举党的中央领导机构时党内发生了分歧，拥护列宁的人得多数票，称布尔什维克（Большевик 的俄语音译词，意为多数派），其观点称为布尔什维主义；马尔托夫等人得少数票，称孟什维克（Меньшевик 的俄语音译词，意为少数派），后成为主要的右倾机会主义派别，其观点称为孟什维主义。1912 年，俄国社会民主工党第六次全国代表会议召开。在此次会议上，孟什维克取消派被开除出党，选举产生了以列宁为首的布尔什维克党中央委员会。此后，布尔什维克成为独立的马克思主义政党。1917 年俄国社会民主工党第七次全国代表会议召开时，党的名称正式改为"俄国社会民主工党（布）"。

布尔什维克党是列宁亲手缔造的马克思主义政党。它的创立，标志着俄国工人运动的重大转折，推动了俄国革命运动的发展，对国际共产主义运动产生了深远的影响。布尔什维克党自诞生之日起，就为争取俄国资产阶级民主革命和社会主义革命的胜利而不懈斗争。它积极参加了 1905 年和 1917 年两次资产阶级民主革命，并领导俄国工人、农民和士兵成功取得了十月革命的伟大胜利，建立了世界上第一个社会主义国家。它团结各国马克思主义者，同第二国际修正主义者进行了坚决的斗争，维护了马克思主义的纯洁性和无产阶级国际主义，支持和帮助了各国共产党的建立。苏维埃俄国建立后，1918 年 3 月，在俄国社会民主工党（布）第七次代表大会上，根据列宁的提议，改名为俄国共产党（布），简称俄共（布）。1925 年 12 月，在党的第十四次代表大会上，俄国共产党（布）更名为苏联共产党（布尔什维克），简称联共（布）。1952 年，在党的十九次代表大会上，正式改名为苏联共产党，简称苏共。

# 二、时代变化与"一国胜利论"的提出

随着资本主义发展到帝国主义阶段，世界各资本主义大国对"生存空间"的争夺更加白热化。德国作为新起的资本主义大国，与以法、英为代表的老牌资本主义大国的矛盾日趋尖锐。1914年6月28日（塞尔维亚国庆日），奥匈帝国皇储斐迪南大公夫妇在萨拉热窝视察时，被塞尔维亚青年加夫里若·普林西普枪杀。这一事件成为第一次世界大战的导火索。一个月后，奥匈帝国在德国的支持下，以萨拉热窝事件为借口，向塞尔维亚宣战。接着德、俄、法、英等国相继投入战争。一场历时4年多、涉及30多个国家、席卷15亿人口的世界大战由此爆发，人类遭受了空前巨大的灾难。

残酷的战争不仅使各国人民的生活陷入极其悲惨的境地，而且加深了国际工人运动的分裂。如何正确认识这场战争，在欧洲各国工人政党中引起巨大分歧。一些交战国的社会党和第二国际的大多数领袖，抛弃了他们在国际社会党代表大会上通过的反对帝国主义战争的决议，打着"保卫祖国"的"爱国主义"旗号，纷纷站到本国资产阶级一边，支持本国政府进行帝国主义战争，蜕变为社会沙文主义者，即口头上是社会主义，实际上是帝国主义的代表。同时，各种机会主义理论开始出现。最有代表性的是卡尔·考茨基等第二国际理论家提出的"超帝国主义论"。他们认为，帝国主义只是金融资本所采取的与其经济本质并无必然联系的一种"政策"，帝国主义战争对资本主义的经济发展来说是必不可少的，资本主义"可能再经历一个新的阶段"。第二国际大多数领袖背叛社会主义的行为，意味着第二国际的破产。以列宁为首的布尔什维克党，以及各国社会党内少数左派，坚持马克思主义的革命路线，深刻揭露这场战争本质上是不同帝国主义集团之间，为了重新瓜分世界进行的非正义的战争。他们高举无产阶级国际主义旗帜，始终反对这场帝国主义战争。

列宁从 19 世纪末就开始研究垄断资本主义即帝国主义问题，第一次世界大战爆发后，国际共产主义运动的现实状况促使他加强了对这个问题的研究。他深知，"如果不懂得这个现象的经济根源，如果不充分认识这个现象的政治意义和社会意义，那么，在解决共产主义运动和即将到来的社会革命的实践任务方面，就会一步也不能前进"。为了深入研究这个问题，当时在瑞士过着流亡生活的列宁，克服各种困难，利用一切可能的条件，阅读了伯尔尼、苏黎世等地图书馆的大量材料，并做了大量摘录。据统计，他为此而参阅的德、英、法等国的书籍达 148 种，载于各种期刊的论文达 232 篇，涉及世界各国关于垄断资本主义时期的经济、技术、政治、外交、工人运动、殖民地问题和社会生活等各个方面，从中做的摘录、纲要、札记和表格共 20 个笔记本、65 万字。经过深入研究和思考，他于 1916 年写成了《帝国主义是资本主义的最高阶段》这一重要著作。

列宁深入研究了《资本论》出版后半个世纪以来资本主义的新发展，分析了垄断资本占统治地位的帝国主义阶段。他指出，资本主义瓜分世界的殖民政策也发生了很大的变化，即"已成为极少数'先进'国对世界上绝大多数居民实

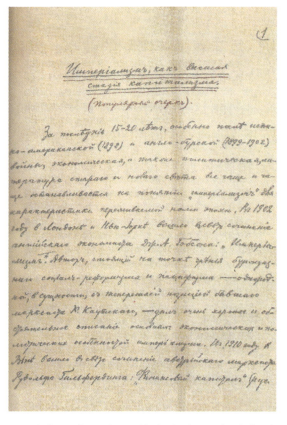

★ 列宁《帝国主义是资本主义的最高阶段》一书提纲的手稿

行殖民压迫和金融扼杀的世界体系"。也就是以英、法、德等帝国主义国家为"中心"，亚非拉等殖民地或半殖民地国家处于"边缘"的地缘经济体系。

列宁论证了帝国主义是垄断的资本主义，批判了考茨基所谓"帝国主义只是资本主义的一种政策"的错误观点，指出帝国主义具有与自由资本主义不同的鲜明特征，其中垄断是最根本的特征。

列宁论证了帝国主义是腐朽的资本主义。他分析了垄断给资本主义造成的各种影响，指出了垄断在一定程度上造成了技术进步的停滞、食利者阶层和少数食利国的出现等现象，这决定了帝国主义必然走向腐朽的趋势；同时也指出，这一趋势并不排除资本主义在局部的迅速发展。

列宁论证了帝国主义是资本主义发展的最高阶段。他根据当时所掌握的材料，深刻揭示了帝国主义的各种矛盾及其历史过渡性，指出帝国主义是垂死的资本主义，是世界无产阶级革命的前夜。

列宁的帝国主义论科学分析了垄断资本主义的新发展，

对时代格局作出了正确判断，从而为世界无产阶级和劳动人民正确认识帝国主义的本质和发展规律提供了强大思想武器，为"一国胜利论"和俄国社会主义革命提供了理论依据。

1915 年 8 月，列宁在《论欧洲联邦口号》中，首次提出"社会主义可能首先在少数甚至在单独一个资本主义国家内获得胜利"的观点，即"一国胜利论"。1916 年 8 月，他又在《无产阶级革命的军事纲领》中重申了这一观点。列宁指出：首先，社会主义不可能在所有国家同时获胜，因为经济和政治发展的不平衡性是资本主义的绝对法则。在商品生产条件下，各国资本主义经济发展是不平衡的，这将导致各国统治阶级力量不平衡，从而决定了社会主义革命更有可能首先在资产阶级统治薄弱的国家取胜。其次，帝国主义全球扩张和争夺必然导致战争，将大大削弱世界资本主义的统治。在帝国主义时期，随着资本的全球扩张，原先世界资本主义体系的"均衡"被打破，原来工业落后的国家如德国、日本、美国趁着资本主义全球扩张和科学技术的扩散，在相当短的时间内超过英国、法国、西班牙等先进国家，成为资本主义世界的"后起之秀"。他们与老牌资本主义国家，不可避免地因瓜分"生存空间"以及殖民地利益"分赃"不均产生激烈矛盾，这就决定了大规模的帝国主义战争不可避免，并将使世界资本主义统治受到打击。最后，大规模的帝国主义战争是社会主义在一个国家取得胜利的契机。战争削弱了世界资本主义的联合，激发了资本主义国家国内矛盾和阶级对抗，削弱了统治阶级的统治，为社会主义革命的胜利提供了国际和国内条件。列宁还认为，东方与西方无产阶级革命是"两极相联""互相补充"的，在进行资产阶级民主革命的同时，俄国可以成为西方社会主义革命的导火索，推动欧洲革命的爆发。

列宁分析了俄国革命的条件，指出第一次世界大战的爆发，使俄国这样一个垄断资本主义同封建农奴制残余相结合的军事封建帝国主义国家，成为帝国主义链条上最薄弱的一环。由于参加帝国主义战争，俄国经济遭受沉重打击，无产阶级同垄断资本和沙皇专制制度的矛盾，农民同封建地主和资产阶级的矛盾，沙俄境内的民族矛盾，世界被压迫人民和被压迫民族同帝国主义之间的矛盾，沙俄同其他帝国主义国家之间的矛盾，俄国人民同西方帝国主义之间的矛盾等，相互交错、严重激化，表现得非常集中、非常尖锐。沙俄成为帝国主义所有矛盾的集合点，以沙皇为代表的俄国统治阶级的统治地位岌岌可危。同时，俄国的革命力量团结强大。俄国无产阶级受到沉重剥削，他们人数比较多，觉悟程度高，敢于开展反封建势力和反资产阶级的斗争，而且有无产阶级政党的正确领导，最有可能首先发生无产阶级革命。但是，列宁也强调，无产阶级革命的彻底胜利，仍然需要世界无产阶级团结起来，共同奋斗。列宁坚信，第一次世界大战的爆发表明资本主义文明正在崩溃，另一种社会主义文明必将诞生。

列宁的"一国胜利论"的精神实质，并不在于阐明需要多少个国家同时取得社会主义革命的胜利，而是强调无产阶级政党不要纠结于等待"世界革命同时胜利"的条件完全成熟，才开始采取行动。历史辩证法告诉我们，发挥人民群众的历史主动性，采取符合实际的正确路线、方针、政策，同样可以大大加快历史发展进程。俄国十月革命的成功，第一个社会主义国家苏联的建立及其成就，中国新民主主义革命的胜利和中国社会主义在革命、建设和改革方面的伟大成就，用实践证明了"不发达"国家完全可以发挥历史主动性，坚持从本国实际出发，走出建设社会主义、加快国家发展的成功道路。这是历史发展给我们的珍贵启示！

## 三、俄国十月革命与第一个社会主义国家建立

第一次世界大战使俄国国民经济遭到严重破坏，青壮年被征召参战，致使土地荒芜、粮价暴涨、物资奇缺。为维持战争，沙皇实行残酷的军事独裁统治，政府腐败无能，一些将领通敌叛国，士兵伤亡无数，大批领土沦陷。所有这一切，使人民群众对沙皇专制制度深恶痛绝，士兵厌战反战情绪不断高涨。1916年俄国国内发生1500多次罢工，有150万名士兵成为逃兵。农民抗租夺粮，烧毁庄园，捣毁乡村政权。统治阶级上层也发生了危机，首相和大臣走马灯似的撤换。

列宁说过："只有'下层'不愿照旧生活而'上层'也不能照旧维持下去的时候，革命才能获得胜利。"当时的俄国正是处于这种状况。1917年3月3日，彼得格勒6万多名工人举行罢工，罢工者与警察发生了冲突。12日（俄历2月27日），罢工转变为武装起义。驻守在彼得格勒的6万名士兵参加了武装起义。各地方也纷纷响应起义，建立工兵代表苏维埃。最终，统治俄国304年的罗曼诺夫王朝被推翻。二月革命是继1905年革命后俄国第二次民主革命，完成了推翻封建专制制度的资产阶级民主革命的任务。

二月革命后，革命的一部分领导权被资产阶级、孟什维

克和社会革命党所窃取，出现了资产阶级临时政府和工兵代表苏维埃两个政权并立的局面。列宁在谈到这两个政权的性质和特点时说："所谓两个政权并存，就是说有两个政府同时存在：一个是主要的、真正的、实际的、掌握全部政权机关的资产阶级政府，即李沃夫之流的'临时政府'；另一个是补充的、附加的、'监督性的'政府，即彼得格勒工兵代表苏维埃，它没有掌握国家政权机关，但是它直接依靠显然是绝大多数的人民，依靠武装的工人和士兵。"两个政权共存的局面，反映了二月革命后俄国的阶级力量对比关系，反映了作为俄国社会主要矛盾双方的无产阶级和资产阶级处于势均力敌的状态，表明俄国革命正处于一个过渡的、发展中的阶段。

资产阶级临时政府代表的是资产阶级的利益，以巩固资产阶级统治、遏制革命继续发展为主要目标，因而它并不想改变沙皇政府的内政外交政策，对外仍坚持参加世界大战，对内坚持镇压民众的反抗。二月革命的成果实际上落入资产阶级手中。

在俄国革命处于十字路口的关键时刻，列宁结束了长期的流亡生活，于1917年4月16日回到俄国，在彼得格勒芬兰车站受到工人和士兵的热烈欢迎。列宁在车站广场的装甲车上，向群众发表了热情洋溢的演说，提出"社会主义革命万岁"的口号。次日，他发表了著名的《四月提纲》。列宁分析了俄国工人阶级与资产阶级的力量对比，明确指出俄国当前形势的特点是从革命的第一阶段向革命的第二阶段过渡，沙皇制度推翻以后必须进行社会主义革命，而不能仅仅停留于资产阶级民主革命。这就在历史发展的关键时刻为俄国革命指明了方向。

　　根据列宁《四月提纲》的精神，布尔什维克党将争取群众、发动群众作为中心工作，积极开展各种形式的宣传鼓动。1917 年 7 月，临时政府遵从英帝国主义的意愿，继续驱使前线士兵进攻，结果遭受灾难性的失败。消息传来，引发了声势浩大的群众游行示威，却招致临时政府的血腥镇压，这就是"七月事变"。为了推卸责任和转移视线，临时政府污蔑列宁接受了德国皇帝的金钱资助来对抗俄国，企图将战争失败的责任加到布尔什维克党身上，并以"发动军事政变"等罪名，下令逮捕列宁等领导人。为了躲避反动政府的追捕，列宁装扮成割草人匿居于拉兹里夫湖畔。他身居草庐，洞观局势，笔耕不辍，于 1917 年八九月写成《国家与革命》，深刻批判了第二国际机会主义对马克思主义国家学说的歪曲，捍卫和发展了无产阶级革命和无产阶级专政的理论，为俄国革命提供了及时的思想指导。

　　"七月事变"改变了俄国国内的政治状况和阶级力量对比。此后，俄国的工人罢工、农民起义、士兵暴动进一步发展，革命形势日渐成熟，但武装夺取政权时机尚未完全成熟。就在这时，局势发生了急促变化。8 月 25 日，科尔尼洛夫叛乱爆发。在立宪民主党的支持下，沙皇军队的总司令科尔尼洛夫把"野蛮师"和哥萨克调动到彼得格勒，蓄谋发动军人专政的反革命政变，以图复辟君主制度。布尔什维克党领导的工人赤卫队对科尔尼洛夫叛军作战取得胜利，大大提升了布尔什维克党的威信，促使全国各地苏维埃迅速布尔什维克化。在军队中，大部分士兵拥护布尔什维克党的主张。据此，列宁认为，武装起义的时机成熟了。

　　然而，列宁关于迅速进行武装起义、夺取政权的主张，遭到孟什维克的讥讽和反对，也受到布尔什维克党内一些重要成员反对。普列汉诺夫认为，俄国不具备爆发社会主义革命的条件，无论是生产力水平、军队状况，还是人民群众的政治觉悟都不够，他提出，俄国的历史还没有磨出能够烤制社会主义馅饼的面粉。第二国际的理论权威也指责俄国的社会主义革命搞早了、搞糟了。其中，考茨基的言论最为尖刻。他攻击布尔什维克党在俄国建立无产阶级专政和社会主义制度这种做法，"无非是一种想要超越或者用法令来取消那些自然的发展阶段的大规模试验而已"，就像"一个怀孕妇女，她疯狂万分地猛跳，为了把她无法忍受的怀孕期缩短并且引起早产。这样生下来的孩子，通常是活不成的"。考茨基的"早产论"一出台，列宁等人就在理论上对它进行了有力批驳。十月社会主义革命的胜利，从实践上宣告了"早产论"的破产。然而，20世纪八九十年代苏联解体、东欧剧变以后，"早产论"又死灰复燃，这不过是历史上理论斗争的返照。

那么，究竟应怎样看待十月革命的发生呢？

首先，十月革命的发生具有特殊的客观条件。这主要表现在：第一，主权独立的俄国的资本主义获得了一定程度发展，为十月革命造就了基本的物质条件。社会主义革命必须以一定的物质条件为前提。与印度、中国和其他被西方资本主义国家用暴力、商品、贸易强行纳入世界历史一体化的国家不同，俄国尚保持着独立，走着一条独特的道路。19世纪末20世纪初，俄国工业生产总值已经居于欧洲第四位、世界第五位，这表明俄国资本主义获得了一定程度的发展，但经济社会发展总水平仍然属于欧洲最落后的国家。在欧美垄断资本主义发展的影响下，俄国的资本主义也很快成为垄断资本主义，第一次世界大战加速了它向国家垄断资本主义的转变，形成了国家调整生产和分配的机构，这就为俄国的社会主义革命创造了一定的物质前提。这些特点，正是当时俄国的革命条件优于亚非拉国家的地方。第二，俄国特殊的环境为十月革命造就了阶级条件。十月革命前俄国的无产阶级虽然只占人口的少数，但是它有非常突出的特点：产业工人大都集中在工业较为发达的少数大城市；他们遭受封建地主、资产阶级和沙皇的多重压迫，对革命的要求非常强烈；他们大多来自农村，同农民有着特殊的联系，战争造成的痛苦又加强了工农的联系。尤其重要的是，俄国革命有一个坚强有力且富有斗争经验的政党——布尔什维克党的正确领导。这些特点，正是当时俄国工人阶级优于西欧工人阶级的地方。第三，持续 3 年的帝国主义战争为十月革命造就了有利的国际环境。第一次世界大战是资本主义经济政治发展不平衡的结果。战争异乎寻常地加深了资本主义的危机，既削弱了沙皇政府在俄国的统治力量，也削弱了国际帝国主义在世界范围的势力，为俄国无产阶级冲破帝国主义阵线的最薄弱环节、夺取社会主义革命的胜利提供了可能。这些特点，为十月革命发生提供了有利的历史机遇。

　　其次，十月革命的发生有着有利的主观条件。这主要表现在：第一，布尔什维克党完成了社会主义革命的理论准备。这主要体现为列宁在十月革命前完成的一系列理论创新，特别是他提出的帝国主义论、"一国胜利论"。第二，俄国人民有坚定革命传统，对结束战争的愿望强烈。列宁强调，1912年以来，世界上任何一个国家都没有发生过像俄国发生的参加人数如此众多、斗志如此顽强、形式如此多样、威力如此巨大的政治罢工。这表明，俄国工人阶级不是用语言，而是用实际行动进行斗争。第一次世界大战使沙皇俄国在军事上、经济上和政治上陷入了严重困境，给俄国人民带来了空前的灾难和困苦，人民迫切希望早日结束战争。第三，挽救和保护民主革命成果的迫切要求。1917 年 8 月科尔尼洛夫发动反革命叛乱的事变，深刻教育了人民，他们认识到如果不采取社会主义革命的步骤，就不能保住民主革命的成果。在俄国民众革命热情高涨的情况下，以列宁为首的布尔什维克党不失时机地把握了特殊的革命形势，顺应历史发展和人民的要求，将广大人民群众争取"和平、土地、面包"的斗争及时引向了社会主义革命。

最后，十月革命的发生并不违背世界历史发展的一般规律。从整个人类社会发展的历史进程来看，社会形态更替的根源在于社会基本矛盾的运动，生产关系的变革终究要符合生产力的发展要求。但是这种变革并不意味着社会历史发展阶段总是整齐划一的，相反，常常出现参差不齐、相互交错的现象。从历史上看，封建社会取代奴隶社会、资本主义社会取代封建社会，已有从不发达的地方开始的先例。例如，中国进入封建社会比西欧早得多，但是资本主义历史发展却迟于西欧。正如列宁所说："世界历史发展的一般规律，不仅丝毫不排斥个别发展阶段在发展的形式或顺序上表现出特殊性，反而是以此为前提的。"

如何正确判断和把握俄国革命的大势？在历史的重要转折关头，机遇稍纵即逝，列宁迅速作出了判断和选择。他指出，马克思主义不是教条，而是行动的指南，马克思主义者应该从实际出发，而不是抱着昨天的理论不放。俄国武装夺取政权的主客观条件已经成熟，如果错过这样的时机，"历史是不会饶恕我们的"。

历史证明了列宁判断的正确性。俄历 1917 年 10 月 24 日下午，武装起义开始。当晚，列宁来到斯莫尔尼宫，亲自领导了震撼世界的十月社会主义革命。10 月 25 日（公历 11 月 7 日）上午，起义者占领了彼得格勒的所有重要据点。晚上 9 时 40 分，根据革命军事委员会的命令，停泊在涅瓦河上的"阿芙乐尔"号巡洋舰发出了攻打冬宫的炮声。起义群众很快就占领了冬宫，逮捕了临时政府的成员。当晚，全俄苏维埃召开第二次代表大会，宣布建立苏维埃政府，政权掌握在无产阶级手中。临时政府被推翻，世界上第一个无产阶级专政的国家——俄罗斯苏维埃联邦社会主义共和国成立了。随后革命迅速向全俄发展，到 1918 年春，全国范围内都建立了苏维埃政权。

十月革命是世界历史上划时代的重大事件，它实现了社

★ 攻打冬宫

会主义从理论、运动到实践、制度的伟大跨越，从根本上震撼了资本主义世界，产生了深远的历史影响。

首先，它将马克思主义关于无产阶级革命的理论变为现实，它像一座灯塔，在它的影响和鼓舞下，世界无产阶级革命进入了一个波澜壮阔的历史阶段。过去的一切革命，都是新的剥削阶级统治者取得政权，由一种剥削制度代替另一种剥削制度，革命以后劳动者被剥削被压迫的命运依然如故。而十月革命从根本上推翻了人剥削人、人压迫人的制度，建立了世界上第一个人民当家作主的新制度，使数百年来人们对建设美好新社会的憧憬开始成为现实。与资本主义制度不同的社会主义新型社会制度的出现，对人类文明发展和社会进步具有重大意义。习近平指出："列宁领导的十月革命取得胜利，社会主义从理论变为现实，打破了资本主义一统天下的世界格局。"从此，世界进入社会主义和资本主义两种社会制度共存并相互竞争的时代，人类历史进入新纪元。

其次，它沉重打击了帝国主义的统治，鼓舞了西方资本主义国家的革命运动。十月革命的胜利，冲破了国际帝国主义阵营中的薄弱环节，这不仅是对俄国帝国主义统治的根本摧毁，也是对国际帝国主义统治的沉重打击。受其鼓舞，欧洲出现革命高潮，1918 年德国爆发了十一月革命，1919 年匈牙利爆发了无产阶级革命，英国、法国、意大利、奥地利等国的工人运动不断高涨。

再次，它激励了中国和许多殖民地、半殖民地国家的民族民主革命，掀起了被压迫民族解放斗争的新高潮。在十月革命的影响下，特别是在列宁关于殖民地、半殖民地民族解放思想的激励下，许多国家爆发了争取民族独立和民族解放的革命运动。中国的"五四运动"、朝鲜的"三一运动"等蓬勃发展，对于打破帝国主义和封建主义统治，推动落后国家的民族民主革命，都起到了极为重要的作用。

最后，它促进了马克思列宁主义的传播，推动了一大批无产阶级政党的建立。十月革命的胜利，极大提升了马克思列宁主义在国际上的影响力，有力推动了马克思列宁主义的国际传播。习近平指出："十月革命一声炮响，给中国送来了马克思列宁主义。中国先进分子从马克思列宁主义的科学真理中看到了解决中国问题的出路。"十月革命为无产阶级和劳苦大众寻求解放展现了一条新道路，许多国家受其鼓舞纷纷成立共产党，世界社会主义展现出蓬勃发展的新局面。为了适应世界社会主义发展的需要，共产国际即第三国际于1919年3月成立。

## 四、巩固第一个社会主义国家政权的斗争

十月革命胜利后，列宁领导布尔什维克党和俄国人民开始为巩固世界上第一个社会主义国家而斗争。列宁提出，党和国家的任务，就是在铲除旧制度的地基上，为新的社会主义大厦奠定坚实基础。

十月革命后，布尔什维克党面临的首要任务，就是巩固第一个工农政权——苏维埃共和国。为此，必须尽快使俄国摆脱战争，以赢得巩固和建设政权所需要的时间。列宁坚决主张暂时退却，与德国签订布列斯特和约，使苏维埃俄国获得一个短暂的喘息时机，以积蓄力量，推进社会主义革命，

★《1917年11月列宁在全俄苏维埃第二次代表大会上讲话》（油画 谢罗夫绘）

加快恢复经济，建立红军以巩固国防。

　　1918年春，列宁提出向社会主义过渡的规划，其总体思路是：首先恢复和发展大工业，为社会主义奠定物质基础；把资本主义，特别是小商品生产纳入国家资本主义轨道，限制并逐步取消私人贸易，在发展工业的基础上建立由国家控制的工农业产品交换体系；同时引导小农实现共耕制（即农业公社、共耕社和劳动组合，通称集体农庄）；最终实现全部国民经济由国家实行统一计划、统一领导的"大工厂"的设想。可是，随着国内战争的爆发和大规模的国外武装干涉，这些规划被迫停止了。一些原来比较谨慎的政策措施，很快被更加激进的战时共产主义政策所代替。

　　1918年夏，不甘失败的俄国地主和资产阶级组织叛军，发动叛乱。协约国主要成员英、法、美、日等勾结 14 个国家派出干涉军，伙同俄国科尔尼洛夫、阿列克谢也夫、高尔察克和邓尼金的白卫军共同发起进攻，企图把新生的社会主义政权扼杀在"摇篮"里。在最艰难的时期，苏俄几乎 3/4 的国土都被反动势力占领，重要的产粮区和原料产地被切断。苏维埃政权面临极其严峻的生存危机，布尔什维克党领导苏联红军和苏俄人民开始了艰苦的战斗。

反动势力宣称要用"饥饿的枯瘦之手"将苏维埃政权扼死，粮食已经成为苏维埃政权生死攸关的问题。在这种情况下，列宁提出，要用一切办法征集粮食和工业燃料，以挽救革命，挽救苏维埃政权。为了把有限的财力物力集中起来以保证战争需要，苏维埃政府陆续推出了以余粮收集制为主要内容的一系列非常措施。由于这些措施带有军事共产主义的性质，因而被称为战时共产主义政策。其主要内容包括，对一切工业部门实行国有化，实行粮食专卖和余粮收集，对国民经济各部门进行严格的集中管理。国家按需要规定征收粮食的数量、价格，硬性摊派给基层，强制予以征收；把大中企业收归国有，对小企业实行监督；禁止私人交易，取消一切商品贸易；一切生活必需品均由国家集中分配；普遍实行义务劳动制，实行"不劳动者不得食"的原则。战时共产主义是在险恶的战争环境和物资极度缺乏的特殊条件下采取的应急措施，为短期内取得战争胜利、捍卫和巩固苏维埃政权提供了必要的物质条件。

为了赢得战争的胜利，巩固第一个社会主义政权，在列宁领导下，苏俄加快了国家政权和军队的建设。面对反动军队的进攻和帝国主义国家的军事干涉，列宁认识到苏维埃政权不能没有自己的武装力量，必须改变原来"废除常备军"的思想，建立国家的军队。1918 年 1 月，在列宁的领导下，苏俄开始建立无产阶级军队——工农红军，为巩固社会主义政权提供了坚实的力量保障。

列宁认为，法治建设对于巩固政权具有极端重要性，1918 年 7 月 10 日，全俄苏维埃第五次代表大会通过了《俄罗斯苏维埃联邦社会主义共和国宪法》。宪法第九条规定"国家全部权力属于人民"；第十条规定国家性质为"社会主义社会"；第十二条规定"国家最高权力机关是由工人、农民、红军和哥萨克代表层层选举组成的全俄苏维埃代表大会"；等等。此外，苏俄还建立起国家经济计划管理体制，开始发展电气化大工业，大力推进重工业发展等，为巩固苏维埃政权奠定了物质基础。

1920 年 11 月，苏俄红军彻底打垮了协约国的最后一个傀儡——弗兰格尔的反革命军队。1922 年 10 月下旬，盘踞在远东地区的日本干涉军也被逐出苏俄国土。持续了 4 年之久的苏维埃保卫战，在列宁的领导下取得最终胜利。

# 五、从战时共产主义到新经济政策

布尔什维克党在列宁领导下，开启了创建社会主义制度的重大历史探索，"坚冰已经打破，航路已经开通，道路已经指明"。但是，怎样建设社会主义，却是一个全新的课题。俄国是一个资本主义不发达、小农经济占优势的落后国家，同时遭受了战争的严重破坏，解决这一课题就更加复杂和困难。列宁领导布尔什维克党在苏俄建设的实践中，初步找到了在经济文化落后国家建设社会主义的正确道路。

经过 4 年多的动荡和战争，苏俄经济遭受灾难性破坏，可以说是满目凋零、千疮百孔。1918 年至 1920 年，彼得格勒失去了 75% 的人口，莫斯科人口也减少了 50%。1920 年同 1913 年相比，苏俄的产业工人减少一半，大工业的产值几乎减少 6/7，生铁产量仅为战前水平的 3%，煤减产约 2/3，石油减产约 3/5。铁路运输瘫痪，1700 俄里铁路线和 3672 座桥梁被破坏，大部分机车和 1/4 车厢不能使用。燃料和原料极度缺乏，大部分企业无法开工。田地荒芜，农业产量仅为 1913 年的 2/3。由于农业歉收，粮食和日用必需品严重不足，人民生活极其艰难。长期的国内动荡加之严重干旱造成巨大灾荒，大量人口死于饥饿。

如何从战争时期转向和平时期的社会主义经济建设，是摆在布尔什维克党面前的紧迫任务。鉴于战时共产主义政策在国内战争中的成效，它作为"临时"非常措施在战争结束后并没有马上结束，反而被加强，这就使原来潜在的矛盾更加凸显。农民对余粮收集制严重不满。反革命分子利用农民的这种不满情绪，掀起了反对苏维埃政权的叛乱，一些地方发生了士兵和农民的暴动。到 1921 年 2 月，武装叛乱分子达到 3 万余人。

1921 年 3 月初，曾作为十月革命中坚力量的喀琅施塔得水兵也发生叛乱，社会革命党人、孟什维克、无政府主义者利用大部分出身于农民的水兵的不满情绪，乘机打出"没有布尔什维克参加的苏维埃""保卫农民"等旗号，妄图颠覆苏维埃政权。布尔什维克党采取紧急措施，于 3 月 18 日平定了这次叛乱。与此同时，一部分工人由于缺吃少穿、生活艰难，在小资产阶级自发势力的影响下思想也发生动摇，罢工不时发生。严重的经济危机和政治危机使列宁认识到，战时共产主义条件下实施的经济措施破坏了工业和农业的正常联系，破坏了社会主义经济和小农经济的合作，不能保证提高国家的生产力。农民难以忍受余粮收集制的沉重负担，对"一大二公"的集体农庄很难理解和接受。加入集体农庄的农户仅占总农户的0.4%。由于"吃大锅饭"，农民没有生产积极性，尽管国家投入大量财力，集体农庄为国家提供的余粮仅占余粮总数的0.04%。

列宁对此进行了深刻反思："我们计划……用无产阶级国家直接下命令的办法在一个小农国家里按共产主义原则来调整国家的产品生产和分配。现实生活说明我们错了。"他审时度势，决定停止施行战时共产主义政策，改行新经济政策。这在理论和实践上开启了对社会主义建设道路的探索。

★ 新经济政策的俄国将变成社会主义的俄国（宣传画）

1921年3月俄共(布)十大召开，标志着苏维埃俄国由战时共产主义政策转向了新经济政策。新经济政策的主要内容是：以征收粮食税代替余粮收集制；农民按国家规定交纳一定的粮食税，超过税额的余粮完全归个人所有；允许农产品自由买卖，承认了市场机制的积极作用；在国家保持经济命脉（冶金、运输、燃料工业、石油等）的情况下，实行中小企业的非国有化；把大工业企业联合成托拉斯和辛迪加，实行经济核算；取消劳动义务制和劳动动员，按照产品的质量和数量支付劳动报酬；在一定程度上允许私人资本在工业、农业、商业、服务业中自由发展，鼓励成立合作社，农村雇工和租佃合法化；允许外国资本进入，实行租让和租赁；重建银行和税收制度；实行货币改革，取消苏维埃纸币，发行稳定的货币切尔文卢布。

　　新经济政策实施后，很快在实践中取得了明显成效。由于允许多种形式的经营和多种经济成分的合作与共存，对于活跃市场、发展贸易，实现对外开放、对内搞活，具有重要作用，有效地恢复和发展了工农业生产，满足了劳动者的经济要求，巩固了工农联盟，使新生的苏维埃政权有了稳定的阶级基础和社会基础。新经济政策实施后的第二年即 1922 年，苏俄工业总产值增长 36.6%，农业在遭受自然灾害的情况下，谷物产量仍增长了 20%。苏维埃俄国很快摆脱了经济、政治危机，极大增强了布尔什维克党和广大人民建设社会主义的信心。1922 年 12 月 30 日，由俄罗斯联邦、乌克兰、白俄罗斯和外高加索联邦共同组成的苏维埃社会主义共和国联盟（以下简称苏联）正式成立，列宁当选为苏联人民委员会主席。

　　新经济政策反映了生产关系必须适应生产力发展要求的基本规律，符合马克思主义基本原理。这一政策致力于发展商品经济，是对传统社会主义观念的一种大胆突破，大大丰富了科学社会主义理论和实践，对于世界社会主义发展具有普遍启发意义。我国改革开放初期，邓小平十分重视列宁的新经济政策及其一系列探索，他说，"可能列宁的思路比较好"。中国开始探索发展社会主义商品经济和市场经济，也与这个思路的启发有着密切关系。

1922年12月，列宁因长期操劳，身体状况出现问题，再次中风。在身体如此糟糕的情况下，列宁仍保持着对革命事业的坚定信心和高度责任感。他意识到自己将不久于人世，开始更加拼命地工作。这段时间，列宁写了224份文件和便条，接见了171个来访者（125次），主持了32次重要会议。他在病榻上口授、由秘书记录整理，形成了《日记摘录》《论合作社》《论我国革命》《我们怎样改组工农检察院》《宁肯少些，但要好些》等文章和书信。这是他留下的最后的宝贵思想财富。在这些文献中，他不断总结新的实践经验，积极回应第二国际和孟什维克理论家的责难，提出并阐发了俄国社会主义建设的一系列重要问题。

列宁集中思考了俄国社会发展道路和归宿问题。他针对考茨基、苏汉诺夫等人所谓俄国没有实行社会主义的客观经济前提的责难指出，他们只是看到了资本主义在西欧发展这条固定道路，而不了解俄国国情的特殊性。他强调，这种特殊性并没有改变世界历史发展的总路线。俄国完全能够首先用革命手段取得实行社会主义的政治前提，然后在工农政权和苏维埃制度的基础上达到社会主义所需要的生产力水平和文化水平。

列宁认为，建设社会主义不能从书本出发，而要从各国的实际出发。他直言不讳地说："要论述一下社会主义，我们还办不到；达到完备形式的社会主义会是个什么样子，——这我们不知道，也无法说。"不能认为社会主义者先生们会将现成的社会主义用盘子托着奉献给我们，这是不会有的事。""这是一项历史上没有见过、书本上也读不到的新事业。"他说："对俄国来说，根据书本争论社会主义纲领的时代也已经过去了，我深信已经一去不复返了。今天只能根据经验来谈论社会主义。"不能用书本来规定和裁剪实践，而要用实践来修正和检验理论。他明确指出，落后国家走社会主义道路具有复杂性，要"从具体的现实生活中的各种现象"来选择发展道路。他预言："在东方那些人口无比众多、社会情况无比复杂的国家里，今后的革命无疑会比俄国革命带有更多的特殊性。"

列宁晚年对社会主义建设道路进行了深刻思考，并提出了如下重要思想。

第一，社会主义必须创造出比资本主义更高的劳动生产率。无产阶级在夺取政权后必须尽快增加生产力的总量，这是马克思、恩格斯的一个基本观点。对于经济文化相对落后的俄国而言，尽快发展生产力的任务显得尤其突出。十月革命胜利后不久，列宁就提出了将党和国家的工作重心转移到经济建设上，但这一设想被战争打断了。战争结束后，列宁再次不失时机地提出了这个设想，他强调：如果不顺利地完成这一转变，新制度的巩固就缺乏基础，旧制度的复辟就会不可避免。列宁指出："劳动生产率，归根到底是使新社会制度取得胜利的最重要最主要的东西。"他反复强调，要发展大机器工业，并把这种发展比喻为"从一匹马上跨到另一匹马上"，即"从农民的、庄稼汉的、穷苦的马上"，"跨到大机器工业、电气化、沃尔霍夫水电站工程等等的马上"。他提出，发展生产力要注意吸收西方发达资本主义国家有价

99

值的东西，并提出了一个著名的公式："苏维埃政权＋普鲁士的铁路秩序＋美国的技术和托拉斯组织＋美国的国民教育等等等等＋＋＝总和＝社会主义。"

第二，必须加强国家政权建设，有步骤地发展社会主义民主。"工人阶级不能简单地掌握现成的国家机器"，必须打碎旧的国家机器，同时找到在革命胜利后把权力保持在人民自己手中的办法，这是马克思在总结巴黎公社经验基础上提出的重要原则。列宁强调，苏维埃政权就是要建立超越资产阶级民主的、更高形式的新型民主。他提出了建设民主制度、改革干部制度、完善监督制度、精简机构等一系列思想。其中，他特别强调民主制度建设，提出广大人民直接参加国家管理，是无产阶级民主的重要标志。列宁还明确指出，由于各种条件的制约，要立即做到人人都直接参加国家民主管理是不可能的，民主建设需要一个过程，应该逐步加以推进。

第三，用合作社形式将农民带上社会主义道路。俄国是一个小农经济占优势的大国，农民在人口中所占比重很大。列宁指出，用无产阶级政权支持小农的生产力发展，用商业将小农经济与社会主义大工业联系起来，并用合作社的形式改造小农，将其带上社会主义道路，这才是正确途径。在《论合作社》中，列宁提出了实现合作化的许多措施，包括对合作社提供财政上的帮助和支持，充分运用能够帮助合作社的奖励方式，努力使真正的居民群众参加合作社。他认为，实现全体居民的合作化是一个长期的过程，如果完全实现了合作化，苏维埃就在社会主义地基上站稳了脚跟。

第四，过渡时期必须利用商品货币关系。马克思、恩格斯曾经设想，社会主义社会将不存在商品货币关系。这一设想是以社会生产力高度发达，创造了丰富物质基础为前提的。列宁总结了十月革命胜利后的经验教训，深刻思考了过渡时期的商品货币关系问题，认为俄国现实的生产力水平和经济社会发展状况，还不具备完全消灭商品生产的条件。为此，他要求党员重视和熟悉商业工作，"要善于把我们已经充分表现出来而且取得完全成功的革命气势、革命热情，同（这里我几乎要说）做一个有见识的和能写会算的商人的本领（有了这种本领就足以成为一个优秀的合作社工作者）结合起来"。

第五，必须高度重视社会主义文化建设。文化落后是苏俄社会主义建设最大的发展障碍。当时，俄国 80% 左右的公民是文盲。列宁尖锐地指出："不识字就不可能有政治，不识字只能有流言蜚语、谎话偏见，而没有政治。"文盲不懂利用先进的技术，不懂得经商，无法高效率进行社会主义建设。列宁提出了"文化革命"的号召。"在伟大的政治变革和军事变革以后，要用很长时间在文化上和经济上消化它们。我们已经面临这项任务了。"他认为，社会主义文化当然要抛弃腐朽落后的文化，但它绝非从天上掉下来的，而是人类优秀文化传统的继承和发展。必须善于学习用资本主义创造的优秀文明成果建设社会主义。他批判了"无产阶级文化派"的虚无主义，强调必须依靠旧社会遗留下来的知识分子和科技专家来建设社会主义。他强调文化建设对于社会主义发展具有重要战略意义。

第六，必须加强执政党建设。十月革命胜利后，俄共（布）成为世界上第一个在社会主义国家执政的党。对于这样一个处于执政地位的无产阶级政党来说，如何加强自身建设，更好地完成历史使命，是一个极具挑战性的重大课题。列宁对此进行了创造性的探索。他指出，要坚决反对苏维埃国家政府机关中的官僚主义作风。他反复告诫全党：官僚主义是苏维埃内部最可恶的敌人，如果共产党人成了官僚主义者，那就会毁掉我们的国家和事业。他强调，"在人民群众中，我们毕竟是沧海一粟"，脱离群众是"最严重最可怕的危险之一"，要使党和党的干部始终同大多数工农群众保持牢固联系。他指出，党的任务是对国家机关的工作进行"总的领导"，不要像以往那样进行过分的、不正常的、往往是琐碎的干预；必须贯彻民主集中制，把个人分工负责制度同坚持党的集体领导原则结合起来；要加强党的思想建设，注重党员质量和党的队伍的纯洁性；必须对各级党组织和党员干部进行严格的监督，改善党的监督制度；等等。

列宁领导俄国十月社会主义革命取得胜利，晚年对社会主义建设的思考，开启了经济文化落后国家走向社会主义的新道路，开创了世界社会主义运动的历史新篇章，为马克思主义理论宝库增添了新的内容。我国早期的马克思主义运动、中国共产党的成立和发展、新中国成立后的社会主义建设、改革开放后对中国特色社会主义道路的探索，都得益于列宁主义的影响和指导。马克思列宁主义是中国共产党必须长期坚持的指导思想。

# 第四章 ║ 社会主义从一国到多国发展与苏联模式

人类历史上首次大规模的社会主义建设，是从苏联开始的。列宁去世后，斯大林领导苏联共产党（布尔什维克）和苏联人民继承了列宁开创的事业，进行了巩固和建设世界上第一个社会主义国家的创造性探索。通过实施五年计划，加速推进国家工业化和农业集体化，苏联迅速从一个落后的农业国转变为强大的工业国。苏联社会主义建设的成就，特别是苏联在第二次世界大战中的巨大贡献，鼓舞了全世界民族独立和人民解放运动，推动社会主义从一国到多国发展。苏联在探索社会主义道路过程中，积累了重要经验，也留下了深刻的教训；苏联模式曾经发挥重要历史作用，也存在严重弊端。

## 一、苏联的社会主义建设与工业化

1924 年 1 月 21 日，列宁辞世，苏联面临一个新的关键时刻。如何继承列宁遗志，发展和壮大社会主义事业？怎样加快社会主义发展，巩固社会主义国家政权？这是苏联共产党人必须回答的问题。

　　当时，苏联是被资本主义包围的一座社会主义孤岛。帝国主义国家为了扼杀新生的社会主义政权、防止苏联革命对世界各国的影响，不断强化对苏联的经济封锁和军事围堵，并策划新的武装干涉。从国内看，苏联的经济发展水平与先进资本主义国家相比还比较落后，工业基础薄弱，农业以小农经济为主，城乡旧势力对新政权的抵制和反抗仍然存在，并且斗争有时还很激烈，巩固社会主义政权和恢复经济的任务依然十分艰巨。

　　面对复杂严峻的国内外环境，联共（布）高层围绕苏联一国能否建成社会主义、怎样建设社会主义，采取什么样的方针政策更有利于苏联社会主义发展等问题，展开了激烈争论。

★ 列宁与斯大林

　　对于一国能否建成社会主义，十月革命前后，第二国际和俄国布尔什维克党内就有争论，革命胜利后认识也没有完全一致。列宁去世后，以斯大林为首的联共（布）中央同以托洛茨基为首的"左翼"反对派，围绕苏联一国能否建成社会主义，展开了激烈争论。反对派固守马克思和恩格斯关于社会主义革命要在几个主要资本主义国家"同时发生"才能取得成功的论断，断言经济文化比较落后、农业人口占全国人口绝大多数的苏联不具备实现社会主义的客观基础，认为社会主义"搞早了"。他们否认新经济政策的必要性，认为这会导致资本主义；提出"不断革命"论，认为只有把革命引向欧洲，发动欧洲各国的社会主义革命，在西方国家取得社会主义革命胜利后，这些国家对苏联实行"直接的国家援助"条件下，苏联才能建成社会主义。斯大林发表一系列文章，严厉批判托洛茨基的"不断革命"论，阐明苏联一国能够建成社会主义。他指出，苏维埃政权为我们克服所有一切内部困难创造了条件。无产阶级专政的建立，奠定了建设社会主义的政治基础，问题在于把工人和农民结合起来，把农业和社会主义工业结合起来，从而建立起社会主义的政治经济基础。他指出，由于无产阶级掌握着国家政权和经济命脉，因而会引导和吸引广大农民参加社会主义建设，使一国建设社会主义具备重要的内部条件和力量保证。因此，即便没有西方无产阶级的援助，苏联一国也能够建成社会主义。

在怎样建设社会主义的问题上，联共（布）领导层也存在不同认识。布哈林等人反对斯大林优先和高速度发展重工业的方针，主张首先大力发展农业，然后再大力发展工业，或者至少实行工农业并举的方针。他们认为，新经济政策是一项长期的政策，应继续贯彻。他们反对大规模集体化政策，认为用强制手段"把农民赶进公社"，不能拯救一切，主张引导农民通过合作社逐步走向社会主义。斯大林等人则认为苏联处于资本主义的重重包围中，必须加速实现国家工业化和农业集体化，这就要最大限度地集中资源和力量，不能靠那种缓慢的步骤走向社会主义。在工业化发展速度上，斯大林说："我们比先进国家落后了五十年至一百年。我们应当在十年内跑完这一段距离。或者我们做到这一点，或者我们被人打倒。"

这些争论突出反映了苏联党内对怎样建设社会主义的认识分歧，表明社会主义建设道路的探索还处在起步阶段，在认识上还有很多片面性，许多问题需要通过实践才能逐步清晰。

从当时苏联面临的外部环境和经济社会条件来看，斯大林和联共（布）中央的观点有一定的历史合理性。当时苏联面临严酷的战争威胁和复杂的国内形势，迫切需要集中力量加快工业化；苏联党内和群众中改变落后状况的愿望非常强烈，迫切希望加快增强国家实力，巩固社会主义制度。联共（布）中央坚持一国建成社会主义，以非常措施加速国家工业化和农业集体化的做法，在一定程度上适应了现实的需要和群众的愿望，鼓舞了苏联党和人民依靠自己的力量、充满必胜信心巩固和建设社会主义。但同时也应看到，斯大林和联共（布）中央的某些观点和做法也存在偏颇，特别是采取行政办法强制推行国家工业化和农业集体化，产生了严重的后遗症，与后来形成苏联模式有直接关系。历史地看，当时苏联党内这些认识上的分歧，对于一个执政不久、缺乏建设社会主义经验的党来说，是可以理解的，问题在于如何认识和处理这些分歧。斯大林不是通过党内民主和说服的办法，而是用权力压制反对派，依靠强制手段推行自己的主张，对后来苏联的发展产生了不利影响，也为后来各种问题和弊端的出现埋下了伏笔。

20 世纪 20 年代中期，苏联基本完成经济的恢复工作，农业生产基本上达到了战前水平。1925 年 12 月召开的联共（布）十四大，正式提出了工业化方针。斯大林在会上说："我在报告中谈到我们的总路线，我们的前途，意思是说要把我国从农业国变成工业国。"他明确指出："把我国从农业国变成能自力生产必需的装备的工业国，——这就是我们总路线的实质和基础。"1926 年 4 月他在《关于苏联经济状况和党的政策》的报告中，把新经济政策分成两个时期：1921 年至 1925 年底为第一个时期，主要任务是在扩大商品流转的条件下，以发展农业为中心建立国民经济基础；从 1926 年开始为第二个时期，现在"经济状况中最重要和最突出的一点，就是重心已转移到工业方面了"，整个国民经济的发展主要"依靠而且已经依靠工业的直接扩展了"。

苏联大致用了三个五年计划完成工业化。第一个五年计划是从 1928 年开始到 1932 年结束，主要是建立具有头等意义的重工业；着手把个体的小农经济改造成为大型的社会主义集体经济，主要途径是发展集体农庄和国营农场；在经济中不断排挤资本主义成分，最后达到消灭资产阶级。第二个五年计划也取得了巨大成就。1937 年，工业产值比 1932 年增加 1.2 倍，年均增长率为 17.1%，生产资料的产值增加 1.39 倍，消费资料的产值增加 99%，农业产值增加 50%，国民收入增加 1 倍。1938 年，苏联开始实施第三个五年计划。此时面临的国际形势更加严峻，希特勒德国发动战争的威胁迫在眉睫。因此，苏联把迅速提高军事经济实力、加强国家的防御能力作为重点，主要是在苏联东部地区建立新的工业区，重点发展中型企业。1941 年 6 月，纳粹德国发动入侵苏联的战争，"三五"计划不得不中止。

苏联的工业化有两个主要特征：一是高速度；二是优先发展重工业。斯大林认为，"没有重工业就无法保卫国家"，"延缓速度就是落后。而落后者是要挨打的"。他号召苏联用至多 10 年的时间，跑完落后于先进资本主义国家 50—100 年的差距。通过工业化，苏联建成了一大批新的工业部门，形成了门类较为齐全的工业体系，工业产值跃居世界第二，从一个落后的农业国迅速转变为一个强大的工业国。但是应当看到，苏联这一时期工业化取得巨大成就的同时，也积累了大量矛盾与问题，包括国民经济结构畸形、粗放型工业化政策造成资源巨大浪费，等等。

关于农民问题，斯大林认为，加速农业集体化是解决工业化用粮和其他农产品需求的重要途径。因此，在推进国家工业化的同时，苏联也大力推行农业集体化。1929 年 11 月，斯大林发表《大转变的一年》一文，要求不能再像以前那样，让农民"一批一批地加入集体农庄"，而是要"整村、整乡、整区、甚至整个专区地加入"，即要求立即开展"全盘集体化运动"。于是，一场轰轰烈烈的集体化运动由此兴起。到 1937 年底，苏联全国共建立了 24.37 万个集体农庄，联合了 1850 万农户，占全部农户的 93%，集体化耕地占全国耕地面积的 99.1%。第二个五年计划末期，农业集体化运动也接近尾声。

农业集体化运动，使苏联的农业从分散的小生产变成集中的大生产、从个体经济变为集体经济，完成了对传统农业的深刻改造，走上了机械化道路，形成了支撑国家工业化的农业经济体制。但是，这个过程中也存在过急过火、违背农民自愿原则和农业发展规律的问题，甚至出现了"消灭富农"的粗暴做法，严重损害了农民的生产积极性，导致农业生产停滞和倒退，有些地方发生饥荒，对苏联社会主义事业发展造成了长期消极影响。

应当说，苏联的工业化和农业集体化虽然付出了巨大代价，但促进了经济社会的快速发展。从 1928 年到 1940 年，苏联工业产值增长了 9 倍，年均增长 16.8%，这在世界工业发展史上都极为罕见。1937 年，苏联工业生产水平由 1913 年的世界第五位和欧洲第四位，上升到世界第二位和欧洲第一位；国民收入由 1913 年的 210 亿卢布增加到 963 亿卢布（按 1926—1927 年的不变价格计算），人民物质生活条件明显改善。

这一时期，世界资本主义各国先是陷入第一次世界大战后普遍的恶性通货膨胀：整个欧洲在 1920—1921 年制造业下降 9.5%；英国失业率达 11%；美国失业率达 11.5%；德国同期物价上涨 15 倍。每个国家都为经济恶化和巨大的社会不稳定所震撼。美国经济学家约瑟夫·熊彼得概括当时情况说，"普遍认为资本主义生产方式不能胜任重建的任务"，"资本主义社会的衰落就在眼前，这是不容置疑的"。随后，又爆发了源自美国、波及整个资本主义世界的 1929 年至 1933 年"大萧条"，它不仅摧毁了金融体系和社会关系，导致了资本主义大国出现长期大规模失业，而且导致欧洲右翼思潮兴起，助推德国纳粹党及法西斯主义上台，为第二次世界大战的爆发埋下了伏笔。

人类第一个社会主义国家在它的初生时代，就显示出了强大的活力和实力，对世界上争取民族独立和人民解放的国家包括中国产生了巨大示范作用和吸引力。

　　20 世纪 30 年代苏联社会主义建设取得的巨大成就，为后来苏联取得反法西斯战争胜利奠定了坚实基础。第二次世界大战爆发，打断了苏联社会主义建设的进程，但也考验了苏联的建设成就，彰显了社会主义制度的优越性。1940 年苏联工业总产量超过 1913 年 11 倍，其中机器制造业超过 49 倍。仅 1942 年和 1943 年，苏联制造的坦克就比德国多 2.6 万辆，生产的飞机也比德国多 2 万架。

　　1941—1945 年，苏联与同盟国共同打败了德意日法西斯，苏军率先攻克柏林，发挥了世界反法西斯战争主力军的作用。在这次战争中，苏联也付出了巨大牺牲，其中为国捐躯的联共（布）党员就达 300 多万人。苏联卫国战争的胜利

★ 苏军攻占德国国会大厦

实际上是社会主义制度与资本主义"怪胎"——法西斯主义制度较量的胜利，这一胜利为世界和平和人类进步作出了巨大贡献，也证明了社会主义制度所具有的顽强生命力和巨大优越性。

苏联作为世界上第一个社会主义国家，其社会主义制度的建立和巩固，是前无古人的伟大创举，对世界社会主义运动的发展产生了极大的影响，发挥了巨大的榜样作用，具有重大的历史意义。

# 二、苏联模式的形成及其特征

十月革命后，在列宁、斯大林领导下，经过战时共产主义、新经济政策以及两个五年计划的实践，苏联最终确立了建设社会主义的方针政策和基本制度。为把社会主义建设成果以法律的形式固定下来，1936 年 11 月，苏维埃召开第八次非常代表大会，讨论制定新宪法。斯大林在《关于苏联宪法草案》的报告中自豪地宣布："我们苏联社会已经做到在基本上实现了社会主义，建立了社会主义制度，即实现了马克思主义者又称为共产主义第一阶段或低级阶段的制度。这就是说，我们已经基本上实现了共产主义第一阶段，即社会主义。"新宪法的颁布，标志着苏联的社会主义制度已经建立起来。同时，新宪法以法律形式承认了苏联当时实行的高度集中的经济、政治、文化体制，意味着苏联模式逐步形成。

苏联社会主义制度和体制或苏联模式，是苏联共产党人把科学社会主义基本原则与本国实践相结合的创举。从经济制度看，苏联建立了社会主义公有制，在此基础上实行按劳分配原则；在政治制度方面，苏联坚持共产党的领导，坚持人民当家作主，形成了工人阶级领导的、以工农联盟为基础的无产阶级专政的苏维埃政权；在意识形态领域，苏联坚持马克思列宁主义的指导地位，发展社会主义先进文化，树立和弘扬社会主义价值观；等等。这些都体现了苏联制度的社会主义性质。

苏联模式是人类历史上第一次社会主义探索的成果。由于没有任何先例可循，加之主观认识的片面性、外部环境的严峻性，不可避免存在不足和弊端。主要表现为：在所有制形式上，盲目追求单一的生产资料公有制，强调国家所有制成分占绝对地位，限制其他经济成分的发展，明显脱离生产力发展水平；在经济体制上，忽视经济规律，把计划经济绝对化，实行自上而下高度集中的指令性计划经济，致使企业缺乏经营主动权、生产自主权和管理的科学性，削弱了企业经营者和广大劳动者的主动性和创造性；在经济发展战略上，片面强调发展重工业，忽视农业和轻工业的发展，追求高速度，发展方式外延粗放，不注重质量和效益，造成经济结构严重畸形，经济社会发展不均衡，人民日常生活用品和消费品长期匮乏。这种体制模式，以及与之适应的思维方式，在实践中导致党的民主集中制逐步弱化并受到损害，党内监督机制被破坏，社会主义民主法制不受重视，片面强调阶级斗争的激化，混淆学术问题和政治问题的界限，领导干部长期脱离群众，官僚主义和特权思想相当严重，等等。其中一些做法以对马克思主义的教条主义解释为依据，又以"苏联经验"的名义加以固化，以致很长时间不能怀疑、难以破除，成为社会主义发展的严重障碍。

应当看到，苏联模式是苏联所处特定历史条件下的产物，其形成有着深刻的历史背景和社会根源。苏联是在经济文化比较落后的国家进行社会主义建设，难免带有俄国旧时代的影响和痕迹。社会主义建设的理论准备和经验积累都不足，特别是当时苏联处于资本主义汪洋大海的包围之中，随时都可能被西方资本主义的惊涛骇浪所吞没。高度集中的经济政治体制，适应了苏联当时生存和发展的需要。这样的体制，最大长处是具有强大的组织动员能力和资源集聚优势，对于加快国家工业化和农业集体化、推动经济一定时期的高速发展发挥了体制推动和资源保障作用。苏联社会主义制度的巩固，苏联军民夺取反法西斯战争的胜利，都体现了这一模式的一定历史作用。但是，也应看到，苏联模式的弊端也是明显的，不仅对经济社会发展的推动作用缺乏可持续性，而且导致深层次问题越积越多。随着实践发展，其弊端日益突出，苏联经济高速增长的势头逐步减弱，国内经济社会矛盾开始更为表面化，妨碍了社会主义制度优越性的发挥。

由于苏联是世界上第一个社会主义国家，因此苏联模式也被其他社会主义国家效仿。第二次世界大战以后，大多数新建立的社会主义国家，以苏联为榜样，形成了类似苏联模式的高度集中的经济政治体制。特别是在东欧社会主义国家，苏联模式的推广还具有外部"输入"的色彩。

苏联模式对于没有经验的新兴社会主义国家，在建立起初期的经济政治体制方面，产生过积极的作用。然而，由于历史文化传统和经济社会发展水平存在的差异，照搬苏联模式很快就造成了"水土不服"。特别是一些国家出现了把苏联模式绝对化、神圣化的倾向，盲目照抄、机械套用，给这些国家造成了不好的影响、带来了不少问题。后来，东欧一些国家发生的经济社会危机，就暴露出强行推行苏联模式所产生的消极后果。

在亚洲，中国、朝鲜、越南、老挝等国家建立社会主义制度，开始也是学习苏联模式，有的国家甚至喊出"苏联就是最好的先生"的口号，但随着时间的推移和实践的发展，同样遇到各种不适合的问题。各国执政党在实践中逐渐认识到，苏联经验并非都是成功的经验，即使在苏联是成功的经验，也不一定完全适合于本国，因而开始探索适合自身情况的社会主义建设道路。

历史实践表明，苏联模式作为社会主义探索的最初成果，积累了社会主义建设的初步经验，在历史上曾发挥过重要作用。但是它本身存在缺陷和弊端，把它当作普遍适用的，甚至是唯一的社会主义模式，加以神圣化、绝对化、教条化，势必阻碍各国对社会主义道路的积极探索，影响社会主义优越性的发挥。各国在社会主义实践中逐步认识到这一点，纷纷把突破这一模式作为改革的任务，推动了社会主义改革时代的到来。

# 三、第二次世界大战后社会主义向多国的发展

第二次世界大战期间及战后，反法西斯战争的胜利和苏联社会主义建设的巨大成就，极大鼓舞了全世界工人阶级和各国人民的革命斗志和信心。在苏联的影响和支持下，各国

人民争取民族独立和人民解放成为历史潮流，加速了帝国主义殖民体系的瓦解。社会主义制度越出苏联一国范围，实现了从一国到多国的发展，根本改变了世界政治经济格局。

东欧人民民主国家的建立。在反法西斯战争胜利的基础上，东欧先后有 8 个国家建立人民政权，走上社会主义道路。它们是：波兰、南斯拉夫、罗马尼亚、阿尔巴尼亚、捷克斯洛伐克、保加利亚、匈牙利和德意志民主共和国。由于在第二次世界大战中的经历和国情不同，这些国家的解放和人民政权的建立各有特点，大体上有三种类型：一是共产党在反法西斯战争过程中一直掌握着武装斗争的领导权，主要依靠本国人民的斗争，并得到苏联的支持和援助，取得反法西斯战争的胜利，解放了自己的国家，建立了人民民主政权。这些国家的共产党在战后国内的政治生活中居主导地位，如南斯拉夫和阿尔巴尼亚。二是在苏军反击法西斯战争推进到本国的有利条件下，共产党领导和参加了本国人民的武装起义，与苏军共同推翻法西斯政权，建立起人民民主政权，如波兰、捷克斯洛伐克、匈牙利、罗马尼亚和保加利亚。三是在苏联军事占领和主导下，铲除法西斯政权残余，建立起新的人民民主政权，如德意志民主共和国。总体上，东欧各人民民主国家在建立的过程中，普遍得到了苏联的帮助和支持。

越南、朝鲜、蒙古、古巴和老挝人民民主国家的建立。随着反抗日本法西斯战争的胜利，亚洲的越南、朝鲜、蒙古等国在取得国家独立和民主革命胜利的基础上也走上了社会主义发展道路，使社会主义国家横跨欧亚大陆连接起来，社会主义力量不断发展壮大。

　　越南民主共和国是反抗日本法西斯战争胜利后亚洲最早建立的人民民主国家。在越南共产党的领导下，越南人民经过抗日、抗法的长期艰苦斗争，于 1945 年取得"八月革命"胜利。同年 9 月 2 日，胡志明领导的越盟在越南北方的河内宣布独立，胡志明发表独立宣言，宣布成立越南民主共和国。1975 年 5 月南方全部解放。1976 年 7 月宣布全国统一，定名为越南社会主义共和国。

　　1945 年 8 月，朝鲜半岛光复，结束了日本帝国主义长达 36 年的殖民统治。同年 10 月 10 日，朝鲜共产党中央组织委员会在平壤成立，金日成任首任书记。1946 年 2 月，建立以金日成为首的朝鲜临时人民委员会。同年 8 月，合并建立朝鲜劳动党。1947 年 2 月，建立朝鲜人民委员会。1948 年 9 月 9 日，宣布成立朝鲜民主主义人民共和国，选举产生了以金日成为首相的中央政府。

　　蒙古人民共和国国土原为中国的一部分，称外蒙古。1921 年 3 月 1 日，蒙古人民党成立（1925 年改称蒙古人民革命党），同年秋天，在苏联红军帮助下建立了人民政权。1945 年 2 月 11 日，美、英、苏三国首脑签订《雅尔塔协定》，规定"外蒙古（蒙古人民共和国）的现状须予维持"，以作为苏联参加对日作战的条件之一。1946 年 1 月 5 日，当时的南京国民政府承认外蒙古独立。1960 年颁布的宪法规定，蒙古人民共和国是社会主义国家，蒙古人民革命党是蒙古的唯一政党，在国家政治和经济生活中居于领导地位。

　　古巴是北美加勒比海北部的岛国。1959 年 1 月，古巴人民推翻巴蒂斯塔独裁统治，取得革命胜利，同年 2 月建立了革命政府。1961 年 5 月 1 日，卡斯特罗和多尔蒂科斯总统发表公告，宣布古巴革命是社会主义革命，古巴宪法是社会主义宪法。1961 年，卡斯特罗领导的"7·26 运动"与古巴人民社会党等革命组织合并为"古巴革命统一组织"。1965 年 10 月，改称古巴共产党，卡斯特罗任总书记。1959年至 1963 年，古巴通过颁布国有化法令和两次土地改革法，使经济基础和社会结构发生了重大变化，标志着古巴革命完成了由民族主义革命向社会主义革命的转变。

老挝共产主义者从 20 世纪 30 年代起，就领导人民进行抗击日本帝国主义和法国殖民统治的斗争。1955 年，建立老挝人民党，1972 年改名为老挝人民革命党。1975 年 12 月，推翻君主制政权，成立老挝人民民主共和国，并逐步向社会主义转变。

1949 年 10 月 1 日，中华人民共和国成立，标志着中国新民主主义革命取得胜利，这是世界反法西斯战争胜利之后的重大历史事件，对世界政治局势产生了深远影响，在社会主义发展史上具有十分重要的意义。中国革命的胜利，冲破了帝国主义的东方阵线，极大地改变了世界政治格局，鼓舞和支持了亚非拉受帝国主义、殖民主义剥削压迫国家人民的斗争，丰富了这些国家人民解放斗争的经验，对世界人民争取民族独立解放和社会进步事业具有深远的影响。这一重大胜利，标志着占人类 1/4 人口的东方大国将迈向社会主义，这是继十月革命之后世界社会主义发展史上具有重大意义的事件。

第二次世界大战后，世界社会主义发展迎来了一个高潮。苏联在极端困难的条件下很快恢复了国民经济，提前完成了第四个五年计划，经济社会、文化教育、科学技术得到快速发展。各新生的社会主义国家加快社会主义革命和建设，形成了国家工业化和农业集体化的热潮，发起了保卫世界和平的运动。世界各殖民地、半殖民地国家的人民掀起了反帝反殖和争取人民解放的运动。

世界社会主义事业的发展和各民族人民解放运动的深入，引起了以美国为首的西方资本主义国家的敌视。1946年3月5日，丘吉尔在美国密苏里州富尔敦发表了著名的"铁幕"演说，揭开了冷战的序幕。1947年3月12日，美国总统杜鲁门在国会两院联席会议上宣读了被称为"杜鲁门主义"的国情咨文，发表了敌视社会主义国家的讲话。同年6月5日，由美国国务卿马歇尔提出所谓的"欧洲复兴计划"（亦称"马歇尔计划"），提出美国要凭借其在第二次世界大战后的雄厚实力帮助欧洲盟国恢复因世界大战而濒临崩溃的资本主义经济体系，以抗衡苏联和共产主义势力在欧洲的渗透和扩张。在美国主导下，1949年，西方12国成立了军事集团性质的北大西洋公约组织。

为了反击以美国为首的资本主义国家咄咄逼人的攻势，保卫新生的社会主义政权，苏联和新建立的欧亚社会主义国家在政治、经济和军事各方面加强联系，先后签订了一系列双边和多边的友好合作和同盟条约，巩固了世界社会主义的力量。苏联与罗马尼亚、匈牙利、保加利亚等国家先后签订了友好互助条约。欧洲各社会主义国家之间，也缔结了一系列友好互助合作条约。在第二次世界大战结束前后，欧洲社会主义国家之间一共缔结了35个同盟条约。中华人民共和国成立后，于1950年2月14日，与苏联签订了《中苏友好同盟互助条约》，加强了中苏之间的相互支持，大大增强了世界社会主义的力量。

为了集中各国社会主义的力量，以应对西方资本主义国家的封锁和威胁，在苏联的支持和主导下，先后成立了欧洲九国共产党和工人党情报局、经济互助委员会（简称"经互会"）和华沙条约组织（简称"华约组织"）等，以加强世界各国共产党和社会主义各国的团结合作。

欧洲九国共产党和工人党情报局的成立。随着以美国为首的西方国家对社会主义国家遏制和干涉的威胁加大，苏联和各人民民主国家及欧洲各国共产党之间迫切需要加强联系，巩固合作，统一行动，以应对各种威胁。1947 年 9 月22—27 日，在联共（布）的推动下，由波兰工人党中央出面邀请南斯拉夫、保加利亚、罗马尼亚、匈牙利、苏联、法国、捷克斯洛伐克、意大利等国家的共产党和工人党代表在波兰举行会议。会议听取了与会各党中央委员会工作情况的介绍，通过了《关于国际形势的宣言》，强烈谴责了美国的帝国主义政策，决定成立情报局，任务是组织经验交流，必要时在互相协商的基础上协调各党的行动。

欧洲九国共产党和工人党情报局存在了近 9 年时间。其间，它加强了各国共产党和工人党之间的联系和沟通，在反对帝国主义、保卫世界和平与争取人民民主等方面发挥了积极作用。但由于苏共推行大党主义和大国沙文主义，引起其他社会主义国家不满，特别是错误处理南斯拉夫问题，破坏了兄弟党之间的平等原则和国际主义团结，产生了严重的消极影响。1956 年 4 月 18 日，保加利亚、罗马尼亚、匈牙利、波兰、苏联、法国、捷克斯洛伐克、意大利 8 个国家的共产党和工人党中央委员会发表联合声明，宣布解散情报局。这些情况表明，由于各国国情千差万别，走向社会主义的道路，应当由各国的党和人民独立自主作出选择，由一个中心来指挥是行不通的。

经互会和华沙条约组织的建立。为了加强社会主义各国之间的经济合作，应对西方资本主义阵营的经济封锁，1949年1月5日，保加利亚、匈牙利、波兰、罗马尼亚、苏联和捷克斯洛伐克6国代表在莫斯科举行会议，决定成立经济互助委员会，开始形成独立于西方资本主义国家的"平行市场"。后来被接纳为经互会成员国的还有阿尔巴尼亚、德意志民主共和国、蒙古、古巴和越南等社会主义国家。经互会的成立，加强了社会主义国家之间多边经济合作，一定程度上促进了这些国家的经济发展。经互会成立初期，在各国共产党或工人党的领导下，依靠各国人民的创造性劳动，许多成员国的经济发展速度超过了一般资本主义国家的发展速度。

军事包围和遏制是以美国为首的西方资本主义国家，对付社会主义阵营的惯用手段。1955年5月5日，美、英等国不顾苏联的强烈抗议，重新武装联邦德国，并将其纳入北大西洋公约组织。为了应对北约造成的新威胁，5月14日，苏联与波兰、匈牙利、捷克斯洛伐克、罗马尼亚、保加利亚、阿尔巴尼亚、德意志民主共和国等人民民主国家在华沙召开会议，缔结了《友好合作互助条约》，同年6月条约生效时，正式成立了军事政治同盟——华沙条约组织。华沙条约规定，当任何一个缔约国遭到武装进攻时，其他成员将给予包括军事援助在内的一切必要援助。

经互会和华约组织的建立，标志着社会主义阵营的最终形成。这些组织的形成是当时客观形势发展的结果，也发挥了历史作用：一是加强了社会主义国家之间的团结与合作，壮大了世界社会主义的力量，有力抵制了西方国家颠覆和破坏社会主义的图谋，巩固了各国社会主义革命的成果；二是聚集了抗衡帝国主义的强大力量，维护了世界和平，动摇了资本主义的统治；三是鼓舞了世界被压迫民族和人民争取独立和解放的斗争，激励了反帝反殖的民族解放运动，加速了帝国主义殖民体系的瓦解。

这一时期，以美国和苏联为首形成的"两大阵营"，导致世界出现了东西方对峙和对抗的局面。历史地看，这种对峙和对抗，是以苏联为首的社会主义国家，为应对以美国为首的西方国家的侵略、封锁和遏制，不得不采取的措施。这些措施也有力地抑制了西方国家的威胁和冒险，捍卫了欧洲社会主义各国的主权与安全，维护了世界局势的稳定。但是，这些措施并没有打破西方的封锁和遏制，反而由于苏联后来与美国争夺世界霸权，使对抗轮番升级，两大阵营的相互封锁也随之轮番升级，这更不利于经济、科技相对落后的社会主义国家的发展，不利于社会主义国家广泛学习借鉴人类社会创造的先进文明成果，也是导致后来社会主义各国在经济、科技上逐渐落后的重要原因之一。这种东西方对峙和对抗的紧张局面，导致社会主义各国党际和国家间相互关系的约束更加紧密，使苏共干涉其他国家党和国家内政外交的问题更加突出。

总的来说，社会主义从一国到多国的发展，以及社会主义阵营的形成，是战后社会主义发展的重大事件，改变了国际政治经济格局，对世界社会主义发展产生了深远影响。

# 四、20世纪20—50年代苏联社会主义建设成就、经验与教训

苏联共产党和人民进行的社会主义事业是人类伟大的历史创造性活动，取得了举世瞩目的成就。在苏联共产党领导下，苏联人民面对严峻的国际环境，进行了艰苦的社会主义建设，用30多年时间，就把一个经济文化比较落后的农业国建设成为一个世界工业强国，赢得了反法西斯战争的胜利，帮助世界许多国家实现民族独立、获得人民解放、发展社会主义事业。到20世纪50年代，苏联在总体实力上进一步逼近美国，成为世界上一个强大的国家。

在经济发展方面，社会主义使苏联迅速从一个落后的农业国转变为一个世界工业强国。到1937年，苏联工业总产值跃居欧洲第一位、世界第二位；全国基本上完成农业集体化。到1950年，苏联的工业总产值比战前增长了73%，农业总产值也达到了战前水平。20世纪50年代，苏联经济保持了高速增长，建立起现代核工业、无线电电子工业、仪表工业、宇航工业、喷气式飞机制造业等。一些传统工业如钢铁、化工、医疗、汽车制造、船舶制造等也实现了技术更新和扩建。这些成就从根本上改变了苏联经济在世界经济中的地位，大大缩小了苏联与发达国家在经济、科技上的差距，为后续的发展奠定了较为雄厚的物质和技术基础。

苏联实现农业集体化后，开始积极推行农业机械化运动，通过国家在农用机械、化肥、种子等方面的技术支持和

★ 1932 年，苏联库兹涅茨克钢铁联合企业一期工程

帮助，到 1952 年，苏联集体农庄的机械化达到了相当高的程度。集体农庄谷物的耕作机械化率达到 87%，棉花和甜菜的播种机械化率分别为 98% 和 95%。这在一定程度上扩大了土地可耕种面积，提高了农业劳动生产率，对于促进农业生产的发展和保障大规模工业化建设需要的粮食供应，起到了重要作用。

苏联科学技术水平得到了迅速提高。1929 年，苏联成立了全苏列宁农业科学院，包括 14 个研究所。同年，联共（布）中央委员会通过决议，把在最短的时间内建成达到世界先进水平的航空工业作为最重要的任务。据此，苏联建立起两个最大的国家实验设计中心，极大地推动了飞机制造和航空工业的发展。1932 年，苏联全国科学工作者有近 5 万人。1935 年，苏联在原先的苏联科学院、白俄罗斯科学院和乌克兰科学院基础上，又建立起苏联科学院远东分院，以及乌拉尔分院，外高加索、哈萨克、阿塞拜疆分院等。到 20 世纪 50 年代，苏联各项科学技术的研究迅速发展，在分子物理、晶体物理、核物理、化学肥料、合成橡胶等学科的研究方面，都取得了显著成就。

人民群众物质生活条件得到很大改善。苏维埃政权一成立，就立即宣布实行 8 小时工作制，并废除了沙俄时期的童工制度。1927 年苏联宣布逐步向 7 小时工作制过渡，到 30 年代初，有 80% 的企业实行了这一工作制。1940 年，苏联职工的实际工资比 1913 年增长了 5 倍，1955 年在 1940 年的基础上几乎翻了一番。苏联高度重视劳动者的福利保障，实行普遍就业保障、免费教育、免费医疗以及实际上的免费住宅、休假制及其他社会保障。随着物质生活条件的改善，劳动者的平均寿命也有所提高。

人民群众受教育程度得到迅速提高。1930 年 8 月，苏联宣布在全国普及初等义务教育，仅在 1933—1937 年，全国就开办了 2 万多所新学校，相当于沙皇俄国 200 年开办学校的总和。1939 年全国识字的劳动居民的比例已经达到 97%，基本上扫除了文盲。1938—1940 年，全国接受中等教育或接受完全、不完全的普通和职业教育的人口达到 140.5 万人。在 1937—1938 学年，苏联大学生人数超过英国、德国、法国、意大利和日本大学生人数的总和，从欧洲最落后的国家跃居世界第一位。到 1950 年，全国已有高等学校 836 所，学生 77.6 万人。国家注重从德育、智育、体育、美育几方面培养学生，加强共产主义思想道德教育，为社会主义建设培养了一大批高素质的人才。

这一时期，社会主义文学事业得到了较大发展。一大批思想内涵深刻、在世界文学史上具有重要影响的优秀文学作品纷纷出现，如高尔基的《阿尔塔莫诺夫家的事业》《克里姆·萨姆金的一生》、阿·托尔斯泰的《苦难的历程》三部曲、肖洛霍夫的《静静的顿河》《被开垦的处女地》、法捷耶夫的《毁灭》、奥斯特洛夫斯基的《钢铁是怎样炼成的》等，这些世界名著影响了一代又一代人。

社会主义精神风貌得到大力弘扬。第二个五年计划时期，苏联掀起了全国性劳动竞赛运动即斯达汉诺夫运动。这一运动不仅通过掌握新技术、提高劳动生产率为国家建设创造了巨大物质财富，还推动形成良好社会风气，提高了民众科学文化素质，对弘扬共产主义、集体主义、爱国主义精神起到了重要作用，苏联人民的精神风貌有了巨大改变，积极向上的社会风气蔚然形成。

第二次世界大战后，苏联许多方面的发展开始进入世界前列。1949年苏联成功试爆了第一颗原子弹，1953年又成功试爆了第一颗氢弹，打破了美国的核垄断，大国地位进一步加强。1954年，苏联建成世界上第一座原子能发电站。1957年，苏联完成世界上第一枚洲际弹道导弹试飞，并成功发射了人类第一颗人造卫星。这些成就标志着苏联已开始迈向世界一流强国的行列。

苏联的社会主义建设成就彰显了苏联各族人民的勤劳智慧，也显示了社会主义制度的巨大优越性。这一时期的社会主义建设，不仅创造了丰富的物质文化财富，而且积累了建设社会主义的宝贵经验，但也留下了许多值得吸取的教训。这些经验和教训都具有借鉴意义。

第一，必须把加快发展社会生产力作为根本任务，但要始终遵循社会主义建设的客观规律。列宁指出，当无产阶级完成夺取政权的任务后，"必然要把创造高于资本主义的社会结构的根本任务提到首要地位，这个根本任务就是：提高劳动生产率"。在列宁和布尔什维克党领导下，苏维埃政权粉碎了外国武装干涉和国内反革命叛乱之后，迅速开始恢复经济、发展生产，并提出要建立高度发达的大工业，实现电气化，千方百计利用发达国家的先进技术和管理经验来建设社会主义。列宁逝世后，斯大林和联共（布）中央把加快国家的工业化和农业集体化作为优先任务，最大限度地集中全国的人力、物力和财力推进这项任务，取得了明显成效，为社会主义巩固奠定了必需的物质基础。20世纪20年代末30年代初，苏联经济建设取得的巨大成就，与资本主义经济危机形成了鲜明对照，充分显示了社会主义制度的优越性。但是，苏联在大规模工业化和农业集体化过程中，出现了严重违背经济规律的现象，片面推行重工业优先的方针，盲目追求高速度、高指标，导致国民经济比例严重失调，造成大量的资源浪费，生产效率和经济效益不高，不利于社会主义经济健康发展。这些经验教训说明，在社会主义条件下进行经济建设，必须始终遵循经济发展的客观规律，注意综合平衡和统筹协调，重视生产质量和效率，重视可持续发展，才能确保社会主义经济长期快速稳定发展。

第二，必须坚持无产阶级专政、巩固工农联盟，但要正确认识和判断国内阶级状况的新变化，注重发展社会主义民主法制。列宁遵循马克思主义原则，根据俄国革命和建设的经验，深刻阐明了实行无产阶级专政以及建立工农联盟的必然性和必要性，强调坚持无产阶级专政、巩固工农联盟是发展社会主义事业的重要前提。苏联建立了工人阶级领导的、以工农联盟为基础的无产阶级专政的苏维埃政权，初步探索出了一套体现专政与民主相结合的苏维埃组织机构和活动方式，并强调要加强法制建设。但是在后来的实践中，斯大林等领导人在国内剥削阶级消灭之后，仍然片面强调阶级斗争的激化，甚至提出社会主义愈胜利、阶级斗争愈尖锐化的错误观点，不重视社会主义民主和法制建设，滥用无产阶级专政的手段，严重混淆不同性质的矛盾，伤害了一大批党员干部和普通群众。这些经验教训说明，社会主义制度确立后，必须坚持无产阶级专政、巩固工农联盟，同时必须正确判断国内阶级状况的变化，重视社会主义民主法制建设，妥善处理党内和人民内部的矛盾，决不能搞阶级斗争扩大化，坚决反对各种破坏民主法制的行为，使社会主义愈发展，民主和法制也愈完善。

第三，必须重视推进社会主义工业化，但要始终把提高人民生活水平作为发展的根本目的。高度重视工业化，大力发展重工业，是落后国家建设社会主义的客观需要，也是苏联建国初期的形势所迫。苏联社会主义建设期间，党和政府对提高人民生活水平也是重视的，全社会在基本医疗水平、教育水平、住房条件、工作条件等方面获得了前所未有的改善。但是，苏联在相当长的时期中，都未能处理好集中力量加快国家工业化与满足人民群众物质文化需要之间的关系，过分突出重工业特别是军事工业发展，长期忽视农业和轻工业发展，不重视更好满足人民群众对物质文化的广泛需要。1925 年至1957 年，生产资料增长了 93 倍，而消费资料仅增长了 17.5 倍，两者差距十分悬殊。这种做法，背离了社会主义生产的目的，导致人民群众日常生活用品长期短缺，引起人民群众不少怨言。这些经验教训说明，满足人民群众日益增长的物质文化需要始终是社会主义生产的根本目的。要正确处理积累与消费、生产与生活、物质生产与精神生产的关系，把集中优势资源搞重点建设与照顾人民群众生活更好结合起来，在大力发展生产力的基础上，不断提高人民群众的物质文化生活水平。

第四，必须加强社会主义国家间的团结合作，但绝不能搞大国大党主义。苏联建国初期，遵循列宁提出的和平共处方针，努力同资本主义各国发展正常的外交关系，争取同它们发展贸易和经济技术合作。斯大林多次提出苏联科学技术水平落后，要向西方资本主义国家学习先进的生产技术，甘当学生。20 世纪 30 年代，苏联政府曾经派遣 2000 多人到国外考察和学习，引进了 2 万多名外国技术人员到苏联各部门工作。在党际关系问题上，列宁提出，各国无产阶级政党既要坚持无产阶级国际主义原则，又要坚持独立自主，认为只有这样才能推动无产阶级革命事业向前发展。他还指出，决不要从莫斯科发号施令，并多次严厉批评共产国际在工作中凌驾于其他党之上的苗头。但是，这些正确的主张在后来的实践中没有得到贯彻。苏联从"世界革命"理论出发，把苏共经验和共产国际决议神圣化，忽视各国具体国情，奉行大党大国主义，长期以"老子党"自居，损害了国与国之间以及各国共产党之间的正常关系，给国际共产主义运动带来了消极影响。这些经验教训说明，社会主义国家要坚持在完全平等和相互尊重的基础上，发展各国和各政党之间的关系，真正做到相互支持、相互理解、共同发展；必须始终坚持和平外交政策，在和平共处的原则基础上发展与不同制度、不同意识形态国家的关系，做维护世界和平发展的坚定力量。

第五，必须坚持马克思主义执政党的领导，但要切实加强党的建设，坚决反对官僚主义、贪污腐败、特权思想和其他不良作风。十月革命的成功，关键在于有一个坚定的布尔什维克党；苏联在被资本主义包围的恶劣国际环境中生存下来，在极短的时间内从一个落后的农业国变为一个强大的工业国，在经济、政治和文化建设等各个方面取得辉煌成就，关键也在于苏联共产党坚强有力的领导。但是，苏共在长期执政过程中，没有始终如一地解决好坚持党的领导、加强执政党建设的问题。列宁在世时就警告，脱离群众是"最严重最可怕的危险之一"。苏共长期忽视党自身的建设，导致相当多的党员干部严重脱离群众，官僚主义、思想僵化、特权思想、任人唯亲等愈演愈烈，贪污腐败越来越严重，民主集中制遭到严重破坏，党内民主受到践踏，最终使党的队伍严重涣散。这些经验教训说明，必须始终发挥执政党的领导核心作用，坚持不懈地加强党的建设，坚决反对一切侵蚀党的肌体、破坏党的团结统一的思想和作风，始终保持党和人民群众的密切联系，始终保持党的先进性和纯洁性、凝聚力和战斗力。

总之，苏联社会主义事业作为一项崭新的探索，无论是成功的经验，还是出现的不足和失误，都是社会主义发展积累的宝贵财富，对于后来各国的社会主义探索具有重要启示和借鉴意义。我们应该尊重历史，珍视过往，吸取经验教训，继续努力奋斗！

# 第五章 ‖ 中国共产党对社会主义建设道路的探索

社会主义思想传入中国的最早公开文字，是 1899 年在上海出版的《万国公报》，上面简略介绍了马克思和他的学说。但在当时，并没有引起中国社会的广泛注意。十月革命一声炮响，诞生了一个工农掌握政权的全新社会制度，使苦苦寻求救国良方的中国先进分子看到了一条崭新的道路，燃起了实现民族复兴的新希望。以毛泽东同志为主要代表的中国共产党人，把马克思主义基本原理与中国实际相结合，创立了毛泽东思想，领导中国人民取得了新民主主义革命的伟大胜利，建立了新中国，确立了社会主义制度，对如何建设社会主义进行了初步探索。科学社会主义在中国的实践，彻底改变了中国社会的面貌和中国人民的命运。

## 一、近代中国的艰难选择与必然结果

中国是一个有着 5000 多年悠久历史的文明古国，曾经创造了辉煌的历史文化，为人类文明作出过巨大贡献。但到了近代，封建统治者仍然沉浸在"天朝上国"的迷梦之中，西方资本主义国家却已经历了工业革命，开始向世界扩张，并倚仗"坚船利炮"轰开了中国的大门。通过两次鸦片战争、中法战争、中日甲午战争、八国联军侵华战争等野蛮侵略，西方列强迫使中国签订了一系列不平等条约，中国逐步沦为半殖民地半封建社会。国家蒙辱、人民蒙难、文明蒙尘，中华民族面临着空前严重的民族危机。

★ 清末反映列强侵略中国形势的《时局图》。图中熊代表沙俄，虎代表英国，蛇代表德国，蛤蟆代表法国，太阳代表日本，鹰代表美国

西方资本主义的入侵，激化了中国社会各种矛盾，封建制度加速衰朽。曾作为世界强国的清王朝，不仅无力抵抗列强的侵略掠夺，维护国家主权和领土完整，反而逐渐沦为帝国主义的帮凶，"量中华之物力，结与国之欢心"，极力维护摇摇欲坠的统治。封建统治阶级运用一切手段——行政的、暴力的、文化的、宗法的，残酷打击和扼杀任何可能动摇封建统治根基的社会发展新因素，变本加厉地盘剥农民，不顾一切地压榨人民血汗，成为中国发展进步的严重障碍。

帝国主义与中华民族的矛盾、封建主义与人民大众的矛盾，成为近代中国社会的主要矛盾，决定了近代中国半殖民地半封建社会性质。推翻帝国主义和封建主义的统治，实现民族独立和人民解放，实现国家繁荣富强和人民共同富裕，是中国人民面临的两大历史任务。完成这两大历史任务、实现中华民族伟大复兴，成为近代以来中国人民和中华民族不懈追求的最伟大梦想。

为了反抗统治阶级的压迫、挽救民族危亡，中国人民进行了艰苦卓绝的不懈奋斗和可歌可泣的英勇斗争。这其中既有抗击西方列强侵略的中国军民的浴血奋战，也有各阶层人士反对外来侵略掠夺、反对统治者剥削压迫的斗争、起义、革命。其中最有影响力和最具代表性的有三次大的运动，就是 1851 年由洪秀全领导的太平天国农民起义，1898 年以康有为、梁启超、谭嗣同等为代表的资产阶级改良派发起和领导的维新变法，1911 年以孙中山为代表的资产阶级革命派发起和领导的辛亥革命。这些运动沉重打击了帝国主义和封建主义，促进了人民的觉醒，加速了封建统治的瓦解，特别是孙中山领导的辛亥革命推翻了清王朝的统治，结束了在中国延续 2000 多年的封建帝制，开启了中国进步的闸门。但是，这些运动并没有改变中国半殖民地半封建社会的性质，也没有结束中国人民的悲惨命运。事实说明，旧式的农民起义、不触动封建根基的改良变法、不发动民众的资产阶级革命，都不能完成反帝反封建的历史任务，也不能承担起救亡图存、实现中华民族伟大复兴的历史使命。

辛亥革命后建立的中华民国，以西方政治理念与民主共和国方案作为建国原则。但奇怪的是，天赋人权、普遍选举、多党竞争、民主宪政这些说起来那么动听的东西，甚至在西方国家也取得过成效的东西，一旦搬到中国来，就全然变了样：普选制徒具形式，多党制成了拉帮结派，宪政民主成为利益集团的斗争，热闹的国会对民众的实际利益毫无裨益。热衷鼓吹西方"宪政民主"的宋教仁，曾幻想议会政治"不五年间，当有可观，十年以后，则国基确定，富强可期，东亚天地，永保和平，世界全体亦受利不浅矣"，但不久就遭遇暗杀惨死。民主共和，种瓜得豆，始料未及。辛亥革命的成果很快就被以袁世凯为首的北洋军阀所窃取，中国依然陷于黑暗之中。正如后来毛泽东深刻总结的那样："在一个很长的时期内，即从一八四〇年的鸦片战争到一九一九年的五四运动的前夜，共计七十多年中，中国人没有什么思想武器可以抗御帝国主义。旧的顽固的封建主义的思想武器打了败仗了，抵不住，宣告破产了。不得已，中国人被迫从帝国主义的老家即西方资产阶级革命时代的武器库中学来了进化论、天赋人权论和资产阶级共和国等项思想武器和政治方案，组织过政党，举行过革命，以为可以外御列强，内建民国。但是这些东西也和封建主义的思想武器一样，软弱得很，又是抵不住，败下阵来，宣告破产了。"

积贫积弱，社会黑暗，严酷的现实促使一大批青年知识分子进一步思考国家的前途命运。1917 年俄国十月革命的胜利开辟了人类历史的新纪元，强烈吸引了中国先进分子的注意力。这个无产阶级政党领导、工农掌握政权的新生社会主义国家，尽管正处于艰苦创业时期，经历饥馑、内战、外国干涉的重重磨难，却充满蓬勃生机，展示着新的希望。这与第一次世界大战后混乱颓废的欧洲，形成鲜明的对照。

第一次世界大战把资本主义制度的固有矛盾以极其尖锐的形式暴露出来，引起了先进的中国人对西方文明和资本主义的怀疑，资本主义的吸引力大幅下降。1920年周恩来到欧洲勤工俭学，他在给天津《益世报》写的第一篇通讯中说："吾人初旅欧土，第一印象感触于吾人眼帘者，即大战后欧洲社会所受巨大之影响，及其显著之不安现状也。"他感悟到，"然使欧洲危机终不可免而至于爆裂也，则社会革命潮流东向，吾国又何能免？"1919年巴黎和会上中国外交的失败，使中国人既看到了北洋政府的卖国无能，又看到了西方列强的伪善、蛮横和联合压迫中国人民的拙劣表现，越来越多的志士仁人对走西方道路感到失望和怀疑。中国迫切需要新的思想引领救亡运动，迫切需要新的组织凝聚革命力量。

这些，自然使正在黑暗中摸索的中国先进分子，把目光从欧美转向了苏俄。除了最早接受马克思主义的李大钊、陈

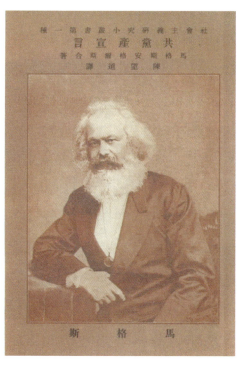

★ 1920年8月出版的《共产党宣言》中译本（书名错印为《共党产宣言》）

独秀等人外，甚至当时一些资产阶级的代表人物和知识分子如梁启超、孙中山都在谈论马克思主义和社会主义。马克思主义和社会主义的传播成为中国思想界的一个时代潮流。

这个时代潮流，在五四时期形成了不可阻挡之势，使科学社会主义在中国落地、生根、展枝、散叶。那一时期，是世界各种思潮学派在中国思想界风云际会之时，大批留学生携西学而

归，西方的各种主义、学说，通过报纸、杂志、新学堂、社团等，被大量介绍到中国来，改良主义、自由主义、社会达尔文主义、无政府主义、实用主义、民粹主义、工团主义、互助主义、新村主义等"你方唱罢我登场"。马克思主义也在这个时候被介绍到中国来。中国先进分子的思想经历了风云激荡和历史性洗礼，他们在众多的思想流派中，最后选择了马克思主义。这个选择绝非轻松，也绝非任意，而是经过了深思熟虑、反复比较，甚至痛苦求索的过程。

蔡和森曾这样记述自己的心路历程：刚到法国时，"日惟字典一册，报纸两页"，拼命"蛮看"，对社会主义、工团主义、无政府主义与基尔特社会主义等政治理论进行比较研究，"把各国社会党各国工团以及国际共产党，尽先弄个明白"。他还搜集了重要小册子约百种，"猛看猛译"。经过这样"大规模的自由研究"，到 1920 年 8 月，蔡和森得出结论："我近对各种主义综合审缔，觉社会主义真为改造现世界对症之方，中国也不能外此。""我对于中国将来的改造，以为完全适用社会主义的原理和方法。"

李维汉回忆他留法初期思想转变的过程："我们读了那些无政府主义和空想社会主义的书刊，对于书中所描绘的社会主义和共产主义的美妙前景，对于那种没有人剥削人、人压迫人，人人劳动、人人读书，平等自由的境界，觉得非常新鲜、美好，觉得这就应该是我们奋斗的目标。有了这个目标，大家就高兴地以为找到了真理。"后来，读了从法文翻译过来的《共产党宣言》《社会主义从空想到科学的发展》《国家与革命》《无产阶级革命与叛徒考茨基》《共产主义运动中的"左派"幼稚病》和若干宣传十月革命的小册子，思想才发生很大变化，转而崇奉马列主义。

同盟会最早会员之一的吴玉章回忆道："处在十月革命和五四运动的伟大时代，我的思想上不能不发生非常激烈的变化。当时我的感觉是：革命有希望，中国不会亡，要改变过去革命的办法。虽然，这个时候我对中国革命还不可能立即得出一个系统的完整的新见解，但是通过十月革命和五四运动的教育，必须依靠下层人民，必须走俄国人的道路，这种思想在我的头脑中日益强烈、日益明确了。"

这种选择和求索，引发了社会思想的交锋。当时中国思想界展开了三次著名争论：一是"问题"与"主义"之争。1919 年 7 月，胡适发表《多研究些问题，少谈些主义》一文，以反对人们谈论各种主义而不作实际研究为名，实际上是反对年轻人谈社会主义。按他后来的说法，就是为了不要让年轻人被马克思、列宁"牵着鼻子走"。针对胡适的观点，李大钊等人发表了《问题与主义》《再论问题与主义》等文章予以驳斥，他们运用马克思主义的唯物史观，鲜明地提出社会主义是时代的旗帜，解决中国问题必须走革命道路。这场争论，对于扩大马克思主义影响起到了重要作用。二是关于中国走什么道路的争论。围绕社会主义是否适合中国，马克思主义者和一些资产阶级知识分子之间展开了一场争论。张东荪、梁启超等发表文章，以中国经济落后、大多数人民无知识等为理由，认为社会主义不适合中国国情，反对在中国实行社会主义，主张"实业救国"。陈独秀、李大钊、李达、蔡和森等人纷纷著文反驳其言论，认为中国必须发展实业，但单靠实业救不了国，要改变中国贫穷落后的状态，出路在于社会主义，否则实业也不可能发展。争论的结果，使许多进步青年认清了科学社会主义，选择了科学社会主义。三是马克思主义与无政府主义的争论。当时无政府主义在青年知识分子中流传很广，影响也很大，同马克思主义争夺青年。早期马克思主义者通过对无政府主义思潮的批驳，把一大批受无政府主义影响的青年知识分子吸引到马克思主义方面来。

三次争论发表的文章共计150多篇，参加争论者达90多人。针对反对者的各种诘难，马克思主义者从学理上一一作了回答，对唯物史观、剩余价值学说，科学社会主义的含义、目的、实施条件，社会主义的所有制、分配制，社会主义的人生观、家庭观以及阶级斗争、无产阶级专政等理论，均作了比较系统的阐发。这些争论产生了极其广泛的社会影响，使社会主义思潮得到更加深入的传播。

正是在这样的时代潮流和历史背景下，许多先进知识分子逐渐抛弃了原来学习和追随过的各种思想主张，走上了信仰科学社会主义即马克思主义的道路。这些有着不同经历和背景的知识分子殊途同归的事实表明，走科学社会主义指引的道路，成为那个时代先进分子的共识，也代表着那个时代人民的心声！

特别值得后人景仰的是，无数革命先驱一经选择了马克思主义、选择了科学社会主义，就坚定不移、终生不悔。毛泽东在1936年与到延安采访的美国记者斯诺谈话时回顾，自己是在革命实践和理论探索中接受马克思主义的，"我一旦接受了马克思主义是对历史的正确解释以后，我对马克思主义的信仰就没有动摇过"。在漫长的革命生涯中，这些革命先驱，无论遭受何种不幸，不管是面对血腥的屠杀、野蛮的酷刑，还是经受清贫的生活、艰险的斗争或者亲人的误会、革命队伍内部的委屈，都没有改变他们的信仰。因为，他们的选择不是一时冲动或者趋时行为，而是理性的选择、历史的选择，是对真理的追求！

中国的先进分子从一开始就不是把马克思主义当作单纯的学理来探讨，而是把它当作改造世界、改造社会的思想武器。他们自觉地把马克思主义运用于革命实践，积极投身工人运动和群众斗争。在他们的宣传、动员和组织下，工人阶级的觉悟不断提高，知识分子和社会各阶层群众也开始觉醒。随着马克思主义与中国工人运动相结合，一大批共产主义组织如雨后春笋般在全国建立起来，由此科学社会主义在中国从思想传播迈向社会实践的新阶段。

## 二、新民主主义革命是社会主义革命的必要准备

1921 年，中国共产党诞生，这是中华民族发展史上开天辟地的大事变。从此，中国人民有了坚强的领导核心，中国革命有了正确的前进方向，中华民族的命运有了光明的发展前景。

中国共产党一经诞生，就把为中国人民谋幸福、为中华民族谋复兴确立为自己的初心使命，党团结带领中国人民进行的一切奋斗、一切牺牲、一切创造，归结起来就是一个主题：实现中华民族伟大复兴。而要实现这一主题，完成中华民族伟大复兴的历史使命，经过新民主主义走向社会主义是

唯一正确的选择。党的一大宣布，我们党的奋斗目标是在中国实现社会主义和共产主义；党的二大提出了党的最低纲领和最高纲领，并指出党现阶段的最低纲领是进行民主革命，然后再进行社会主义革命，最终方向是社会主义和共产主义。此后，党的历次代表大会都坚持把党的最低纲领与最高纲领统一起来，始终坚持社会主义和共产主义的奋斗目标。

★ 上图为在上海兴业路的中共一大会址纪念馆，下图为停靠在浙江嘉兴南湖的红船

但是，在一个经济文化极其落后、半殖民地半封建社会的东方大国，如何完成反帝反封建的资产阶级民主革命，并在此基础上把这一革命正确引向社会主义，这在马克思主义经典著作中没有现成答案，也没有可以套用的现成经验。正确回答和解决这一重大问题，成为新生的中国共产党面临的历史性课题，也成为中国革命取得胜利的关键。以毛泽东同志为主要代表的中国共产党人，为此进行了艰辛探索。

早在第一次国内革命战争时期，毛泽东就指出，谁是我们的敌人，谁是我们的朋友，这是中国革命的首要问题。搞清楚中国社会的阶级状况、认清中国的国情，是正确领导革命的前提。他指出，中国革命要有一个农村的大变动，农民是中国革命的主力军。第一次国内革命战争失败后，他在领导秋收起义并根据湖南省委要求准备攻打长沙等大城市失利后，果断率领起义队伍上井冈山，开创了第一个农村革命根据地，推动我们党把工作重心由城市转移到农村，逐步开辟了一条具有中国特色的革命道路，即农村包围城市、武装夺取政权的道路。由于党处于幼年时期，理论上政治上还不成熟，特别是缺乏对中国实际的深刻认识，党内出现了把马克思主义教条化、把共产国际指示神圣化、盲目照抄照搬苏俄经验的错误倾向，使革命事业遭受重大挫折。1935 年 1 月，中央政治局在长征途中召开了遵义会议，确立了毛泽东在红军和党中央的实际领导地位，这是党的历史上一个生死攸关的转折点。从此，中国革命逐步走上了顺利发展的道路。

在长期的探索过程中，特别是在延安时期，毛泽东和我们党深刻总结了大革命失败以后，特别是土地革命战争后期和抗日战争初期的经验教训，指出，马克思主义只有同中国实际紧密结合起来，才能真正解决中国革命的问题。在 1938 年党的六届六中全会上，毛泽东提出了"马克思主义中国化"的重大命题。在他的倡导和推动下，我们党科学分析了旧中国的社会性质和各阶级状况，提出了中国革命要分"两步走"、经过新民主主义走向社会主义的战略思想，并正确解决了新民主主义革命的任务、对象、领导力量、依靠力量、政策和策略等一系列重大问题，提出了关于坚持理论联系实际、实事求是的思想路线的思想，关于无产阶级领导的农民土地革命战争和以农村包围城市、武装夺取政权的思想，关于人民军队和人民战争的思想，关于与其他政治力量建立革命统一战线的思想，关于党的建设和党的群众路线、工作方法的思想，关于革命军队建设和军事战略的思想，关于政策和策略的思想，关于思想政治工作和文化工作的思想等，实现了马克思主义与中国实际相结合的第一次历史性飞跃，创立了毛泽东思想。1945 年党的七大正式把毛泽东思想写入党章，确立为全党的指导思想。

毛泽东创立的新民主主义革命理论，科学阐述了新民主主义革命与社会主义革命的相互关系。他把二者比喻为文章的上下篇，指出："两篇文章，上篇与下篇，只有上篇做好，下篇才能做好。坚决地领导民主革命，是争取社会主义胜利的条件。"他指出："中国共产党领导的整个中国革命运动，是包括民主主义革命和社会主义革命两个阶段在内的全部革命运动；这是两个性质不同的革命过程，只有完成了前一个革命过程才有可能去完成后一个革命过程。民主主义革命是社会主义革命的必要准备，社会主义革命是民主主义革命的必然趋势。"

新民主主义革命，即新式的资产阶级民主主义革命，它是相对于旧民主主义革命而言的。新民主主义革命的"新"，主要在于三个方面：一是领导权方面，新民主主义革命不是由资产阶级领导，而是由无产阶级领导，这一点具有决定性意义；二是革命前途方面，不是建立资产阶级共和国和资本主义制度，而是建立无产阶级领导下的各革命阶级的联合专政，并最终过渡到社会主义社会；三是所属世界革命范畴方面，在第一次世界大战和俄国十月革命之后，它已不属于世界资产阶级革命的一部分，而属于世界无产阶级革命的一部分。新民主主义革命就其任务和性质来说，既是反帝国主义的民族革命，又是反封建主义的民主革命，是民族民主革命。新民主主义革命的这些突出特点，决定了它的前途是社会主义。

在坚持新民主主义革命最终走向社会主义这个根本方向问题上，我们党从来没有因为一个时期环境的变化，或者一个阶段历史任务的变化而含糊或动摇过。

第一次国共合作时期，毛泽东1926年在国民党第二次全国代表大会讨论《党务报告决议案》时指出："如果怕声明自己是共产主义者，也决不是真正共产党员了。"抗日战争时期，毛泽东1937年在《中国共产党在抗日时期的任务》报告中指出："共产党人决不抛弃其社会主义和共产主义的理想，他们将经过资产阶级民主革命的阶段而达到社会主义和共产主义的阶段。"他还重申："我们是为着社会主义而斗争……现在的努力是朝着将来的大目标的，失掉这个大目标，就不是共产党员了。"

抗日战争即将取得胜利的时候，中国又一次面临往何处去的重大历史关头，中国各派政治力量围绕这一关系民族前途命运的问题，展开了一场重大思想理论斗争和政治斗争。以蒋介石为首的中国国民党代表大地主大资产阶级的利益，企图建立半殖民地半封建性质的专制独裁政权。中国共产党代表全国大多数人民的利益，主张成立各党派各阶级组成的联合政府，建立一个民主、独立、富强、自由的人民民主的新中国。以民族资产阶级为主体的中间党派则主张介于国共之间走第三条道路，建立一个欧美式的资产阶级民主共和国。

早在抗战时期，蒋介石就授意陶希圣写了《中国之命运》一书，公然宣称"今日的中国，没有了中国国民党，那就没有了中国，将来中国的命运也是完全寄托于中国国民党"，并且动用各种宣传工具和政治手段着力渲染"一个主义、一个政党、一个领袖",为蒋介石的独裁统治寻找理论依据和法理依据。为了反击国民党的政治和舆论攻势,《解放日报》《新华日报》陆续发表了王稼祥的《中国共产党与中国民族解放的道路》、艾思奇的《〈中国之命运〉——极端唯心论的愚民哲学》、吕振羽的《国共两党和中国之命运》,以及《只有新民主主义才能救中国》等文章和社论,对蒋介石的法西斯主义和独裁统治进行全面揭露、有力抨击,向全国人民宣示只有实现真正的民主、建立联合政府、走新民主主义道路,才是中国走向光明的大道。

1945 年 4 月,党的七大召开。毛泽东在会上作《论联合政府》的政治报告,系统阐述了中国共产党关于抗日战争胜利后成立新中国的政治纲领。他鲜明地指出:"我们的主

★ 1945 年 4—6 月,中国共产党第七次全国代表大会在延安召开

143

张是什么呢？我们主张在彻底地打败日本侵略者之后，建立一个以全国绝对大多数人民为基础而在工人阶级领导之下的统一战线的民主联盟的国家制度，我们把这样的国家制度称之为新民主主义的国家制度。""我们共产党人从来不隐瞒自己的政治主张。我们的将来纲领或最高纲领，是要将中国推进到社会主义社会和共产主义社会去的，这是确定的和毫无疑义的。""但是，一切中国共产党人，一切中国共产主义的同情者，必须为着现阶段的目标而奋斗，为着反对民族压迫和封建压迫，为着使中国人民脱离殖民地、半殖民地、半封建的悲惨命运，和建立一个在无产阶级领导下的以农民解放为主要内容的新民主主义性质的，亦即孙中山先生革命三民主义性质的独立、自由、民主、统一和富强的中国而奋斗。"他强调，这是一个真正适合中国人口中最大多数的要求的国家制度。不管人们的意愿如何，中国只能走这条道路，这是任何力量都阻止不了的历史发展的必由之路。

经过 14 年浴血奋战，抗日战争取得最终胜利，全国人民热望和平，企盼在和平环境中建设自己的国家。中国共产党顺应民心，提出要用一切方法争取和平，在和平的基础上完成国家政治变革，使遭到战争摧残的国家恢复生机，推进国家的工业化和农业近代化。中国共产党把实现多党合作、和平发展作为重要努力方向，并且认为它是有可能实现的。1945 年 8 月毛泽东亲赴重庆与蒋介石谈判，签署《政府与中共代表会谈纪要》，即"双十协定"。1946 年 1 月，国民党和共产党、民主同盟、青年党和无党派人士参加的政治协商会议在重庆召开，经过激烈争论，通过了政府组织案、国民大会案、和平建国纲领、军事问题案、宪法草案案等五项协议。

中国共产党真心实意地准备实行，初步商定了参加国民政府委员会和行政院的成员名单，并提出"将全党指导中心移至外边"，移到接近南京的淮阴。一些解放区也开始复员整军工作，仅晋察冀解放区就复员达 10 多万人。

然而，不管共产党拿出怎样的诚意、付出多大的代价、作出怎样的努力，全国上下对和平抱有多么殷切的期望，但蒋介石集团打内战的决心已定。在重庆和平谈判期间，蒋介石重新颁发"围剿"红军时亲手制定的《剿匪手本》，调集军队深入华北、进入东北。政治协商会议召开期间，国民党竭力破坏会议影响，大批特务暴徒制造了沧白堂事件。政协闭幕后，国民党数十名特务在较场口破坏重庆各界庆祝政协成功大会，殴打主席团成员，造成多位民主人士受伤，致使大会未能开成。1946 年 10 月，又公然撕毁关于国民大会应由改组后的各党派联合政府召集的政协协议，于 11 月召开了由国民党一手包办的"国民大会"。

民族资产阶级及其党派，原本对国民党和美国还抱有幻想，希望用和平改良的方法达到废止国民党一党专政的目的。他们以国共协调者的身份活跃在政治舞台上，为实现国内和平、建立联合政府而奔走。但是国民党代表的是大地主大资产阶级利益，不仅不能容忍共产党，也不能容忍希望走中间道路的民主党派，大搞白色恐怖和特务政治，对共产党人、民主人士和人民群众进行迫害、逮捕和暗杀。1947 年 7 月，国民党政府把民盟等党派列入镇压名单，至 9 月底，各地民主党派成员被捕者达数千人，许多成员遭到杀害，民主同盟被迫解散，其他民主党派也纷纷转入地下活动。12 月，毛泽东在《目前形势和我们的任务》中指出："如果说，在一九四六年，在蒋介石统治下的上层小资产阶级和中等资产阶级的知识分子中，还有一部分人怀着所谓第三条道路的想法，那末，在现在，这种想法已经破产了。"

中国共产党坚定地同全中国人民站在一起，依靠人民反对国民党挑起的内战。1946年中共中央发出了《关于清算减租及土地问题的指示》（即"五四指示"）。1947年颁布《中国土地法大纲》，提出"废除封建性及半封建性剥削的土地制度，实现耕者有其田的土地制度"。在解放区广大农村，土地改革的热潮迅速形成，从根本上摧毁了国民党统治赖以支撑的封建根基，使长期遭受地主阶级残酷压迫和剥削的广大农民群众翻身做了主人。几千年的封建枷锁一旦被解除，亿万翻身农民迸发出难以估量的革命热情。在"保田参军"

★ 北平学生在天安门举行反饥饿、反内战大游行

146

的口号下，大批青壮年农民踊跃参加人民军队；广大翻身农民尽其所有将粮食、鞋被等物资送上前线，支援自己的军队，同时组成运输队、担架队，推着小车随军行动。陈毅曾说淮海战役的胜利是人民群众用小车推出来的。实际上，整个解放战争都是靠人民群众支持打赢的。在国民党统治区，以学生为先锋，广大工人、农民、小资产阶级、民族资产阶级及各阶层反蒋人士参加的和平民主运动不断高涨，形成了反对国民党反动统治的第二条战线。中国共产党的一系列方针政策和主张获得了人民群众广泛的拥护和支持，党同各民主党派和爱国人士的团结也不断加强，推动了人民民主运动的发展。蒋介石政府被人民战争的汪洋大海所淹没。

在解放战争即将取得决定性胜利之际，1948 年 4 月 30 日，中国共产党发布"五一口号"，提出"各民主党派、各人民团体、各社会贤达迅速召开政治协商会议，讨论并实现召集人民代表大会，成立民主联合政府"。当时在香港的中国国民党革命委员会、中国民主同盟、中国民主促进会等 12 个民主党派负责人和无党派民主人士的代表，联名发表通电，表示完全赞同中国共产党的主张，认为"五一口号""适合人民时势之要求，尤符同人等之本旨"。这标志着各民主党派公开、自觉地接受了中国共产党的领导，奠定和形成了中国共产党领导的多党合作和政治协商的基本政治格局。

在中国共产党领导下，中国人民经过 28 年的浴血奋战，付出巨大牺牲和代价，终于推翻了帝国主义、封建主义、官僚资本主义三座大山，取得了新民主主义革命的伟大胜利。1949 年 9 月，中国人民政治协商会议第一届全体会议在北平召开。大会一致通过了《中国人民政治协商会议共同纲领》（以下简称《共同纲领》），对新中国的国体、政体以及各方面政策作了明确规定。毛泽东在会议上指出："现在的中国人民政治协商会议是在完全新的基础之上召开的，它具有代表全国人民的性质，它获得全国人民的信任和拥护。因此，中国人民政治协商会议宣布自己执行全国人民代表大会的职权。"他庄严宣告："占人类总数四分之一的中国人从此站立起来了。"

# 三、社会主义制度在中国的建立和巩固

1949 年 10 月 1 日，中华人民共和国开国大典在北京天安门广场举行，毛泽东向全世界庄严宣告："中华人民共和国中央人民政府今天成立了！"中华人民共和国成立，是中国 5000 多年文明史上最伟大的事件，也是 20 世纪世界最伟大的事件之一。这一划时代的伟大事件，深刻改变了中国历史发展的方向，是中国由近代衰落走向强盛的历史转折点，极大地改变了世界的政治格局，深刻影响了人类历史发展的进程，开启了中华民族伟大复兴的历史新纪元。

新中国成立之初，国民党留下的是一个一穷二白、千疮百孔的烂摊子：工业整体处于手工业状况，产品少得可怜；农业耕作水平低、基本靠天吃饭；民生凋敝、物价暴涨、商品匮乏、饿殍遍野。国民党政府败退前滥发金圆券，大肆搜刮民财，导致金融崩溃，整个国民经济处于瘫痪状态。中国人民没有被困难吓倒，在中国共产党的领导下，他们以主人翁姿态和前所未有的创造热情，积极投入新中国的建设中，通过艰苦卓绝的经济恢复工作和土地改革、抗美援朝、镇压

★ 1949 年 10 月 1 日，中华人民共和国开国大典

反革命运动，医治了战争创伤，克服了经济困难，不仅迅速稳定了人民政权，而且奠定了经济社会发展的初步基础。新社会充满朝气蓬勃的气象。

　　在中国实现社会主义，始终是中国共产党的奋斗目标。新中国成立前夕召开的中国人民政治协商会议通过的《共同纲领》，就明确"以新民主主义即人民民主主义为中华人民共和国建国的政治基础"，并确立了政治、经济、文化等基本制度，为向社会主义过渡做了重要准备。从当时中国社会的基本矛盾来看，推翻"三座大山"、完成土地改革以后，中国社会的基本阶级构成，主要是工人阶级、农民阶级和其他小资产阶级、民族资产阶级等，社会主要矛盾转变为工人阶级与资产阶级的矛盾。正是这一主要矛盾，决定了新民主主义革命胜利后，工人阶级和资产阶级的斗争、社会主义道路和资本主义道路的斗争，鲜明地摆在中国共产党和中国人民面前。只有社会主义革命才能根本解决工人阶级与资产阶级的矛盾，而这一主要矛盾的解决，必将使中国社会转变为社会主义社会。

我们党原来设想，由新民主主义向社会主义过渡，是在新民主主义革命成功后，用 10 年到 15 年的时间来完成。但由于形势的发展，新的因素的积累，以及对社会主义改造步骤的新认识，使原有的设想发生了变化。总的来看，我们党之所以在 1953 年提出过渡时期总路线，主要有以下原因。

第一，新中国成立后，经过 3 年的恢复和建设，我国社会经济结构中公私经济比重已发生重大变化，社会主义国营经济迅速发展。到 1952 年，国营工业产值在全国现代工业总产值中的比重，已增加到 56%，国营批发商业的营业额占全国批发商业营业总额的 60%。从 1953 年开始的"一五"计划，使我国经济中的社会主义成分进一步发展壮大，社会主义经济成分已在我国经济中占主导地位。

第二，新中国成立后，在稳定市场、发展经济、改善人民生活的过程中，我们党积累了许多利用、限制和管理私营工商业的经验，能够比较顺利地把资本主义工商业引导到社会主义道路上来。这一时期，在同资本家不法经营行为作斗争的过程中，在合理调整工商业（主要是合理分配原料和市场，在保证国营经济发展的同时继续发挥私营工商业的积极作用）的过程中，国家创造了加工订货、统购包销、经销代销、公私合营、全行业公私合营等一系列从低级到高级的国家资本主义形式。这些本来是为了帮助私营工商业克服生产困难而采取的措施，结果起到了加强资本主义经济同社会主义国营工商业联系的积极作用，推动它们在生产关系上发生不同程度的变化，也就不同程度地开始了对它们初步的社会主义改造。

第三，为了适应巩固政权、改善人民生活特别是满足国家建设对粮食等农作物迅速增长的需要，避免土改完成后农村出现新的两极分化，在我们党的推动下，农业互助合作运动广泛开展。国民经济恢复时期，简单协作的互助组已经普遍建立起来，土地入股的初级农业生产合作社也开始发展，基本生产资料集体所有的高级合作社也有了若干典型经验。"一五"计划实施和国家工业化高潮的到来，更加需要一个巩固的农业基础和农产品保障。我们党认为完成上述任务，仅靠个体农业经济是不可能的，只有组织起来，互助合作，才能发展生产，提高农业生产水平，加强农业保障作用，避免农民出现两极分化。

第四，从迅速实现国家工业化，加快改变中国落后面貌来看，需要加快社会主义改造，为推进国家工业化聚集强大力量。建立起支撑经济发展的强大重工业，是巩固社会主义政权的迫切需要，也是实现国家富强和人民富裕的必然要求。早在新中国成立之前，毛泽东就谈道："日本帝国主义为什么敢于这样地欺负中国，就是因为中国没有强大的工业，它欺侮我们的落后。"新中国必须解决的首要难题，便是工业化问题。过渡到社会主义，有利于发挥社会主义的制度优势，尽快改变我国工业特别是重工业极端落后的状况，为国民经济发展和国家综合实力增强奠定坚实基础。

第五，从国际环境看，当时资本主义国家很不景气，社会主义国家却充满发展活力，显示出对于资本主义的优越性。朝鲜战争结束后，以美国为首的帝国主义国家对我国的军事威胁仍然存在，并且在经济上对我国进行严密封锁，只有苏联和其他社会主义国家援助中国，加快向社会主义的过渡有利于加强与各社会主义国家的互助合作，也有利于新中国的巩固和发展。

1953 年 6 月，在中央政治局会议上，毛泽东对党在过渡时期的总路线和总任务作了明确阐述。1954 年 2 月，党的七届四中全会正式确认这条总路线，即从中华人民共和国成立到社会主义改造基本完成，这是一个过渡时期。党在这个过渡时期的总路线和总任务，是要在一个相当长的时期内，逐步实现国家的社会主义工业化，并逐步实现国家对农业、手工业和资本主义工商业的社会主义改造。这就是著名的"一化三改"，其关系是"一体两翼"。

社会主义工业化是中国向社会主义过渡的主体。社会主义是建立在现代化大生产基础之上的，在中国建立社会主义制度，首要条件取决于社会主义工业化能否取得重大进展。我们党提出，从 1953 年起开始执行的国家第一个五年计划，要集中主要力量发展重工业，相应地发展交通运输业、轻工业、农业和商业，为国家的工业化打下坚实的基础。我们党的决策得到全国人民的热烈响应，工人开展了热火朝天的劳动竞赛，大力进行以改进技术和管理、提高劳动生产率为中心的全国技术革新运动，涌现了孟泰、王崇伦等一大批劳动模范。农民用努力增加生产、积极交售粮棉等实际行动支援工业建设。大批高校毕业生服从国家分配，不惧艰苦，奔赴祖国各地工业建设最前线。经过全国人民苦干实干，一大批旧中国没有的现代工业骨干企业建立起来，一大批能源基地和工业原料基地建立起来，一大批工矿企业在没有工业基础的内地兴建起来，大幅度地提高了我国工业生产能力，使旧中国不合理的工业布局初步得到改善。"一五"期间工业建设和生产所取得的成就，远远超过了旧中国 100 年的发展积累。社会主义工业化的扎实推进，为中国社会主义制度确立奠定了坚实基础。

对农业、手工业和资本主义工商业的社会主义改造是中国向社会主义过渡的"两翼"。我们党领导人民创造性地推进对农业、手工业和资本主义工商业的社会主义改造，走出了一条适合中国国情的社会主义改造道路。

马克思曾经设想社会主义革命有可能对资产阶级实行和平赎买的办法，列宁在十月革命之后也曾提出过和平赎买的思想和方案。如果实行这样的办法和方案，可以使社会主义变革带来的社会动荡更小，更有利于保护生产力。但是，由于多方面的原因，这些设想和方案都没有能够在实际中得到具体实施。只有中国共产党成功地从理论和实践的结合上，实现了马克思、列宁当年的构想。之所以能够实施这一构想，是与中国具体的社会历史背景和现实环境密切相关的。我们党在民主革命时期同民族资产阶级建立起了巩固的联盟，在新民主主义革命取得胜利、向社会主义过渡的过程中继续保持和不断发展这种联盟；新中国成立后，国营经济在与资本主义经济的合作与斗争中，积累了强大的实力，掌握着国民经济发展的命脉。这种历史背景加上现实的需要和可能，使我们党在社会主义历史上第一次有效地实行了对资产阶级的和平赎买。以和平赎买方式对民族资本主义工商业进行的社会主义改造，加快了中国迈向社会主义的进程，保持了工商业生产的稳定，维护了我们党与民族资产阶级的长期合作关系。

对农业、手工业的社会主义改造，我们党创造了一系列适合中国特点的过渡形式。对个体农业创造了以初级农业生产合作社为中心环节的各种互助合作形式，使农民个体私有制逐步转变为社会主义集体所有制；对个体手工业采取了经过供销合作小组过渡到供销生产合作社，再过渡到手工业生产合作社等方式。

采用多种组织形式逐步向社会主义过渡，这是我国社会主义改造的独创性经验。中国的社会主义改造，在目标模式方面，虽然还是以苏联为榜样，但在具体道路方面，却有着中国自己的鲜明特点，从而用新的实践和经验丰富发展了科学社会主义。

随着社会主义工业化的推进和三大改造的基本完成，我国建立了全民所有制和集体所有制两种公有制形式的社会主义基本经济制度，建立了按劳分配的社会主义分配制度，在国民经济第一个五年计划期间还建立了计划经济体制。

1954 年 9 月，第一届全国人民代表大会第一次会议在北京召开。大会经过认真讨论，一致通过了《中华人民共和国宪法》，选举产生了国家机构的领导成员，为社会主义革命和建设提供了组织保障。第一届全国人民代表大会的召开，特别是第一部《中华人民共和国宪法》的制定和颁布，标志着新中国的基本政治制度正式确立，是中国政治制度的一次伟大变革。我国的基本政治制度，在新中国成立之初根据《共同纲领》就已基本确立，1954 年宪法以国家根本法的形式予以正式确立。宪法规定，我国的国体是工人阶级领导的、以工农联盟为基础的人民民主专政，政体是人民代表大会制度，实行中国共产党领导的多党合作和政治协商制

★ 1956 年 1 月 15 日，在首都各界群众 20 多万人庆祝社会主义改造胜利联欢大会上，工商界代表乐松生向毛主席献报喜信

度、民族区域自治制度。到 1956 年，随着社会主义改造的完成，社会主义基本政治制度、基本经济制度和其他基本制度在中国大地逐步建立起来。中国这个占世界 1/4 人口的东方大国进入了社会主义社会。

社会主义制度在中国的确立，实现了中国历史上最深刻最伟大的社会变革，从此中国走上了社会主义道路。这是中华民族历史发展进程中的一个新的起点，为当代中国一切发展进步奠定了根本政治前提和制度基础，具有深远的历史意义。

# 四、以苏为鉴探索适合中国情况的
# 社会主义建设道路

　　新民主主义向社会主义转变完成以后，如何在中国这样一个经济文化比较落后的国家建设社会主义，是中国共产党面临的新课题。我们党对于这一新课题的探索，也经历了一个艰辛曲折的过程。

　　中国的社会主义建设是从学习苏联起步的。苏联是世界上第一个社会主义国家，在长期社会主义建设实践中积累了丰富经验，中国的社会主义建设从学习苏联起步是符合逻辑的，也是当时党和国家领导人的共识。早在 1950 年初，毛泽东出访苏联时就说："苏联经济文化及其他各项重要的建设经验，将成为新中国建设的榜样。"刘少奇也说过："为了把我们国家的建设工作做好，我们必须努力向苏联学习，必须把虚心学习和运用苏联的先进经验看作是推进我们国家建设工作的首要条件之一。"毛泽东后来说，在新中国成立初期，"因为我们没有经验，在经济建设方面，我们只得照抄苏联"，"这在当时是完全必要的"。

　　通过学习苏联社会主义建设的经验，我国初步形成了一整套社会主义建设的制度、体制和管理方法，积累了工业、农业、文化和其他方面建设的物质技术基础。但是随着实践的发展，我们党逐渐意识到，苏联的一些东西并不完全符合中国实际，而且苏联模式本身就存在着许多缺陷和不足，在实践中出现了许多问题。1956 年，苏共二十大全盘否定斯大林，"捅了娄子"，造成严重思想混乱、给国际共产主义运动带来巨大冲击，但同时又"揭了盖子"，打破了对苏联的迷信，苏联模式的弊端进一步暴露。如国民经济比例长期严重失调，以牺牲农业和轻工业为代价盲目追求重工业过快增长，管理体制过度集中等。毛泽东指出："最近苏联方面暴露了他们在建设社会主义过程中的一些缺点和错误，他们走过的弯路，你还想走？"他明确提出，要"以苏为鉴"，把马克思主义普遍原理和中国实际进行"第二次结合"，独立探索一条适合中国情况的社会主义建设道路。中国共产党由此开始了社会主义建设道路的艰辛探索历程。

　　1956年4月25日和5月2日，毛泽东先后在中央政治局扩大会议和最高国务会议上，作了《论十大关系》的报告，既总结我国经验，也总结苏联的经验，着力研究我国社会主义建设中的突出问题，论述了社会主义建设中10个方面重大关系。报告明确了一个基本方针，就是把国内外的一切积极因素调动起来，化消极因素为积极因素，把中国建设成为

★ 1956年5月2日，毛泽东在最高国务会议上讲话

★ 中国共产党第八次全国代表大会会场

一个强大的社会主义国家。《论十大关系》是我们党探索适合中国国情的社会主义建设道路的第一个重要成果，为党的八大召开做了理论上的准备。

1956 年 9 月，中国共产党第八次全国代表大会召开，这是我们党掌握全国政权后召开的第一次全国代表大会。党的八大提出了团结国内外一切可以团结的力量，为建设一个伟大的社会主义中国而奋斗的总任务，并制定了党在政治、经济、文化、组织等方面的方针和政策，形成了探索社会主义建设的重要成果。首先，分析了在生产资料所有制的社会主义改造完成以后，我国社会的主要矛盾发生的新变化。指出，社会主义改造完成后，我国社会的主要矛盾是人民对于经济文化迅速发展的需要同当前经济文化不能满足人民需要的状况之间的矛盾，当前党和全国人民的主要任务是发展生产力，尽快地把我国由落后的农业国变为先进的工业国。其次，提出了关于经济发展的指导方针，指出必须既防止保守又防止冒进，使国民经济各部门在综合平衡中按比例发展。再次，把毛泽东提出的"百花齐放，百家争鸣"正式确定为发展我国文化教育和科学事业的指导方针。最后，强调了发展社会主义民主，反对个人崇拜的重要性。党的八大通过的关于政治报告的决议提出，进一步扩大国家的民主生活，开展反对官僚主义的斗争，有迫切的、重要的意义。要坚持民主集中制和集体领导制度，反对各种形式的个人崇拜。党的八大提出的一系列富有创造性的新思想，表明我们党在探索适合中国国情的社会主义建设道路上迈出了重要的一步。

1957年2月，在最高国务会议第十一次（扩大）会议上，毛泽东作了《关于正确处理人民内部矛盾的问题》的报告，指出我国社会主义制度才刚刚建立，还没有完全建成，还不完全巩固，还需要继续努力。革命时期的大规模的疾风暴雨式的阶级斗争基本结束，我们的根本任务已经由解放生产力变为在新的生产关系下保护和发展生产力。要"团结全国各族人民进行一场新的战争——向自然界开战，发展我们的经济，发展我们的文化，使全体人民比较顺利地走过目前的过渡时期，巩固我们的新制度，建设我们的新国家"。毛泽东创造性地论述了社会主义社会矛盾的学说，提出把正确处理人民内部矛盾作为国家政治生活的主题，严格区分和正确处理社会主义社会的敌我矛盾和人民内部矛盾两类不同性质的矛盾，并确立了处理人民内部矛盾的指导方针。这个报告是党的八大路线的继续和发展，是探索中国社会主义建设道路的新成果。

从 1958 年 11 月起，毛泽东多次提议各级领导干部读苏联《政治经济学教科书》（第三版）下册的社会主义部分，要求研究社会主义经济的规律。从 1959 年 12 月 10 日到 1960 年 2 月 9 日，毛泽东还亲自组织了一个读书小组，先后在杭州、上海和广州读这本书。在边读边议的过程中，毛泽东发表了许多谈话，比较系统地总结了中国革命和社会主义建设的经验，阐述了社会主义发展阶段、社会主义社会基本矛盾和动力、社会主义建设目标、社会主义经济体制、正确处理社会主义经济发展中一些重要关系、社会主义建设中坚持群众路线等多个方面思想，并且论述了如何用马克思主义的立场、观点和方法来研究社会主义建设中的问题。这些谈话反映了这一时期毛泽东对社会主义建设规律的认识，也反映了他探索社会主义建设道路的思想轨迹。

总之，从 1956 年到 1966 年，在对社会主义建设道路的探索中，我们党积累了许多新的经验，形成了建设社会主义的初步理论和实践成果。

如同任何开拓性事业都难免出现曲折和失误一样，这一时期党在探索社会主义道路的过程中也出现了曲折失误，在指导方针上出现了严重错误，留下了深刻教训。这一时期，发生了 1957 年的反右派斗争扩大化，1958 年的"大跃进"和人民公社化运动，1959 年的所谓"反右倾"斗争，出现了对一批文艺作品、学术观点和文艺界、学术界的一些代表人物过火的政治批判等，使许多党员干部和一大批知识分子受到不应有的打击，社会主义事业受到严重影响。

这些错误发生后，党中央和毛泽东也曾有过觉察，并采取过一些措施进行纠正。1958 年 11 月，毛泽东在郑州会议上，对立即废除商品生产的"左"倾错误主张进行了批评。1959 年 2 月，中央政治局扩大会议就纠正人民公社"共产风"问题采取了有力措施。1962 年，对一些被错误批判为"右倾机会主义分子"的同志进行甄别平反，同时给大多数"右派分子"摘了帽子。但是，这些纠正并不彻底，没有从根本上改变"左"倾错误的指导思想，有的甚至还有所发展。1962 年党的八届十中全会重提阶级斗争，1964 年提出"以阶级斗争为纲"，1965 年初提出重点要整所谓"党内走资本主义道路的当权派"。不过，这些错误当时还没有达到支配全局的程度，无论在规模、程度、性质上都不能同后来的"文化大革命"的错误等量齐观。

1966 年 5 月开始的"文化大革命"，是一场由领导者错误发动，被反革命集团利用，给党、国家和人民带来严重灾难的内乱。但是，党和人民同"左"倾错误特别是同林彪、江青反革命集团的斗争一直没有停止过。由于全党全国人民的共同斗争，"文化大革命"的破坏也受到了一定程度的限制，并最终纠正了这个错误。

应当看到，造成上述失误和挫折的原因是十分复杂的，既有客观历史条件局限的原因，也有主观判断错误或认识不足的原因；既有国内历史和现实的原因，也有受国际形势深刻变化影响方面的原因；等等，必须给予全面分析。

在中国这样的社会历史条件下建设社会主义，没有先例，犹如攀登一座人迹未至的高山，一切攀登者都要披荆斩棘、开辟道路。我们党过去长期处于战争和激烈阶级斗争的环境中，在全国范围内执政时间不长，对迅速到来的新生的社会主义社会和全国规模的社会主义建设，缺乏充分的思想准备、经验积累和科学研究。在世界范围内，社会主义建设也是人类一项全新的事业，苏联虽然积累了一些经验，但许多被实践证明并不适合中国。我们没有成熟可靠的经验可遵循，只能在实践中探索，出现曲折和失误也是难免的。

严峻的国际环境和巩固政权的复杂斗争，也是一些曲折和失误产生的社会历史原因。新中国成立后面临十分复杂的国际环境。朝鲜战争之后，以美国为首的西方资本主义阵营和以苏联为首的社会主义阵营严重对立，中国地处亚太前沿，首当其冲。1956 年，美国国务卿杜勒斯提出"和平演变"战略，加强对社会主义国家的渗透和分化。社会主义改造完成以后，剥削阶级作为一个阶级虽然已经被消灭，大规模阶级斗争基本结束，但是旧势力的残余影响特别是在思想文化上的影响，并没有迅速完全消失。苏共二十大后，中国同苏联和东欧一些国家在国内外政策上出现分歧，进而从党际关系恶化发展到全面关系恶化。我们党对国内外阶级斗争和政权被颠覆的危险估计过重，认为中国也可能出现修正主义，出现资本主义复辟，因而大力强调"反修防修"，搞"以阶级斗争为纲"，这是导致阶级斗争扩大化和发动"文化大革命"的重要因素。

不能否认，我们党在社会主义建设道路探索中走的弯路，与毛泽东晚年的错误有关。但对历史人物的评价，应该放在其所处时代和社会的历史条件下去分析，不能离开对历史条件、历史过程的全面认识和对历史规律的科学把握，不能忽略历史必然性和历史偶然性的关系。革命领袖是人不是神。尽管他们拥有很高的理论水平、丰富的斗争经验、卓越的领导才能，但这并不意味着他们的认识和行动可以不受时代条件限制。不能因为他们伟大就把他们像神那样顶礼膜拜，不容许提出并纠正他们的失误和错误；也不能因为他们有失误和错误就全盘否定，抹杀他们的历史功绩，陷入虚无主义的泥潭。

历史就是历史，历史不能任意选择，不论发生过什么波折和曲折，不论出现过什么苦难和困难，历史总是向前发展的，我们总结和吸取历史教训，目的是以史为鉴、更好前进。习近平指出："对改革开放前的历史时期要正确评价，不能用改革开放后的历史时期否定改革开放前的历史时期，也不能用改革开放前的历史时期否定改革开放后的历史时期。"

## 五、奠定当代中国一切发展进步的根本基础

从新中国成立到 1978 年，尽管经历了曲折甚至遭受过严重挫折，但我们党团结带领全国各族人民经过艰苦卓绝的努力，取得了多方面的巨大成就。习近平指出："如果没有一九四九年建立新中国并进行社会主义革命和建设，积累了重要的思想、物质、制度条件，积累了正反两方面经验，改革开放也很难顺利推进。"这些重要条件和宝贵经验，为当代中国一切发展进步奠定了根本基础。具体体现为以下几个方面：

第一，全面确立并巩固了社会主义基本制度。

新中国成立后，我国逐步建立起从政治到经济和文化、

从中央到地方的一系列基本制度，包括中国共产党领导的根本制度；人民民主专政的国体；人民代表大会制度的根本政治制度；马克思主义在意识形态领域指导地位的根本制度；中国共产党领导的多党合作和政治协商制度、民族区域自治制度等基本政治制度；以生产资料公有制为基础的基本经济制度；社会、文化和政府管理等各方面的制度体制。在这些制度运行过程中，中国共产党对重要领导制度和各方面制度体制也进行过不少改革调整，包括加强党和政府集中统一领导，实行统筹兼顾、综合平衡，充分发挥地方和社会的积极性，加强基层组织建设和社会管理，建立职工代表大会制度，实行"两参一改三结合"，以及多次对政府机构的调整改革，并对党的领导制度、人民代表大会制度、中国共产党领导的多党合作和政治协商制度、民族区域自治制度不断加以充实和完善，对社会主义经济体制进行调整，等等。总体来说，上述基本制度在实践中得到了检验，并被证明是与中国国情基本相适应的。这些基本制度的确立不仅巩固了人民民主专政的国家政权，而且为中国后来的发展提供了制度基础。

第二，为社会主义事业奠定了坚实的物质技术和文化基础。

经济建设方面。在一穷二白基础上建立了独立的、比较完整的工业体系和国民经济体系。从"一五"时期到"四五"时期，国家基本建设投资累计达到 4956.43 亿元，建成了一批重大基础设施。1964 年开始的三线建设，不仅增强了国防力量，而且改善了国家工业布局。按当年价格计算，国内生产总值从 1949 年的 557 亿元增加到 1978 年的 3678.7 亿元，增长 5.6 倍。

工业发展方面。新中国成立前，我国工业非常落后，基本上没有自己的机器制造业。经过 20 多年的发展，我国建成了一批门类比较齐全的基础工业项目，涉及冶金、汽车、机械、煤炭、石油、电力、通信、化工、国防等领域，为国民经济的进一步发展打下了坚实的基础。工业生产能力大幅度提高，工业产量成倍增加。钢产量从 1949 年的 16 万吨，增加到 1978 年的 3178 万吨；原油产量从 1949 年的 12 万吨，增加到 1978 年的 10405 万吨；原煤产量从 1949 年的 3200 万吨，增加到 1978 年的 6.18 亿吨；汽车制造 1949 年从零起步，到 1978 年年产 14.9 万辆。

农业发展方面。农业总产值从 1952 年到 1978 年的 26

★ 1956 年 7 月 13 日，在第一汽车制造厂，我国第一辆解放牌汽车驶下装配线

★ 1957 年 10 月 15 日，新中国成立后修建的第一座公铁两用的长江大桥——武汉长江大桥通车运营

★ 1970 年 7 月 1 日，成昆铁路建成通车

年间增长 2.3 倍，年均增长 3.25%。这期间，广大农民坚持大规模兴修水利，进行农田基本建设，为后来中国农业的发展奠定了极为重要的基础。1963 年至 1965 年，全国平均每年增加灌溉面积 50.2 万公顷，到 1965 年，全国有效灌溉面积达到 3305.5 万公顷，比 1957 年的 2733.9 万公顷增加了 571.6 万公顷。农业耕作方式也有了较大改进，通过土壤改良、培育良种、科学施肥、改进耕作模式等，有力促进了农业增产增收。

交通运输等基础设施建设方面。从近代中国开始有公路、铁路起，旧中国 70 多年间共修筑铁路 2.18 万公里、公路 8.07 万公里。新中国成立后的 29 年，中国的铁路营业里程达到 5.17 万公里、公路里程达到 89.02 万公里。

教育医疗事业方面。新中国成立后，在文化教育方面的一件大事，就是扫除文盲，大力推广普通话，并大力发展小学、中学和高等教育。从 1949 年到 1978 年，小学在校生从 2439 万人发展到 1.4624 亿人；中学在校生从 103.9 万人发展到 6548.3 万人；高等学校在校生从 11.7 万人发展到 85.6 万人。教育事业的长足发展，使我国劳动者的整体素质得到很大提高。医疗卫生事业也得到蓬勃发展。20 世纪 50 年代后期，农村普遍建立了县、区（社）两级医疗卫生机构，60 年代又在绝大多数生产大队建立了农村基层医疗卫生机构，全国人口的死亡率从 1949 年的 20‰，下降到 1978 年的 6.25‰。

科技发展取得重要突破。新中国刚成立时，全国专门从事科学研究的知识分子数量很少，科技水平非常落后。新中国成立后，经过多年的努力，我国在核技术、人造地球卫星和运载火箭等尖端科技领域，取得"两弹一星"等一批重要

★ 1967 年 6 月 17 日，我国第一颗氢弹爆炸成功

★ 1964 年 10 月 16 日，我国第一颗原子弹爆炸成功

★ 1970 年 4 月 24 日，我国第一颗人造地球卫星发射成功

成果。首次完成人工合成牛胰岛素，处于世界领先地位。一些重要的科学分支和新兴应用技术，如生物物理学、分子物理学、地球化学、射电天文学、高能物理学以及核技术、喷气发动机技术、计算机技术、半导体技术、自动化技术、无线电技术等也都在这一时期逐步发展起来。与此同时，国家建设所需的各类科技骨干力量大批地成长起来。据统计，1949 年国内专门的研究机构只有 30 多个，科技人员不足 5 万人。1966 年，全国科研机构已达 1700 多个，自然科学技术人员达 245.8 万人。到 1978 年，全国县以上独立科研机构增至 6200 个，自然科学技术人员达到 511 万人。华罗庚、

李四光、茅以升、竺可桢、童第周、钱三强、钱学森、邓稼先、陈景润等一大批杰出科学家为国家科技发展作出重大贡献。

人民群众物质生活水平和文化生活水平得到逐步提高。全国总人口从 1949 年的 5.4167 亿人增长到 1978 年的 9.6259 亿人。同期粮食的人均占有量从 418 市斤增加到 637 市斤。全国居民人均消费水平,农村居民从 1952 年的 65 元增加到 1978 年的 138 元,城镇居民同期从 154 元增加到 405 元。在全国人民节衣缩食支援国家工业化基础建设的情况下,尽管人民群众生活逐年改善的幅度不大,但初步满足了占世界近 1/4 人口的基本生活需求。这在当时被世界公认为是一个奇迹。

人民的精神面貌发生了极大改变。新中国成立以后,广大劳动人民翻身做主人,迸发出极大的生产积极性。全国人民坚持独立自主、自力更生、艰苦奋斗,表现出无比的英雄气概和高昂的精神状态,涌现出雷锋、王进喜、焦裕禄、时传祥等一大批英雄模范人物,集中反映了社会主义道德和精神风貌。

★ 雷　锋　　　★ 王进喜　　　★ 焦裕禄　　　★ 时传祥

总之，这一时期的社会主义建设，为我国后来改革开放和现代化建设奠定了坚实的物质技术基础，培养和造就了大批经济文化建设和科技等方面的骨干力量，培育了中国人民昂扬向上的强大精神力量，是中国社会主义创业和积累的重要时期。

第三，维护了国家主权和安全，保持了有利于发展的和平环境。

新中国成立初期，国际环境十分恶劣。以美国为首的帝国主义侵略势力不甘心在中国遭到失败，继续支持蒋介石集团，对中国采取政治上不承认、经济上封锁和军事上包围的政策，并竭力拒绝承认新中国，阻挠恢复中华人民共和国在国际组织中的合法席位。美国还先后在中国周边进行了两场大的战争——朝鲜战争和越南战争，对中国的和平建设造成实质性严重威胁。美国还联合其"盟国"和敌视中国的势力，打造了针对中国的所谓"半月形包围圈"，妄图遏制中国的发展。

我们党从新中国成立之初，就提出要努力营造有利于国家发展的和平国际环境。毛泽东在中国人民政治协商会议第一届全体会议上的讲话中指出："我们的民族将从此列入爱好和平自由的世界各民族的大家庭，以勇敢而勤劳的姿态工作着，创造自己的文明和幸福，同时也促进世界的和平和自由。"他强调："我们的国家是社会主义国家，不是资本主义国家，因此，一百年，一万年，我们也不会侵略别人。"

中国始终把捍卫国家主权和领土完整，不干涉别国内政，实现与各国平等互利、和平共处，促进人类和平进步事业，作为外交工作的根本目标，努力创造良好的外部环境，努力发展与各国的友好关系。20世纪50年代，中国同其他国家一起，提出了和平共处五项原则，并在此基础上，积极发展与世界各国的外交关系。中国逐步冲破西方敌对势力的封锁、孤立和遏制，有效地维护了领土、主权和国家安全，广交天下五大洲朋友，不断打开外交工作的新局面。1971年10月，中华人民共和国恢复了在联合国的合法席位。毛泽东还亲自推动中国与西方大国关系、中美关系和中日关系的改善。到1976年同中国建交的国家达到113个，包括了世界上绝大多数国家。中国在自身发展比较困难的情况下，积极援助亚非拉等第三世界国家发展，在国际事务中始终主持正义，维护世界和平，树立了社会主义国家的良好国际形象。

这一时期，我们党在探索适合中国国情的社会主义建设道路中获得的最为宝贵的财富，就是积累了正反两方面的经验、形成了社会主义建设的重要理论和实践成果。

1956年，中国社会主义建设道路探索刚起步时，毛泽东就指出，必须进行马克思主义与中国实际的"第二次结合"，建设符合中国情况的社会主义。1960年，他在《十年总结》一文中指出，我们对于社会主义时期的革命和建设，还有很大的盲目性和未被认识的必然王国。要不断去调查它，去研究它，从中找出它的固有规律。我们党坚持以马克思主义为指导，坚持科学社会主义基本原则，认真总结社会主义建设的实践经验，学习借鉴苏联等社会主义国家建设的经验，不断探索社会主义建设的规律，提出了一系列重要思想，为社会主义建设指明了方向。

在经济建设方面，我们党提出社会主义发展目标是建设现代工业和农业，走一条适合中国的发展道路。1956年1月在全国知识分子工作会议上，毛泽东、周恩来号召"向现代科学进军"，把工作重心由革命转移到经济建设和技术革命上来。1964年周恩来在《政府工作报告》中首次提出要在一个不太长的历史时期内，把我国建设成为一个具有现代农业、现代工业、现代国防和现代科学技术的社会主义强国的目标，并明确了"两步走"战略：第一步，大约用三个五年计划时间，即在1980年以前，建成一个独立的、比较完整的工业体系和国民经济体系；第二步，力争在20世纪末全面实现四个现代化。

我们党提出，社会主义社会还有商品生产，要发展商品生产，必须遵循价值规律。在1958年11月的郑州会议上，毛泽东指出，在社会主义时期，废除商品生产是违背经济规律的，要大大发展商品生产，不能与资本主义混为一谈。"商品生产，要看它是同什么经济制度相联系，同资本主义制度相联系就是资本主义的商品生产，同社会主义制度相联系就是社会主义的商品生产。"毛泽东还强调价值法则是一个伟大的学校，只有自觉地利用它，才有可能建设社会主义和共产主义。

毛泽东指出："搞社会主义建设，很重要的一个问题是综合平衡。"他强调，发展工业必须与发展农业并举；以重工业为中心是工业化的关键，但必须充分注意发展农业和轻工业，要以农、轻、重为序安排国民经济计划。党的八大强调，在发展重工业的同时，必须保持农、轻、重的协调发展；正确调整和安排积累与消费的比例，使国家建设和人民生活改善得到适当的结合等。

毛泽东提出了"调动中央和地方两个积极性"的方针，

强调社会主义建设必须处理好中央和地方的关系。他指出："我们的国家这样大，人口这样多，情况这样复杂，有中央和地方两个积极性，比只有一个积极性好得多。"关键要处理好二者的利益关系。

我们党十分重视发展手工业和农业多种经营。1957年9月，中共中央发出指示，提出农业生产合作社实行"统一经营，分级管理"，建立集体的和个人的生产责任制，推行生产队"三包一奖"（包工、包产、包成本，超产奖励）的制度。鉴于苏联用剥夺农民的方式发展重工业的教训，毛泽东提出不能剥夺农民，要维护农民的利益。他还形象地说："你要母鸡多生蛋，又不给它米吃，又要马儿跑得好，又要马儿不吃草。世界上哪有这样的道理！"

我们党在总结"大跃进"运动经验教训的基础上，提出不能超越阶段、反对平均主义的主张。1958年，党的八届六中全会通过的《关于人民公社若干问题的决议》指出，不应当"立即实行全民所有制"，甚至"立即进入共产主义"，那"将大大降低共产主义在人民心目中的标准，使共产主义伟大的理想受到歪曲和庸俗化，助长小资产阶级的平均主义倾向"。

在政治建设方面，毛泽东提出要"造成一个又有集中又有民主，又有纪律又有自由，又有统一意志、又有个人心情舒畅、生动活泼，那样一种政治局面"；要处理好中国共产党同各民主党派和爱国民主人士的关系；要坚持民主集中制，扩大社会主义民主，切实保障人民当家作主的各项权利，尤其是人民参与管理国家和社会事务的权利，团结一切可以团结的力量。

同时，我们党还强调要加强社会主义法制建设，切实保护劳动人民利益，保护社会主义经济基础，保护社会生产力。1950 年，中央人民政府通过了新中国第一部婚姻法，废除了封建的婚姻制度。同年，通过土地改革法，废除了封建的土地制度。1953 年，制定了新中国第一部选举法。1954 年，制定了新中国第一部宪法，同时颁布了全国人大、国务院、地方人大和人民委员会、法院和检察院的组织法。

社会主义矛盾学说，是我们党对社会主义建设理论的重大创新。苏联等社会主义国家理论界一度流行社会主义"无冲突论""无矛盾论"，实践中也出现了不能正确处理社会矛盾的问题。毛泽东明确指出，社会主义社会的基本矛盾仍然是生产力与生产关系、经济基础与上层建筑的矛盾；要正确区分和处理敌我矛盾和人民内部矛盾这两类不同性质的矛盾，把正确处理人民内部矛盾作为国家政治生活的主题；要妥善处理社会主义建设中的重大关系；等等。毛泽东的社会主义矛盾学说，深刻阐明了认识和处理社会主义社会矛盾的原则和方法，创造性地发展了马克思主义关于社会矛盾的学说，为探索社会主义建设规律奠定了重要理论基础。

在文化建设方面，毛泽东提出，要坚持马克思主义的指导地位，实行"百花齐放、百家争鸣"的方针，对古今中外的优秀文化实行"古为今用、洋为中用、百花齐放、推陈出新"；强调思想政治工作是经济工作和其他一切工作的生命线，要实行政治和经济的统一、政治和技术的统一、又红又专的方针；知识分子在革命和建设中具有重要作用，要建设一支宏大的工人阶级知识分子队伍；要坚持独立自主、自力更生、奋发图强，不走世界各国技术发展的老路，努力赶超世界先进水平；等等。

在执政党建设方面，毛泽东早在党的七届二中全会上就提出了"两个务必"的告诫，要求全党同志继续保持谦虚谨慎不骄不躁的作风，继续保持艰苦奋斗的作风；针对西方敌对势力的"和平演变"战略，他要求全党高度警惕这种危险、同这种危险作斗争；要防止执政后脱离群众，产生官僚主义，教育各级领导干部正确运用人民赋予的权力，密切联系群众，全心全意为人民服务，接受人民监督；必须防止党内和干部队伍中出现腐败现象，警惕形成特权阶层，防止领导机关官僚化、特殊化；必须切实解决"培养无产阶级革命事业接班人"问题；等等。

此外，我们党还提出了关于和平共处五项原则、关于"三个世界"划分理论、关于建设强大的国防、关于可以用和平方式解决台湾问题等许多重要思想，都具有重要的理论价值和实践意义。

总之，从20世纪50年代到70年代，我们党团结带领中国人民完成了社会主义革命，确立了社会主义基本制度，取得了社会主义建设的巨大成就，实现了中华民族有史以来最为广泛而深刻的社会变革，使近代以来中华民族不断衰落的命运得到根本扭转，为当代中国一切发展进步奠定了根本政治前提和制度基础，开辟了中华民族走向伟大复兴的康庄大道。中国共产党和中国人民以英勇顽强的奋斗向世界庄严宣告，中国人民不但善于破坏一个旧世界、也善于建设一个新世界，只有社会主义才能救中国，只有社会主义才能发展中国！

# 第六章 ║ 世界社会主义的曲折与奋起

　　20 世纪社会主义制度的创立和实践，为人类文明进步作出了巨大贡献。然而，正像一切新生事物的发展一样，社会主义的发展也不是一帆风顺的。20 世纪 80 年代末 90 年代初，世界社会主义发展遭受了重大曲折。有着 90 多年历史、执政 70 多年的苏联共产党失去政权，世界上第一个社会主义国家苏联解体，东欧社会主义国家接连发生政权更迭，这一历史剧变影响重大而深远。然而，历史证明，社会主义并没有因暂时的曲折而"终结"，而是展示了顽强的生命力，在艰难探索中重新奋起了！

## 一、苏联和东欧国家的改革探索及其曲折历程

　　苏联解体、东欧剧变，起因于其内部矛盾的积累。而这些内部矛盾的形成，要追溯到这些国家社会主义建设和改革探索过程中产生的问题、出现的失误。

　　十月革命胜利后，苏联逐步建立社会主义基本制度，经

过长期的努力，形成了比较完整的、独立的现代工业体系和国民经济体系，为苏联社会主义的巩固和发展奠定了重要基础。到 20 世纪 50 年代中期苏联已发展成为一个强大的工业化国家，经济、科技、国防、文化、教育等发展水平居世界前列，社会保障制度也相当完善。东欧国家在第二次世界大战后逐步建立起社会主义制度，经济社会获得了迅速恢复和发展。这一过程中，以苏联模式为基本特征的社会主义经济政治制度发挥了重要作用，它所取得的重要成就是不可否认的。

然而，随着时间的推移，苏联过去形成的高度集中的计划经济体制和发展模式，到 20 世纪 50 年代中期，开始出现明显的缺陷，积累的问题越来越多，严重制约经济社会发展。而在这时，一场以电子计算机和信息技术为标志的科技革命浪潮在世界范围内兴起，给世界产业结构和经济发展方式带来了重大而深刻的变革。苏联的发展模式不利于科学技术创新和产业结构的迅速调整，客观上要求进行深入的改革。时代呼唤变革，人民要求变革。

这一时期，苏联和东欧国家领导人逐渐认识到原有高度集中的计划经济体制存在弊端，开始进行各种改革尝试。

1953 年斯大林逝世后，马林科夫主持苏共中央工作。他试图纠正高度集中的计划经济模式的弊病，着手进行若干改革，开始注意发展轻工业，但由于各种因素影响，没有推动实质性变化。

赫鲁晓夫上台后，1956 年召开的苏共二十大，全盘否定斯大林，在群众中造成了思想混乱，在苏联国内和国际上都引起了极大的震动。但这次会议也揭露了斯大林在社会主义建设中的错误，暴露了苏联体制存在的一些严重问题，并希望通过改革加以解决。此后，苏共推进了一系列改革，平反冤假错案，批判对斯大林的个人崇拜，决定定期召开党代会和中央全会，取消领导干部任职终身制，改变高度集中的计划经济体制，扩大地方自主权，增加对农业的投资，重视经济杠杆的作用，等等。这些改革，有些是有成效的，有些是失败的，总的来看，缓和了当时苏联经济社会发展中面临的一些矛盾和问题。由于苏共中央和赫鲁晓夫在改革思路上缺乏总体战略，改革方向上摇摆不定，指导思想上忽"左"忽右，主观臆断，政令无常，急躁冒进，反而产生了新的矛盾和问题，造成了新的混乱。

20世纪60年代中期，勃列日涅夫上台后，调整了赫鲁晓夫时期的某些鲁莽政策，提出了一些新的改革做法，主要是扩大企业生产经营自主权，减少中央指令性计划指标，发挥企业在利用价值规律、增加利润、加强经济核算等方面的作用。这些改革措施被称为"新经济体制"。但勃列日涅夫未能对高度集中的体制进行全面彻底改革，一些新做法也大多是对原有体制的修修补补。而且，此时的苏联走上了与美国争夺世界霸权的道路，投入大量资源与西方开展军备竞赛，经济社会正常发展受到很大影响。这一时期，僵化经济政治体制的弊端日益显现，但苏共领导层普遍存在保守求安心理，党和整个社会弥漫着惰性气息，改革越来越趋于保守，甚至逐步陷入停顿和倒退。

20世纪80年代初，安德罗波夫接任勃列日涅夫成为苏共中央总书记后，推行了一系列新的改革措施，提出在经济体制改革中"酌量考虑兄弟国家的经验"，并在整顿劳动纪律与反腐肃贪、破除僵化的经济体制、完善政治体制机制等方面推行一些改革。但他任职仅一年零三个月就去世了。继任者契尔年科，强调政策的延续性，强调加速科学技术进步，继续保持了改革的趋势。但他体弱多病，任职仅一年多一点就去世了。两任总书记任职时间都很短暂，推行的改革均未见大的成效。

应当说，苏联从 20 世纪 50 年代中期开始的改革，虽然力度不大，效果不明显，改革的措施经常反复甚至后退，没有重大的理论突破，更谈不上进行市场取向这样重大的改革，但每一次改革初期阶段也还是取得了一定效果。到 70 年代初，苏联的社会经济建设进行得还算顺利，国家经济实力和综合国力得到进一步加强。但 70 年代中期以后，由于思想上的保守和僵化，改革陷于徘徊停滞，国民经济增速开始下滑。

在苏联进行改革和调整的同时，东欧各社会主义国家也进行了改革的探索，但都经历了复杂曲折的过程。几个主要国家大致有以下几种情况：

南斯拉夫自治社会主义道路。以铁托为首的南共提出建立"自治社会主义"的目标，进行了发展社会主义经济民主和政治民主的尝试，先后实行工人自治、社会自治和联合劳动自治等做法。这一尝试，打破了社会主义只有一种模式的观念，并在实践中取得了重要成果。1954—1980 年，南斯拉夫国民经济总产值平均每年增长 6.5%，到 20 世纪 70 年代下半期，南斯拉夫已成为欧洲中等收入水平的国家。但是南斯拉夫的改革，由于过度放权，削弱了必要的集中，特别是国家权威和南共联盟中央的权威遭到极大削弱，民族主义、地区保护主义抬头，国家发展逐渐出现离心倾向，埋下了许多后患。

波兰道路和"社会主义革新路线"。第二次世界大战后初期，波兰工人党领导人哥穆尔卡提出了"波兰道路"，即波兰可以在苏联的帮助下建设新社会，但不应该盲目仿照苏联走过的路，应该走一条独特的道路。但这一主张在党内遭到一部分人的批评和反对。哥穆尔卡下台后，波兰党和政府采取全盘接受苏联模式的做法，导致经济发展缺乏活力，人民生活改善缓慢，1956 年 6 月发生了"波兹南事件"。波兰党总结经验教训，顶住苏联的压力，选举哥穆尔卡为党中央第一书记，着手进行内容广泛的改革，被称为"社会主义革新路线"。哥穆尔卡的改革取得了一定成效，但也未能触动僵硬的指令性计划体制，经济社会仍然缺乏活力。20 世纪 80 年代以后，由于长期积累的经济社会矛盾，引起人民群众的不满，在西方势力的策动和支持下，波兰社会出现了严重动荡。

匈牙利的"新经济体制"。20 世纪 50 年代，匈牙利执政党提出了走匈牙利式社会主义道路的设想。但是改革政策过于激进，引发社会动荡，发生了震惊世界的"匈牙利事件"。事件平息后，匈党进行了局部的改革调整，力图建立不同于苏联模式的"新经济体制"，取得显著成效，国民经济结构趋于合理，劳动生产率逐步提高，人民生活水平也明显提高，逐步成为一个具有发达农业的工业国。70 年代末期，匈牙利成为世界中高收入国家，被西方称为"东欧社会主义的橱窗"。进入 80 年代，随着国际局势的变化特别是苏联局势的变化，匈牙利国内矛盾不断激化，经济出现严重困难，人民生活水平下降，社会处于动荡之中。

捷克斯洛伐克的政治经济改革"行动纲领"。20 世纪 60 年代后，捷克斯洛伐克开始进行经济体制的改革，取得了一些成效，劳动生产率有所提高，国民收入平稳增长，但这些改革没有从根本上触动高度集中的经济管理体制，导致问题长期积累，社会矛盾不断激化，西方势力借机推波助澜，社会舆论开始失控，社会上出现严重反社会主义、反苏思潮。1968年，发生了所谓"布拉格之春"的政治事件，苏联出动武力干预，对捷克斯洛伐克产生了重大影响。此后改革被迫终止。80年代末期，捷克斯洛伐克与东欧各国一样，发生了剧烈的社会动荡。

20世纪50年代至80年代中期，苏东各国的改革大都经历了与上述类似的过程，各国执政党都希望通过改革促进经济社会发展、巩固和发展社会主义，改革也取得了一定成绩。然而，由于思想僵化根深蒂固，教条主义难以克服，固有模式难以突破，没有找到适合本国情况的道路，因而最终都没有建立起充满活力的新体制。这一时期，苏联和东欧国家进行的改革中，一些党和国家的领导者自觉或不自觉地受到西方思潮的影响，在一些重大问题上偏离科学社会主义基本原则，出现了方向性错误，给社会主义事业埋下了隐患。

苏联和东欧国家改革的曲折，与这一时期西方国家推行的"和平演变"战略有着密切关系。从20世纪50年代起，以美国为首的西方国家就开始对社会主义国家实施"和平演变"，利用各种传播工具散布谣言、蛊惑人心，进行意识形态和思想文化渗透，支持和培养"持不同政见者"，尤其注重促进共产党"内部的变化"。西方国家特别重视利用社会主义国家的改革制造分歧和动乱，进行误导和干扰。1956年的波匈事件，以及80年代苏联、波兰和东欧各国的改革，都有西方势力的公然插手，竭力把改革变为偏离社会主义道路的"改向"。西方国家的这些做法，严重干扰了苏东社会主义国家的改革，给苏东社会动荡埋下了祸根和隐患。

## 二、苏联解体、东欧剧变的历史过程

苏联解体、东欧剧变，是指 1989—1992 年间苏联和东欧 8 个社会主义国家执政的共产党或工人党先后失去政权，放弃社会主义制度，向资本主义制度急剧转变的过程。

20 世纪 80 年代，体制僵化、改革迟缓，使苏联和东欧国家经济和社会问题更加突出。物资短缺、物价上涨、人民生活水平下降、国家外债不断攀升，成为许多国家的"通病"，人民群众纷纷对执政党表现出不满。尽管如此，当时苏联和东欧各国经济社会总体保持了稳定，人民生活水平也相当于世界中等发达国家水平，大多数群众对执政党推行改革抱有期待，对巩固和发展社会主义也怀有信心。然而，苏联和东欧各国执政党领导层，对"改革怎么进行""改革的方向和目标是什么""社会主义制度应该如何巩固和发展"等重要问题，思想上是混乱的，实践上是茫然的，理论上又受到各种干扰。国内外反共反社会主义势力乘虚而入、推波助澜、兴风作浪，竭力把改革引到资本主义方向。

1985 年 3 月，戈尔巴乔夫接替去世的契尔年科担任苏共领导人。苏联党和人民对其寄予厚望，希望他能继承改革路线，使苏联摆脱经济社会发展困境，使苏联社会主义重新获得发展。上台伊始，戈尔巴乔夫就打出了"改革"的旗帜，先是实行"加速国家社会经济发展战略"，试图在短时间内改变苏联经济停滞状况。由于谋划不力、举措失当，这一战略不仅没达到预期效果，反而在新旧问题叠加下，导致经济增速从改革前的 3.2% 下降到 1989 年的 2.4%，1990 年更降至 –2%。加之物价飞涨、商品短缺，引发群众抗议，社会动荡加剧。

戈尔巴乔夫把"加速战略"未见成效和经济改革进展缓慢，归咎于党内所谓"保守力量"的阻碍和苏联社会制度的限制，因而将改革的重点由经济领域转向政治领域，以图获取继续执政的资本。1987 年他出版了《改革与新思维》一书，提出"民主社会主义"政治路线，并以"民主化、公开性"作为口号，提出放开意识形态领域管控。1988 年，苏共召开第十九次全国代表会议，戈尔巴乔夫把他的"新思维"拿到会上，要求把苏共改革的目标确定为实现"人道的民主的社会主义"。此后，大力推进以"新思维"为指导的改革进程。主管新闻宣传工作的雅科夫列夫在戈尔巴乔夫支持下，推动大规模搞所谓揭开"社会阴暗面"和"历史空白点"舆论宣传，为此甚至采取组织手段，大批提拔那些能够贯彻他们主张的人员，让他们掌管党和国家的重要新闻机构和舆论阵地，以加大宣传力度。1990 年 7 月，苏共二十八大通过了戈尔巴乔夫提出的"人道的民主的社会主义"政治路线。从此，苏联的改革开始"转向"。

苏联社会主义制度全面溃败的关键节点，实际上是 1990 年 3 月 14 日，苏联第三次（非常）人民代表大会正式通过《关于设立苏联总统职位和苏联宪法（根本法）修改补充法》，放弃苏共在苏联法定的领导地位。苏联 1977 年宪法第六条明确规定："苏联共产党是苏联社会的领导力量和指导力量，是苏联社会政治制度以及国家和社会组织的核心。"更改苏联宪法中关于苏共的领导地位的条款，使苏共实际上成为类似资本主义国家参加竞选的议会党，同时由于多党竞选上台执政的制度形成，使西方的议会制和多党制在苏联得到确认。通过宪法修改，去除原国名中的"社会主义"字样，更改为"主权共和国联盟"，从名称上改变了国家的社会主义性质。在政治实践中，立法、行政、司法"三权分立"逐步形成，苏联基本完成向西方政治制度的过渡。这一系列"改革"，使苏共和苏联中央政府权威被严重削弱，苏联的国家性质发生实质性改变。这一切为苏共下台、苏联解体铺平了道路。

在苏共中央主动放弃领导权的情形下，苏联国内各种反共反社会主义组织纷纷成立，它们或打着"自由民主"的旗帜，或假托维护本民族利益之名，把矛头对准苏共和苏联社会主义制度，一大批亲西方人士把持舆论喉舌，公开发表大量攻击苏共历史和列宁、斯大林等领导人的作品，造成严重的思想混乱。

这种思想混乱，直接导致了党的分裂、社会的动乱和国家的解体。一是高层思想发生严重分歧。围绕国家政权形式、改革方案等问题，戈尔巴乔夫、利加乔夫、雷日科夫、叶利钦等争论激烈，形成"激进派""保守派""传统派"等多个派别主张。在苏共二十八大上，俄罗斯联邦最高苏维埃主席叶利钦，莫斯科市市长波波夫和列宁格勒市市长索布恰克公开退党，在全社会引发"退党潮"，共产党干部在地方苏维埃选举中纷纷落选，政权落入反对派手中。二是各种反政府组织纷纷涌现。受政治民主化和多元化鼓励，到1990年各种非正式组织竟达 9 万个。这些组织大多把矛头指向苏共和苏联社会主义制度。在这些组织的煽动策划下，各地抗议示威不断，更加剧了社会动荡。三是各种分离势力壮大。不少地方党的领导权落入民族分离主义分子手中。1989年立陶宛共产党首先宣布脱离苏共，爱沙尼亚、拉脱维亚共产党随后也宣布独立于苏共。苏共开始分裂。

戈尔巴乔夫推行的"新思维"，对苏联军队产生了严重影响。军队中"非政治化""国家化"思潮泛滥，军队思想政治工作的基础被釜底抽薪，在军队内部造成了深度的思想和组织分裂。为体现"新思维"，苏共在军队体制编制调整中，大幅削减各级政治机关，裁撤约8万名军队政工干部，撤销了总政治部。苏联1990年宪法第六条的修改，从法律上剥夺了苏共对军队的最高指挥权。此后，苏军内部刮起了"退党风"，特别是年轻军官大批退党。1991年，叶利钦宣布停止苏共基层组织在军队的活动，苏共彻底失去对军队的领导权。苏共从思想上组织上放弃对军队领导的严重后果，就是这支当年为创建苏维埃社会主义国家立下汗马功劳的"红军"，不仅没有在社会主义制度被颠覆时起来捍卫之，而且在重要关头的倒戈加快了这个进程。

党的分裂导致民族分裂势力崛起，加速了苏联国家的分裂。继1990年3月立陶宛宣布独立后，其他加盟共和国相继发表主权宣言，要求退出苏联。以叶利钦为首的部分加盟共和国领导人，在暗中极力扩大联盟各共和国主权，动摇了苏联的根基。在国家面临解体的情况下，戈尔巴乔夫一再退让。为阻止联盟解体，1991年8月19日，副总统亚纳耶夫等部分苏联高层领导人，借戈尔巴乔夫外出休假之机，成立"国家紧急状态委员会"，宣布代行总统权力，在全国实行

"紧急状态"。但该事件不仅没能挽救苏联，反而加快了国家解体进程。1991年8月24日，戈尔巴乔夫为保住总统职位，宣布辞去苏共中央总书记的职务，并要求苏共自行解散。12月8日，俄罗斯、白俄罗斯、乌克兰三个加盟共和国领导人在别洛韦日森林召开秘密会议，签署《关于建立独立国家联合体的协议》，宣布苏联作为一个"国际法主体和地缘政治现实已不存在"。12月21日，以叶利钦为代表的11个主权共和国领导人在阿拉木图签署议定书，决定创建"独立国家联合体"，以取代苏联。12月25日，戈尔巴乔夫被迫辞去苏联总统职务，苏联国旗从克里姆林宫降下，苏维埃社会主义共和国联盟不复存在。

苏联解体、东欧剧变是苏联与东欧各国相互影响的过程。从时间顺序上看，东欧"政治地震"在先，苏联解体在

★ 1991年12月8日，俄罗斯、白俄罗斯、乌克兰加盟共和国首脑叶利钦、舒什科维奇、克拉夫丘克在别洛韦日森林签署《关于建立独立国家联合体的协议》，导致苏联解体

★ 1991 年 12 月 25 日，苏联国旗从克里姆林宫降下

后。但在实际上，导致这场剧变的源头在苏联，就是苏共领导人戈尔巴乔夫倡导的"新思维"及其指导下的"改革"。戈尔巴乔夫对东欧国家的剧变采取纵容和支持的态度，与西方和苏东内部的反共反社会主义势力一起加速了剧变进程。而东欧国家的剧变又反过来影响苏联，加速了苏共解散和苏联解体。

苏联发生剧变的过程中，东欧各国共产党工人党也处境艰难，他们几乎都向戈尔巴乔夫和苏联寻求帮助或征求意见。但作为社会主义"老大哥"的苏联，不仅没有支持各国执政党采取措施稳定局势，甚至施压东欧各国，催促这些国家进行如同苏联一样的"改革"。1987 年 5 月，戈尔巴乔夫访问罗马尼亚，他明确要求罗政府进行"深刻彻底的改革"；1989 年他在德意志民主共和国讲话时，公开警告该国党的领导人"不要误了改革最后一班车"。他对德意志民主共和国、捷克斯洛伐克、保加利亚、罗马尼亚领导人质疑他所推行的"改革"表示不满，直接在媒体上流露出来，并支持各国反对派。戈尔巴乔夫推行的"公开性、民主化、政治多元化"，为东欧反对派的"脱颖而出"创造了条件，也使得西方势力得以全面渗入这些地区。美国前总统布什和英国前首相撒切尔夫人后来夸奖说：戈尔巴乔夫的"勇气与远见"为东欧"变革"创造了条件。

东欧剧变速度之快、程度之烈、"多米诺骨牌效应"之轰动，完全超出人们的预料。各国发生剧变的方式不同，但目标和结局一致，就是推翻共产党的领导，改变人民政权的性质，抛弃社会主义制度，转变为资本主义制度。在波兰，反对党团结工会与执政的统一工人党抗衡较量，通过"圆桌会议"，以讨价还价等方式不断逼迫执政党妥协让步，最终取而代之；在匈牙利，社会主义工人党内部分裂，"激进改革派"占据优势，最终导致党和国家变色；在捷克斯洛伐克，反对派联合组织"公民论坛"，以开展大规模群众街头示威对抗方式，迫使捷共分化退让最终交出政权；在民主德国，国际和国内力量联合夹击，迫使执政的统一社会党交出政权；在保加利亚，由民族问题引发社会矛盾激化和政治动荡，反对派步步紧逼使执政的共产党下台；在罗马尼亚，爆发了武力对抗，警察和军队倒戈支持反对派，以处决共产党领导人齐奥塞斯库的方式结束了共产党执政；在南斯拉夫，民族矛盾直接引发南共分裂和联邦国家解体，最终导致共产党和社会主义不复存在，联邦共和国分裂为 5 个独立国家；在阿尔巴尼亚，劳动党主要领导人长期拒绝改革、自我孤立封闭，在邻国剧变冲击下又突然转向，由极左转为极右，拱手交出政权。

美国等西方势力在苏联解体、东欧剧变中扮演了至关重要的角色，是这场大变动的直接推手。冷战时期，西方慑于苏联强大的军事实力，不敢公然插手颠覆苏东各国政权，于是长期推行"和平演变"，通过意识形态渗透、政治施压，以金钱收买和豢养一批反对派力量，来进行破坏。戈尔巴乔夫时期，西方反共反社会主义势力公开直接插手，明目张胆地支持苏东国家反对派，不仅给予舆论和道义支持，还出谋划策，提供各种物资，投入大量金钱（仅向波、匈反对派就提供了数亿美元援助）。公然扶持不满政府的人，支持示威抗议活动，推动各国演变。波兰反对派领导人瓦文萨，1983 年被授予诺贝尔和平奖，1989 年被授予美国"费城自由勋章"，得到西方政要的大力支持。为了鼓励和煽动匈牙利"政治变动"，西方以给予其最惠国待遇作为诱饵。对罗马尼亚则极力采取打压的方式，大肆渲染其政权腐败，煽动社会不满。1991 年，西方国家直接动用军事力量干预，最终导致南斯拉夫国家的分裂。

苏联解体和东欧剧变，使得世界力量对比发生有利于美国和西方的巨大变动，全球政治格局朝着美国一家独大的"单极"体制严重倾斜，并演变为后来"单极"与"多极化"的激烈斗争。北约经过三次东扩，基本上将原东欧国家纳入其势力范围。社会主义在原东欧国家整体退场，世界社会主义事业遭受重创。

## 三、苏联解体、东欧剧变的原因、教训和启示

苏联作为世界上第一个社会主义国家，掌握着核武器和强大武装力量，领导形成了社会主义阵营，是唯一能与美国抗衡的超级大国；苏共执政 70 多年、有近 2000 万党员、掌握着完备的国家机器，具备丰富的执政经验；东欧各国社会主义思想影响历史久远，建立社会主义制度以后，经济社会

一度发展不错，人民生活水平大多居于中等发达国家水平。这些国家的执政党和政府的领导力、控制力也不弱，竟然在短时间内全部倾覆瓦解。这种现象，即便是熟谙苏联和东欧事务、长期与苏东国家打交道的西方政要，也始料未及。美国前总统尼克松曾认为，美国将同苏联长期争夺世界霸权，甚至预言戈尔巴乔夫还将同美国未来的五届总统打交道。

　　然而，一场历史剧变戏剧般地发生了！这是偶然还是必然？主要原因是内部的还是外部的？剧变的发动有哪些直接现实原因，有哪些长期历史原因？无论在当时还是后来，人们都在不断追问。

　　恩格斯曾经指出，历史是这样创造的："有无数互相交错的力量，有无数个力的平行四边形，由此就产生出一个合力，即历史结果，而这个结果又可以看做一个作为整体的、不自觉地和不自主地起着作用的力量的产物。"苏联解体、东欧剧变，无疑也是历史"合力"作用的结果，是多重原因造成的后果。

　　从直接现实的原因看，是苏联共产党本身出了问题，特别是作为苏共领导人的戈尔巴乔夫，他所推行的错误路线，直接导致苏联亡党亡国。具体地看，主要体现在：

　　一是放弃马克思主义指导地位，使党和国家失去了共同思想基础。苏联解体、东欧剧变最根本的原因，就是放弃了马克思列宁主义指导地位和共产主义理想。苏共领导人戈尔巴乔夫鼓吹"人道的民主的社会主义"，明确提出，必须从经济基础到上层建筑"根本改造整个社会大厦"，要摒弃"意识形态限制"，反对"精神垄断"，其要害就是放弃科学社会主义的基本原则，砍掉马克思列宁主义的旗帜。戈尔巴乔夫支持开展所谓"重新评价历史"的运动，大搞历史虚无主义，从彻底否定斯大林，进而否定和攻击列宁、否定和攻击马克思和恩格斯、否定整个苏联共产党，从而彻底歪曲和丑化苏联社会主义革命和建设的整个历史。思想武装的解除，从根本上瓦解了社会主义大厦的所有支撑，使苏联共产党和苏联各族人民失去了团结统一的共同政治基础、思想基础。

二是放弃共产党的领导地位，使国家失去了领导核心力量。戈尔巴乔夫公开宣扬党的地位不应当依靠宪法强行合法化，声称"苏联共产党不想享有垄断权"。通过修改宪法，取消宪法第六条关于苏共是社会领导力量和政治制度核心的规定，承认社会团体多元化。这就为反党反社会主义组织和党派的发展和活动，大开方便之门。苏共领导地位被取消后，大批党员退党，党的组织溃散，党员离心离德，有的党员参加反对派，有的公开支持反对派，导致苏共最后完全失去力量和作用。反对派取得合法地位后，公开与西方势力相勾结，举起反共反社会主义的旗帜，把矛头对准苏联现行制度，更加疯狂地搞垮苏联的国体政体。

三是放弃新闻舆论的领导权，使全党全社会出现思想大混乱。舆论导向关系民心向背、关系社会稳定、关系执政党的领导地位和社会主义制度的巩固。戈尔巴乔夫鼓吹"公开性"，主动放弃党对新闻舆论的领导权。1990 年 6 月通过的《苏联报刊和其他大众新闻媒介法》，规定私人可以办报，新闻舆论管理完全放开。到当年年底，苏共能控制的媒体仅剩下 1.5%，失去了对主流舆论的引导力和对意识形态的主导权。新闻舆论领域打开"潘多拉盒子"之后，各种反动刊物纷纷出笼，成为反共反社会主义的急先锋。历史虚无主义盛行，攻击、谩骂共产党和社会主义制度的言论纷纷出笼，丑化攻击苏联历史的污言秽语大行其道。十月革命被称为"暴力和罪恶"，苏联社会主义制度被称为"极权主义"，苏共是历史"罪人"，社会主义制度是"万恶之源"，企图从根本上颠覆人民对历史的记忆，磨灭苏共在人民心中的光辉形象。结果引发了严重的信仰危机，给敌对势力颠覆苏联社会主义制度提供了可乘之机。

四是放任西方敌对势力的颠覆活动，使"和平演变"的阴谋在苏东各国得逞。戈尔巴乔夫提出"新思维"后，西方国家加紧了对苏联和东欧的"和平演变"和思想渗透，利用各种传媒输出西方的价值观，并以经济援助为诱饵，加紧进行政治分化。而苏共领导人不断妥协，以放弃意识形态领域斗争谋求所谓的"开明"形象，以放弃党对新闻媒体的领导为条件谋得西方的"赞赏"。1988 年 12 月，苏联停止对过去视为反动电台的几家西方电台的干扰，开放了 7930 种禁书。在苏共的压力下，波兰、匈牙利等国执政党也采取了妥协放任政策，在国内反对派与国外敌对势力进攻面前，自动解除了思想武装。苏联解体、东欧剧变过程中，西方国家实施的"和平演变"策略全部得手，终于搞垮了这些国家的社会主义政权。

从长期历史原因来看，苏联解体、东欧剧变这样的重大历史事件，不是一朝一夕发生的，其形成和发展有长期历史积累过程。这些原因有：

一是长期教条地对待马克思主义。苏东国家领导人长期机械教条地对待马克思主义，固守某些词句和结论，不能根据实践和时代的变化推进理论创新，形成许多附加在马克思主义名下的错误认识，致使指导思想失去生机和活力，严重制约了社会主义改革，导致整个社会丧失发展动力。在各种问题和矛盾因长期积累而爆发时，一些苏东国家领导人又从一个极端走向另一个极端，完全否定马克思主义的指导作用，彻底背离马克思主义，转而求助于西方。历史实践说明，马克思主义是社会主义事业的理论基础，马克思主义必定随着时代、实践和科学的发展而发展，坚持马克思主义，必须在实践中发展马克思主义。只有这样，坚持才能坚持得住，发展才能发展得好。

二是长期僵化地对待社会主义。苏东国家经济发展在与西方国家竞争中失利，很大程度上就是没抓住 20 世纪五六十年代兴起的以电子计算机和信息技术为先导的科学技术革命浪潮所带来的发展机遇。其内在原因，就是高度集中的体制机制，排斥市场和价值规律作用，不能及时把握科技发展和市场的变化。苏东国家领导人长期固守旧的体制机制，即便在不同时期有所调整，也是局限于修修补补，没有从根本上革除这种体制机制的弊端，导致国家经济逐渐失去创新活力。历史实践说明，社会主义是在改革创新中前进的，必须勇于打破思想禁锢，破除顽瘴痼疾，敏锐把握时代发展和科技进步的潮流，不断完善社会主义制度。只有这样，才能充分发挥社会主义制度的优越性，始终保持社会主义的生机活力。

三是长期忽视人民生活水平的提高。苏东国家社会主义建设在历史上曾取得重大成就，提高了人民的物质文化生活水平，因而得到人民的拥护，也在世界上产生了很大的吸引力。但是，在一个相当长的时期内，苏共奉行重积累、轻消费，以发展重工业为主的经济发展战略，使农业和轻工业投入长期不足，人民日常生活用品和消费品长期短缺，背离了社会主义生产的目的。苏联后期与美国长期争霸，陷入军备竞赛，消耗大量资源，影响了民生经济的发展，与西方的差距不断拉大，社会不满情绪不断增长，这也成为西方国家攻击社会主义的主要口实。历史实践说明，满足人民群众的物质文化需要，是社会主义建设的根本目的。必须在大力发展生产力的基础上，不断改善和提高人民生活水平。只有这样，社会主义的凝聚力和吸引力才能不断增强，人们对社会主义的信念才能不断坚定。

四是长期缺乏社会主义民主和法治。苏东国家一些领导人把坚持党的领导同发展社会主义民主法治对立起来，党内民主和社会主义民主都严重缺乏，广大党员和群众的政治权利长期得不到保障，逐渐失去了对执政党和政府的信任，为国内外敌对势力攻击党和政府提供了口实。戈尔巴乔夫等主要领导人，又在改革中把发展民主等同于照搬西方政治体制，等同于否定党的领导、否定社会主义制度，直接导致了亡党亡国的灾难。历史实践证明，没有民主和法治就没有社会主义，就没有社会主义的现代化事业。建设社会主义民主和法治，必须坚持正确的政治方向，走社会主义政治发展道路，决不能照搬西方模式。只有这样，才能不断完善社会主义政治制度，确保社会主义制度巩固和国家长治久安。

五是长期不能正确处理民族关系和民族矛盾。苏联是多民族国家，有100多个民族，民族问题由来已久，且非常复杂。大俄罗斯民族主义根深蒂固，民族分离主义倾向也很严重。苏共在长期执政中认识到了这个问题，采取过一些缓解民族矛盾的措施，民族问题总体保持稳定。但苏共领导层长期以来不能正确认识民族问题，不能制定和执行正确的民族政策，甚至采取强制和高压手段处理民族问题，恶化了民族关系。戈尔巴乔夫时期，转而放纵民族分裂势力，加剧了民族之间的对立、冲突和分离。多数东欧国家都不是单一民族国家，长期以来也存在忽视解决民族矛盾的问题。民族纷争尖锐，民族冲突激化也是这些国家社会动乱的原因。历史实践证明，民族问题关系国家稳定和社会主义事业的发展，必须坚持马克思主义民族理论，发挥党组织在各民族中的核心凝聚作用，根据国情和民族地区的具体情况制定正确的民族政策，不断促进各民族平等团结、发展进步和共同繁荣。只有这样，才能真正把各民族人民团结在党的周围，引导各民族在社会主义道路上实现共同进步。

六是长期放松执政党自身建设。苏东国家共产党在执政过程中，长期忽视自身建设，一些党的领导人在思想政治上蜕化变质，丧失共产主义理想信念，普通党员长期缺乏理想信念教育，丧失了精神支柱和思想方向；民主集中制遭到严重破坏，党内长期缺乏民主监督，基层组织涣散无力；党的干部搞特殊化和腐败，官僚主义、形式主义盛行，严重脱离群众。苏联的剧变和解体基本上是"和平"进行的，党被解散，国家解体，没有党员和群众起来阻止和反抗，可见当时苏共党员和人民群众对苏共的信心、对社会主义事业的信念丧失到了何等严重程度。习近平指出："苏共拥有二十万党员时夺取了政权，拥有二百万党员时打败了希特勒，而拥有近二千万党员时却失去了政权。""什么原因？就是理想信念已经荡然无存了。"历史实践说明，社会主义必须坚持马克思主义执政党的领导，必须高度重视执政党的自身建设，坚持党要管党、全面从严治党，深入开展反腐败斗争，深入加强思想教育，牢固树立社会主义、共产主义理想信念，始终保持党的先进性纯洁性、凝聚力战斗力。只有这样，马克思主义执政党才能真正成为社会主义事业的坚强领导核心，才能确保社会主义制度不断巩固和发展。

苏联解体、东欧剧变至今已经 30 多年了。前事不忘，后事之师。我们永远要把苏联解体、东欧剧变作为历史镜鉴，决不能忘记其中的深刻教训！

# 四、万马齐喑中的重新奋起

苏联解体、东欧剧变不仅是 20 世纪一场巨大的地缘政治灾难，彻底打破了国际格局的平衡，而且它更是世界社会主义遭遇到的重大曲折，对社会主义发展和人类进步事业造成了严重影响。

苏东大多数国家在剧变后的 10 余年里，都经历了国民经济凋敝、人民生活水平大幅下降的过程。苏联解体后，俄罗斯国民经济生产总值下降一半以上，其破坏程度超过了 1929 年世界资本主义"大萧条"给西方造成的经济损失，也超过了 1941 年德国法西斯入侵苏联造成的国民经济损失。俄罗斯在一段相当长的时期内出现基本生活物资严重短缺，在没有外敌入侵和发生大规模自然灾害的情况下，人均寿命下降了 6 岁。俄罗斯、东欧国家掀起了"去苏联化""去苏共化""否定社会主义"浪潮，否定历史、自我抹黑的历史虚无主义大行其道。原苏东地区大中小学教育教学体系中，与原来社会主义时期有关的内容被彻底抛弃，原有的价值共识基础和社会认同的根基被彻底摧毁。

苏联解体、东欧剧变使世界社会主义事业陷入空前逆境。社会主义国家数量，由原先的 15 个锐减至 5 个；各国共产党组织和党员人数大幅下降，世界原有的 180 多个共产党减至 130 余个，除中国共产党以外的世界各国共产党员人数，由原来的 4400 余万骤减至 1000 余万。原苏东地区执政的共产党，在"民主社会主义"影响下纷纷"社会民主党化"，政党性质发生根本变化。意大利共产党、法国共产党、英国共产党、西班牙共产党、葡萄牙共产党等欧洲非执政的共产党，有的分裂解散，有的改旗易帜，影响趋于减弱，党员人数持续减少，议会选举得票数不断下降。亚非拉广大发展中国家的共产党组织，也遭到严重破坏；仍然存在的，人数也大为减少。

苏联解体、东欧剧变之后，西方政客和新自由主义学者，兴起了一轮又一轮攻击马克思主义、攻击科学社会主义的恶浪。他们发动舆论攻势，炮制各种"社会主义失败论""资本主义制度永恒论"。其中最有代表性的莫过于弗朗西斯·福山的"历史终结论"。他宣称马克思主义已经失败了，人类意识形态和社会形式将终结于资本主义制度。各种吹嘘资本主义、攻击社会主义的言论甚嚣尘上，使世界上许多人陷入迷茫和困惑。

面对世界社会主义低潮和种种蛊惑疑虑，中国共产党人表现出空前鲜明的态度和清醒的认识。邓小平坚定指出："一些国家出现严重曲折，社会主义好像被削弱了，但人民经受锻炼，从中吸收教训，将促使社会主义向着更加健康的方向发展。""不要认为马克思主义就消失了，没用了，失败了。

哪有这回事！"后来历史的发展证明了邓小平论断的正确性。

中国共产党经受住了苏联解体、东欧剧变的重大考验，在充分总结历史经验教训的基础上，采取了一系列重大措施，加大改革开放的力度，加快社会主义现代化建设步伐，大力加强党的自身建设，迅速扭转了形势、稳定了大局，成功捍卫和发展了中国的社会主义事业。习近平指出："由于中国特色社会主义不断成功，冷战结束后世界社会主义万马齐喑的局面得到很大程度的扭转，社会主义在同资本主义竞争中的被动局面得到很大程度的扭转，社会主义优越性得到很大程度的彰显。"中国共产党把马克思主义基本原理同当代中国实际和时代特征结合起来，既不走封闭僵化的老路，也不走改旗易帜的邪路，毫不动摇坚持走中国特色社会主义道路，领导中国人民披荆斩棘、破浪前行，取得了"当惊世界殊"的辉煌成就。

恩格斯曾经说过："没有哪一次巨大的历史灾难不是以历史的进步为补偿的。只有活动方式在改变。"苏联解体、东欧剧变并没有熄灭世界社会主义的火种，世界各国社会主义政党和左翼力量通过反思和总结经验教训，以不同方式逐步走出低潮、开始重新奋起。

世界各国许多进步人士，仍然坚守马克思主义和社会主义理想，深入批判资本主义社会的弊病，有力地回击"社会主义失败论"等种种悲观论调。俄罗斯、东欧各国都掀起了重新反思和肯定社会主义实践的思潮；在英、法、德、美等主要的发达资本主义国家，马克思主义研究仍然是热点；许多国家兴起一波又一波的"马克思热"，马克思的鸿篇巨制《资本论》在欧洲销量成倍增长；在全球范围举行的"千年思想家""最伟大的哲学家"等评选活动中，马克思以高票位居榜首。各国召开的"国际马克思大会""纪念《共产党宣言》发表 170 周年国际大会""纪念马克思诞辰 200 周年大会"等都产生了较大的影响。在广大发展中国家，社会进步力量仍然坚信马克思主义，对未来走向社会主义充满信心。

当今世界，以马克思主义为指导的政党有 130 多个，其中有 30 多个人数过万，有的在全国执政，有的在议会拥有议席，或在国家和地方参政，有的是本国政坛的重要政治力量。各国共产党努力克服苏联解体、东欧剧变的不利影响，结合本国实际总结经验教训，调整理论政策，促进社会变革，积极积聚力量，重新发展社会主义事业。

越南、朝鲜、老挝、古巴等国在全国执政的共产党，努力探索适合本国国情的社会主义发展道路，同时重视加强自身建设，领导能力和执政水平不断提高，基本保持了国内政治稳定，经济不断发展，社会主义建设取得新成就。

当今西方发达国家，基本上都有共产主义性质的政党。近年来，这些政党摆脱了生存危机，站稳了脚跟，力量逐步恢复，党员数量和组织基本得到了稳定，政治影响力也有了显著提高。2008 年国际金融危机后，多数国家共产党在谴责批判资本主义制度、坚守社会主义理想的基础上，加强党的自身建设，力量有所发展，扩大了群众基础，在议会斗争中发挥着重要作用。

发展中国家共产党的影响也有所扩大。广大发展中国家的共产党，在经过 20 世纪 90 年代初期短暂的组织分裂和思想混乱后，通过认真反思苏联解体、东欧剧变原因，积极探索本国如何走向社会主义的道路，绝大多数党明确了自己实现社会主义的政策和策略，不断壮大自己的力量，在组织上有所加强、影响上有所扩大，在国内政治舞台上发挥着重要作用。

2008 年，由资本主义核心地带美国引发的国际金融危机席卷全球，对世界资本主义体系造成新的严重冲击，再次证明了马克思对资本主义固有矛盾分析的正确性。2020 年，西方一些国家在新冠肺炎疫情中区别对待富人与穷人、视经济比生命重要、为了政治私利绑架社会等现象，美国"黑人的命也是命"运动中普通民众、少数族裔对社会不公的悲愤抗议等，深刻表明资本主义社会绝非"终结历史"理想之邦；马克思主义所阐明的建设社会主义、共产主义新社会的理想，并没有因苏联解体、东欧剧变掩去光芒，它的科学性和真理性经受住了时代的考验。

习近平指出："事实一再告诉我们，马克思、恩格斯关于资本主义社会基本矛盾的分析没有过时，关于资本主义必然消亡、社会主义必然胜利的历史唯物主义观点也没有过时。这是社会历史发展不可逆转的总趋势，但道路是曲折的。资本主义最终消亡、社会主义最终胜利，必然是一个很长的历史过程。"170 多年来特别是苏联解体、东欧剧变以来，科学社会主义一直受到敌视社会主义势力的诋毁、遏制和破坏，然而科学社会主义的理论、运动、实践和制度历经无数惊涛骇浪，始终在人类迈向光明的历史长河中破浪前行。今天，社会主义发展站在新的历史起点上，展望未来，世界社会主义无疑将迎来新的振兴和新的发展，中国特色社会主义将在实现中华民族伟大复兴的历史进程中，为世界社会主义发展和人类进步事业作出自己的贡献。

# 第七章 ‖ 中国特色社会主义开辟社会主义新纪元

"文化大革命"结束后，中国走到了一个重大的历史转折关头。党的十一届三中全会顺应时代发展和人民的期待，果断结束"以阶级斗争为纲"，重新确立马克思主义的思想路线、政治路线、组织路线，作出实现党的工作中心转移、实行改革开放的重大决策，翻开了中国社会主义发展崭新的一页。改革开放以来，我们党领导人民坚定不移、接力探索，开辟了中国特色社会主义道路，创立了中国特色社会主义理论体系，不断发展和完善了中国特色社会主义制度，建设和繁荣了中国特色社会主义文化，将中国社会主义推进到一个崭新阶段，开辟了社会主义的新纪元。

## 一、改革开放和社会主义现代化建设新时期的开启

1976 年 10 月，持续 10 年之久的"文化大革命"终于结束，长期的阴霾被驱散，党和人民欢欣鼓舞。但同时，许多人心中又存有迷茫和疑虑：中国向何处去？中国的社会主

义向何处去？党和人民面临重大历史抉择！

"文化大革命"使党、国家和人民遭到新中国成立以来严重的挫折和损失。社会主义民主法制遭受严重破坏，党和政府的各级机构长期陷于瘫痪和不正常状态，教育科技文化事业受到严重破坏，"文化断层""科技断层"和"人才断层"十分突出，特别是社会秩序长期动荡，经济濒临崩溃的边缘。长期"左"的政策积累了大量矛盾，冤假错案堆积如山，城乡经济社会发展落后于时代，人民生活水平提高缓慢。乱久思治，穷则思变。广大干部群众强烈要求纠正"文化大革命"的错误，使党和国家从危难中重新奋起。

此时，外部世界正在发生着巨大变化。在新科技革命的推动下，世界经济快速发展。欧美发达资本主义国家产业结构开始发生转变，电子工业、宇航工业、新型材料工业、计算机工业、原子能工业等新兴产业迅速发展，农业全面实现机械化现代化，社会劳动生产率大幅提高，中国周边一些国家和地区的经济也加快兴起。到20世纪70年代末80年代初，无论是正在走出"滞胀"的发达资本主义国家，进行改革调整的东欧社会主义国家，还是快速发展的"亚洲四小龙"，都在寻求加快自身发展。与世界发展的巨大差距，让中国领导人和有识之士产生了强烈的危机感，感受到了巨大的发展压力。

这一时期，国际形势和世界政治格局也发生了重大变化。20世纪70年代以后，苏联的经济军事实力与美国的差距日益缩小，美苏两极格局逐渐形成均势；美苏两国掌握着大规模核武器，相互"确保摧毁"，这给人类安全带来了严重的现实威胁，但也使双方谁也不敢轻启战端，发动世界性大规模战争；经历两次世界大战和长期冷战痛苦的各国人民反对战争、要求和平发展的呼声更加强烈，包括中国在内的发展中国家的力量不断壮大，成为维护世界和平、促进共同发展的重要力量。时移世易，形改势变，要和平、求发展逐步成为世界潮流。面对时局的变化，邓小平以深邃的战略眼光洞悉时代发展趋势，他指出，世界大战短期内打不起来，争取一个较长时期的和平发展环境是可能的，我们必须抓住这个机遇！这一科学判断，为我们党实现工作中心转移、实行改革开放，提供了重要的战略依据。

潮流涌动，形势逼人，条件有利。国际大环境的新变化、全国人民的强烈愿望、与资本主义发达国家经济科技方面的巨大差距，使中国共产党人产生了时不我待的紧迫感。1978年10月，邓小平访问日本，他参观了日本的现代化大企业，并乘坐了新干线，坐在高速列车上，他感慨地说："就感觉到快，有催人跑的意思，我们现在正合适坐这样的车。"邓小平用这种方式表达了那一代党的领导人奋起直追、赶上时代潮流的迫切心情！

迈开奋进的步伐，首先需要突破思想观念的束缚。如何认识社会主义、怎样建设社会主义，这一重大历史课题摆在中国共产党人面前。1977年12月，邓小平在会见澳大利亚共产党（马列）主席希尔时提出："怎样才能体现列宁讲的社会主义的优越性，什么叫优越性？不劳动、不读书叫优越性吗？人民生活水平不是改善而是后退叫优越性吗？如果这叫社会主义优越性，这样的社会主义我们也可以不要。"1978年9月，在东北三省视察期间，邓小平说："按照历史唯物主义的观点来讲，正确的政治领导的成果，归根结底要表现在社会生产力的发展上，人民物质文化生活的改善上。""如果在一个很长的历史时期内，社会主义国家生产力发展的速度比资本主义国家慢，还谈什么优越性？""我们一定要根据现在的有利条件加速发展生产力，使人民的物质生活好一些，使人民的文化生活、精神面貌好一些。"这些论述表达了中国共产党人的深沉思索，切中要害，振聋发聩，意义重大。

冰冻三尺，非一日之寒。积重难返的思维定式，是阻挡前进脚步的思想障碍！1977 年 2 月 7 日，一篇名为《学好文件抓住纲》的社论提出，"凡是毛主席作出的决策，我们都坚决维护，凡是毛主席的指示，我们都始终不渝地遵循"。这就是"两个凡是"。"两个凡是"有着特殊的政治含义，坚持"两个凡是"就不能彻底否定"以阶级斗争为纲"的错误理论和实践，就无法走出"文化大革命"造成的危难局面，也就无法提出改革开放的政策、无法开创中国发展的新道路，中国社会主义也就没有希望。

"两个凡是"遭到广大干部群众强烈反对，人们开始反思和怀疑，并越来越感到，打开新的局面，首先必须解决如何看待毛泽东的指示、如何评价党的历史上的重大是非这样的根本问题。1977 年 4 月，还没恢复工作的邓小平致信华国锋、叶剑英和中共中央，指出，"我们必须世世代代地用准确的完整的毛泽东思想来指导我们全党、全军和全国人民，把党和社会主义的事业，把国际共产主义运动的事业，胜利地推向前进"。一场思想解放运动开始酝酿，并在全国迅速兴起。

1978 年 5 月 10 日，中共中央党校内部刊物《理论动态》发表了《实践是检验真理的唯一标准》的理论文章，明确提出：实践不仅是检验真理的标准，而且是唯一的标准。要敢于打

**实践是检验真理的唯一标准**

★ 1978 年 5 月 11 日,《光明日报》发表特约评论员文章《实践是检验真理的唯一标准》

破"四人帮"设置的思想禁区,用实践来检验理论、认识和结论。次日,《光明日报》以特约评论员名义,公开发表了这篇文章,新华社向全国转发。一石激起千层浪,这篇文章在广大干部群众中引起强烈共鸣,引发了全党全国热烈讨论,有力推动了广大干部群众的思想大解放。

邓小平对这场大讨论,给予了及时有力的支持。他指出,关于真理标准问题的争论,不仅是个思想路线问题,而且是个政治问题,是个关系到党和国家前途和命运的大问题。他强调:"一个党,一个国家,一个民族,如果一切从本本出发,思想僵化,迷信盛行,那它就不能前进,它的生机就停止了,就要亡党亡国。"

真理标准问题大讨论,是我们党的历史上一次具有深远意义的思想解放运动。它的实质,是如何看待马克思主义,如何认识和探索社会主义建设的道路。这次大讨论的结果,使广大干部群众从过去盛行的个人崇拜和教条主义的精神枷锁中解放出来,"实践是检验真理的唯一标准"成为全党共识,为党的实事求是的思想路线的重新确立奠定了重要思想基础。

1978 年 11 月至 12 月,中央工作会议在北京召开。会议讨论了党的工作中心转移、解决历史遗留问题、平反冤假错案、研究解决新情况新问题等,基本上达成了思想共识,进一步统一了党内思想。闭幕会上,邓小平作了题为《解放思想,

★ 1978 年 12 月，党的十一届三中全会在北京举行

实事求是，团结一致向前看》的重要讲话，实际上成为党的
十一届三中全会的主题报告，是开辟新时期新道路的宣言书。

　　伟大的转折终于到了。1978 年 12 月 18 日至 22 日，党
的十一届三中全会在北京召开。会议确定了解放思想、开动
脑筋、实事求是、团结一致向前看的指导方针，实现了党的
思想路线的拨乱反正。鲜明提出停止使用"以阶级斗争为纲"
的口号，作出把党和国家工作中心转移到经济建设上来、实
行改革开放的历史性决策，实现了党在政治路线上的拨乱反
正。会议增选了中央政治局常委、委员和中央委员会委员，
实际上形成了以邓小平同志为核心的党中央领导集体，取得
了组织路线拨乱反正的重要成果。

　　党的十一届三中全会标志着中国共产党人在新的时代条
件下的伟大觉醒，彰显了我们党顺应时代潮流和人民愿望、
勇敢开辟建设社会主义新道路的坚强决心，是新中国成立以
来党的历史上具有深远意义的伟大转折。由此，迈出了从站
起来到富起来的伟大步伐！

　　春天真正来了！党的十一届三中全会鸣响了改革开放的

礼炮，开启了中国特色社会主义这艘巨轮扬帆启航的新征程。

改革首先从农村突破。1978年11月，安徽凤阳县小岗村的18位农民以敢为天下先的精神，在一纸分田到户的"秘密契约"上按下鲜红的手印，决定实行"大包干"，拉开了我国农村改革的序幕。这一时期，全国其他一些地方的农村也尝试推行了不同形式的生产责任制，都取得了比较好的效果。1980年5月，邓小平明确肯定了农村生产责任制的作用。他说："最近一二年来，我们强调因地制宜，在农村加强了生产组的与家庭的生产责任制，取得明显效果，生产成倍增加"，"农村政策放宽以后，一些适宜搞包产到户的地方搞了包产到户，效果很好，变化很快"，并强调，这种做法不会影响集体经济的发展。1981年12月，全国农村工作会议召开。会议高度评价党的十一届三中全会以来亿万农民大胆改

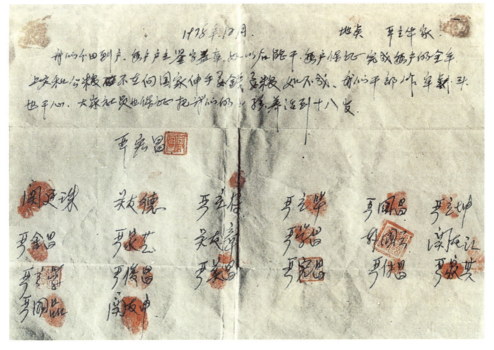

★ 安徽凤阳县小岗村18位农民按下红手印，拉开了我国农村改革的序幕

革旧的农业管理体制、建立生产责任制的伟大实践。1982年1月，中共中央批转《全国农村工作会议纪要》（又称1982年"中央一号文件"），肯定包产到户等各种生产责任制都是社会主义集体经济的生产责任制，"也是长期不变的"。

家庭联产承包责任制突破了过去"上地一条龙，干活一窝蜂，分配一拉平"的吃"大锅饭"、搞平均主义的分配制度，使广大农民长期被压抑的生产积极性极大地释放了出来。从1979年到1984年，农业生产获得连年丰收，农业总产值年均增长8.9%。我国人均占有粮食从1978年的318.74公斤增加到1984年的392.84公斤，农民的生活条件明显改善。

农村改革有力促进了城市改革。城市改革首先从扩大企业自主权和实行经济责任制开始。1980年9月，国务院批转《关于扩大企业自主权试点工作情况和今后意见的报告》，1981年10月，国务院批转《关于实行工业生产经济责任制若干问题的意见》。企业逐步进行了扩大经营自主权、实行经营责任制等方面的改革，打破了企业经营好坏一个样、职工干好干坏一个样的"大锅饭"局面，促进了生产发展。

为了解决大量上山下乡知识青年回城就业和城镇失业、无业居民就业问题，1981年10月，中共中央、国务院作出《关于广开门路，搞活经济，解决城镇就业问题的若干决定》，提出"对城镇集体经济和个体经济的发展采取积极扶持的方针"，"必须着重开辟在集体经济和个体经济中的就业渠道"。积极发展集体经济和个体经济，不仅有利于解决多年积累的知识青年就业和城镇居民就业问题，而且推动我国所有制结构改革迈出了重要一步，逐步形成以国有经济为主体，集体、个体、私营等多种经济成分并存和共同发展的新局面。

对外开放迈出了重要步伐。1979 年 4 月，中央工作会议期间，广东省委第一书记习仲勋在会上提出：广东邻近港澳，华侨众多，应充分利用这个有利条件，积极开展对外经济技术交流，希望中央给点权，让广东先走一步，放手干。邓小平在怀仁堂听取了习仲勋的专题汇报，他非常赞同广东关于请求下放若干权力和搞"贸易合作区"等富有新意的设想。他说："还是叫特区好，陕甘宁开始就叫特区嘛！中央没有钱，可以给些政策，你们自己去搞，杀出一条血路来。"同年 7 月，党中央、国务院批准广东、福建两省实行"特殊政策、灵活措施、先行一步"，并试办出口特区。1980 年 8 月，中央批准在深圳、珠海、汕头、厦门设置经济特区。经济特区的建立，成为对外开放的窗口、经济体制改革的试验区和经济发展的示范区。

政治体制改革也逐步开始探索。1980 年 8 月，中央政治局召开扩大会议，主要讨论党和国家领导体制的改革及发展社会主义民主问题，邓小平在会上发表了题为《党和国家领导制度的改革》的重要讲话，强调改革党和国家的领导制度，目的是发挥社会主义制度的优越性，加速社会主义现代化建设事业的发展，并提出了"干部队伍要年轻化、知识化、专业化"的要求。这个讲话成为党和国家领导体制改革的纲领性文件。

改革开放使社会主义中国焕发出巨大活力，中华大地呈现欣欣向荣的发展新气象。然而，正如历史上的任何伟大变革一样，推进改革开放也不可能没有认识上的困惑和疑虑。早在 1979 年初的改革开放起步阶段，社会上和党内就出现了一些值得注意的思想动向。一些人对党的十一届三中全会的路线方针政策表示怀疑，有人说农村联产承包责任制是"辛辛苦苦几十年，一夜回到解放前"，有人担心特区会变成新租界和殖民地，有人认为引进国外和港澳的私人资本不符合马克思主义原则，改革开放是搞资本主义，等等。同时，极少数人利用党拨乱反正和改革开放的时机，曲解"解放思想"的口号，鼓吹西方"民主""自由"和政治制度，散布所谓社会主义不如资本主义的言论，极端夸大党的错误，否定毛泽东和毛泽东思想，公然反对社会主义制度、反对共产党的领导。

针对这些情况，1979年3月，在中共中央召开的理论工作务虚会上，邓小平作了题为《坚持四项基本原则》的长篇讲话，强调我们必须坚持改革开放，加快推进四个现代化，但在中国实现四个现代化的过程中，必须在思想政治上坚持四项基本原则，即必须坚持社会主义道路，必须坚持无产阶级专政，必须坚持共产党的领导，必须坚持马列主义、毛泽东思想。他鲜明指出，这四项基本原则是实现四个现代化的根本前提，如果动摇了其中的任何一项，那就动摇了整个社会主义事业和整个现代化建设事业。他指出，对于极左思潮和怀疑四项基本原则的资产阶级自由化思潮，都要进行坚决斗争。这一讲话澄清了当时党内和思想理论战线的一些根本性问题。

此后，经过党的十二大、十三大，四项基本原则与以经济建设为中心和改革开放一起，构成了党在社会主义初级阶段的基本路线，被概括为"一个中心、两个基本点"。这个基本路线，是新时期指导党和国家各项工作的总纲。邓小平指出，坚持党的十一届三中全会路线方针政策不动摇，关键是坚持党的基本路线不动摇！

　　为了进一步统一思想，凝聚共识，1981 年 6 月，党的十一届六中全会通过了《关于建国以来党的若干历史问题的决议》（以下简称《决议》），运用辩证唯物主义和历史唯物主义的立场、观点和方法，回顾了党的 60 年光辉战斗历程，总结了新中国成立 32 年以来党的基本经验，对新中国成立以来党的重大历史问题，包括对"文化大革命"作出了正确评价，对党的十一届三中全会后我国社会主义现代化建设的经验作了初步概括。《决议》科学评价了毛泽东和毛泽东思想的历史地位，指出毛泽东是伟大的马克思主义者，是伟大的无产阶级

★ 1981 年 6 月，中国共产党第十一届中央委员会第六次全体会议一致通过《关于建国以来党的若干历史问题的决议》

革命家、战略家和理论家。他虽然在"文化大革命"中犯了严重错误，但是就他的一生来看，他对中国革命的功绩远远大于他的过失。毛泽东思想是马克思列宁主义在中国的运用和发展，是被实践证明了的关于中国革命的正确的理论原则和经验总结，是中国共产党集体智慧的结晶。《决议》是党的历史上具有深远影响的纲领性文献，标志着党在指导思想上的拨乱反正胜利完成。它推进了党的十一届三中全会以来的伟大历史转折，为统一全党全国人民思想、推动改革开放和社会主义现代化建设事业的健康发展提供了重要保证。

　　历史发展特别是苏联解体、东欧剧变的事实有力证明，

我们党对新中国成立以来的历史进行科学总结，对毛泽东和毛泽东思想作出正确评价，对于中国特色社会主义的顺利发展，对于党和国家长治久安具有极为重要的意义。习近平指出："试想一下，如果当时全盘否定了毛泽东同志，那我们党还能站得住吗？我们国家的社会主义制度还能站得住吗？那就站不住了，站不住就会天下大乱。所以，正确处理改革开放前后的社会主义实践探索的关系，不只是一个历史问题，更主要的是一个政治问题。"

此后，我国改革开放的格局初步确立，开启了中国社会主义发展新的前景。习近平指出："如果没有一九七八年我们党果断决定实行改革开放，并坚定不移推进改革开放，坚定不移把握改革开放的正确方向，社会主义中国就不可能有今天这样的大好局面，就可能面临严重危机，就可能遇到像苏联、东欧国家那样的亡党亡国危机。"

## 二、开创中国特色社会主义新道路

从党的十一届三中全会到党的十二大召开前的短短 4 年，改革开放使中国社会发生了巨大变化，神州大地焕发勃勃生机。深刻的社会变革带来巨大的社会进步，促使中国共产党人进一步思考：中国的社会主义事业应该怎样发展？改革开放和社会主义现代化建设怎样不断开创新的局面？

1982 年 9 月，邓小平在党的十二大开幕词中明确提出："把马克思主义的普遍真理同我国的具体实际结合起来，走自己的道路，建设有中国特色的社会主义，这就是我们总结

★ 1982 年 9 月，中国共产党第十二次全国代表大会在北京召开

长期历史经验得出的基本结论。"邓小平这个论断，提出了
"建设有中国特色的社会主义"这一重大时代命题，阐明了
在中国坚持和发展社会主义的根本方向，包括两层含义：一
是我们要建设的是社会主义，而不是别的什么主义，科学社
会主义的基本原则不能丢；二是要把马克思主义基本原理同
中国具体实际相结合，探索具有中国特色的社会主义道路。
别国的经验可以借鉴，但是决不能照抄照搬。"建设有中国
特色的社会主义"这个重大命题的提出，树立起了一面指引
我们党和国家前进的鲜明旗帜。从此，中国特色社会主义成
为我们党全部理论和实践的主题。

　　大会提出，从 1981 年到 20 世纪末，力争使全国工农业

的年总产值翻两番，使人民的物质文化生活达到小康水平，为我国社会主义现代化建设提供了重要的战略指导。党的十二大后，改革开放全面推进，从农村改革到城市改革，从经济体制改革到其他方面体制的改革，从对内搞活到对外开放，从局部开放到全方位开放，广袤的中华大地开启了建设中国特色社会主义波澜壮阔的历史进程。

农村改革的重点是稳定和完善家庭联产承包责任制，并不断推进农产品流通体制改革。1982 年到 1986 年，中央连续 5 年下发关于农村工作的"一号文件"，有力推动了农村改革。政策对头，人勤天助，家庭联产承包责任制的推行，一举改变了我国农产品供应长期短缺的被动局面。这时，长期的统购统销制限制了富余农产品的流通，农民强烈要求改革。为了既推进改革又保持市场稳定，国家采取了农产品市场渐进式改革的方式，从 1983 年开始逐渐缩小农副产品统购统销范围，1985 年起实行合同定购和市场收购。

乡镇企业异军突起，迅猛发展，取得了举世瞩目的成就，成为农村改革的又一重大成果，也是我国亿万农民的伟大创造。到 1987 年，全国乡镇企业从业人数达到 8805 万人，大量吸收了农村剩余劳动力，产值达到 4764 亿元，占农村社会总产值的比重达到 50.8%，第一次超过农业总产值。与此同时，农村个体、联户办企业也悄然兴起并逐渐发展壮大。1984 年中央四号文件将社队企业正式改称为乡镇企业，对家庭办和联户办企业及时给予了充分的肯定。乡镇企业的发展，对促进国民经济增长和支持农业发展，对增加农民收入和吸纳农村剩余劳动力，对壮大农村集体经济实力和支持农村社会事业，逐步实现农村城镇化都发挥了不可替代的重要作用。我国农村经济和社会发生了历史性深刻变化。

农村改革的重大突破，坚定了人们改革的信心。从 1984 年起，改革的重点转向城市。10 月，党的十二届三中全会通过了《中共中央关于经济体制改革的决定》，明确提出我国社会主义经济是公有制基础上的有计划的商品经济，突破了把计划经济同商品经济对立起来的传统观念。这是对马克思主义政治经济学的重大发展。此后，以城市为重点的经济体制改革全面展开。国家对经济的管理权限逐步下放，缩小了指令性计划范围，扩大了指导性计划和市场调节的范围。按照政企分开、所有权和经营权分离的原则，国营企业实行各种形式的承包经营责任制，部分有条件的国营大中型企业进行股份制试点，增强了自我改造和自我发展能力。所有制结构开始出现变化，在坚持公有制经济主体地位的前提下，推动多种经济成分共同发展。1987 年，非公有制成分在全国工业总产值中的比重，由 1978 年的几乎为 0 上升到 5.6%。

政治体制改革稳步推进，社会主义民主制度化、法制化建设迈上新台阶。1982 年 12 月，全国人大通过了新修改的《中华人民共和国宪法》。这部新宪法继承和发展了 1954 年宪法的基本原则，重新阐明了我国根本政治制度和基本政治制度、基本经济制度、国家根本任务、公民基本权利和义务、国家机构和职能、对外政策等，为中国特色社会主义法律体系构建奠定了基础，成为改革开放新时期我国社会主义法制建设的标志性事件。1983 年 10 月，中共中央、国务院发出《关于实行政社分开建立乡政府的通知》，决定逐步建立乡（镇）基层政权，同时成立村民委员会作为基层群众自治性组织，此后人民公社制逐渐废除。党中央采取一系列措施加强社会主义制度建设，改革完善了人民代表大会制度、中国共产党领导的多党合作和政治协商制度、民族区域自治制度，恢复和加强了纪律检查制度，建立了领导干部退休制度，等等。

在改革不断深入的同时，对外开放呈现出新的格局。经济特区筚路蓝缕、开拓进取，发展势头十分强劲，为进一步扩大对外开放积累了宝贵经验。在广东、福建等先行对外开放基础上，1984年5月，中央决定进一步开放从大连到北海的14个沿海港口城市。1985年2月，长江三角洲、珠江三角洲和闽南厦漳泉三角地区被开辟为沿海经济开放区。1988年3月，中央决定将140个市、县，包括杭州、南京、沈阳3个省会城市划入沿海经济开放区。1988年4月，海南省建立并决定把海南岛确定为经济特区。从此，一个由经济特区到沿海开放城市、沿海经济开放区，再到内地的多层次、有重点、点面结合的对外开放格局初步建立起来。

随着改革开放的深入推进，我们党对建设中国特色社会主义的规律性认识不断深化。1987年10月，中国共产党召开了第十三次全国代表大会。大会系统阐述了社会主义初级阶段理论，完整地概括了党在社会主义初级阶段的基本路线：领导和团结全国各族人民，以经济建设为中心，坚持四项基本原则，坚持改革开放，自力更生，艰苦创业，为把我国建设成为富强、民主、文明的社会主义现代化国家而奋斗。这一基本路线是十一届三中全会以来党的一切方针政策的总纲。大会从我国社会主义建设的阶段、任务、动力、条件、布局和国际环境等方面，对改革开放和现代化建设实践中形成发展起来的一系列科学理论观点作了归纳和概括，从而使建设有中国特色的社会主义理论有了更清晰的轮廓。

　　党的十三大还阐明了实现社会主义现代化"三步走"战略部署，提出了到 21 世纪中叶基本实现现代化、使全国人民过上比较富裕的生活的宏伟目标。

　　社会主义初级阶段理论、党在社会主义初级阶段的基本路线和"三步走"战略部署，是我们党探索中国特色社会主义取得的重要成果，丰富和发展了马克思主义关于社会主义建设的思想，是中国共产党人对科学社会主义的重大理论贡献。至此，中国特色社会主义理论体系的轮廓日益清晰，中国特色社会主义道路初步形成。

　　20 世纪 80 年代，改革成为中国社会的主旋律，以经济体制改革为牵引，其他方面改革也全面推进。1985 年中共中央通过了《关于科学技术体制改革的决定》《关于教育体制改革的决定》，1986 年 9 月党的十二届六中全会通过了《中共中央关于社会主义精神文明建设指导方针的决议》，1991 年 6 月国务院发布《关于企业职工养老保险制度改革的决定》，等等，建立了国家经济、政治、文化、社会等各方面的制度体制，中国特色社会主义制度建设取得了重大进展。

　　改革不断深化，加快了中国的发展，同时又不可避免地激发了潜在的社会矛盾。到 20 世纪 80 年代末，我国经济社会发展长期积累的深层次矛盾和改革发展引起的新矛盾交叉影响、集中显现，特别是一个时期以来放松思想政治教育，反对资产阶级自由化思潮不力，一些党员干部中存在腐败现象等，加上价格改革过急，出现了通货膨胀，群众利益受到影响，社会稳定受到严重冲击。这一时期，苏联、东欧社会主义国家由于领导人的错误方针，西方敌对势力公然策动社会动乱，引起长期积累的社会矛盾全面爆发，导致发生剧烈社会动荡，社会主义国家政权面临被颠覆的危险。在这种国际大气候和国内小气候共同影响下，我国一些地区发生了严重的政治风波。

在党和国家生死存亡关头，中央政治局在邓小平和其他老一辈革命家坚决有力的支持下，依靠人民，旗帜鲜明地反对动乱，迅速平息了政治风波，恢复了社会正常秩序。这场斗争的胜利，捍卫了近代以来中国人民长期奋斗取得的成果，捍卫了人民民主专政的国家政权，捍卫了中国的社会主义制度，确保了改革开放和社会主义现代化建设事业的顺利发展，维护了中国最广大人民的根本利益！

面对国际局势的深刻变动和人民对改革发展深入推进的迫切要求，中国共产党人清醒把握时代趋势和重大挑战之中蕴含的战略机遇。1992 年春，邓小平视察南方并发表重要谈话。他精辟地分析了当时的国际国内形势，强调要始终坚持党的十一届三中全会以来的路线方针政策，毫不动摇地坚持"一个中心、两个基本点"的基本路线，精辟地论述了社会主义与市场经济的关系，指出："计划经济不等于社会主义，资本主义也有计划；市场经济不等于资本主义，社会主义也有市场。计划和市场都是经济手段。"同时，对坚定马克思主义信仰、坚持社会主义道路、坚持改革开放、推进"三步走"战略、社会主义本质、"三个有利于"判断标准等一系列重大问题作了深入阐述。邓小平南方谈话，深刻回答了长期困扰和束缚人们思想的许多重大问题，大大深化了对"什么是社会主义、怎样建设社会主义"的认识，是全面改革进程中思想解放的科学总结，是开创我国改革开放和现代化建设新阶段的宣言书。

★ 1992 年，邓小平视察深圳

　　党的十一届三中全会后，以邓小平同志为主要代表的中国共产党人，集中全党智慧，总结实践经验，第一次比较系统地初步回答了在中国这样一个经济文化比较落后的国家，如何建设社会主义、如何巩固和发展社会主义的一系列基本问题，用新的思想观点继承和发展了马克思主义，创立了邓小平理论，把对社会主义的认识提高到了新的水平。邓小平理论是马克思列宁主义基本原理与当代中国实践和时代特征相结合的产物，是毛泽东思想的继承和发展，是当代中国的马克思主义，是马克思主义在中国发展的新阶段，是全党全国人民集体智慧的结晶。1997 年 9 月，党的十五大把邓小平理论作为指导思想写入党章，确立为党必须长期坚持的指导思想；1999 年 3 月，第九届全国人民代表大会第二次会议把邓小平理论载入宪法，实现了国家指导思想的与时俱进。

## 三、把中国特色社会主义全面推向 21 世纪

20 世纪 80 年代末 90 年代初，苏联解体、东欧剧变导致世界社会主义发展进入了一个前所未有的低潮，我国社会主义制度也面临着重大历史考验。

苏联解体、东欧剧变中，许多国家执政的共产党和工人党纷纷丧失政权，一些党发生分裂，一些党改旗易帜或销声匿迹，一批社会主义国家转向资本主义。西方反共、反社会主义势力一时甚嚣尘上，有人宣称社会主义中国将因"多米诺骨牌效应"，随着这一历史剧变而倒下。西方媒体铺天盖地地对中国进行攻击和污蔑，妖魔化、丑化中国，各式各样的"中国崩溃论"不绝于耳。以美国为首的西方国家宣布对中国实施制裁，加紧了对中国的施压、渗透和颠覆。

一时间阴云密布，颇有"黑云压城、风雨欲来"之势。全世界的目光聚焦于中国。在严峻的形势和空前的压力与挑战面前，我们党巍然挺立、从容应对，经受住了重大考验，成功地捍卫了中国的社会主义制度和改革开放事业。中国特色社会主义这艘巨轮在疾风暴雨中坚定航向、破浪前行！

1989 年 6 月，党的十三届四中全会召开，江泽民当选为中共中央总书记。他旗帜鲜明地强调，必须继续贯彻执行党的十一届三中全会以来的路线和基本政策，"在这个最基

本的问题上，我要十分明确地讲两句话：一句是坚定不移，毫不动摇；一句是全面执行，一以贯之"。他指出："世界社会主义处于低潮，但并不像有的人说的那样——社会主义已经崩溃。""我们就是要以实际的最好的社会主义建设成果来回答人们对社会主义前途的忧虑。"

党的十三届四中全会以后，党中央采取一系列重大措施，使社会秩序迅速恢复正常，同时开展治理经济环境、整顿经济秩序的工作，稳住了党心民心，经济形势趋于好转。与此同时，党中央作出改革开放一系列新的重大决策，其中最引人注目的是 1990 年 4 月决定实施上海浦东的开发开放，这既有力推进了上海的发展，也表明了我们党坚持改革开放政策的决心，是 20 世纪 90 年代中国特色社会主义事业发展的重大标志性事件。

在对外关系上，中国成功挫败了反华势力妄想扭转中国社会主义方向的图谋，坚持独立自主，打破西方国家封锁，积极发展与周边国家和第三世界国家的关系，并与一些西方发达国家逐步改善关系。到 1992 年，中国已同 154 个国家建立了外交关系，同 200 多个国家和地区发展了贸易、科技、文化交流与合作，有力地维护了国家主权和尊严。

世纪之交，中国特色社会主义巨轮穿越疾风暴雨，乘风破浪继续向前。以江泽民同志为核心的党中央团结带领全党全国各族人民，深化改革，扩大开放，促进发展，保持稳定，在理论和实践上取得许多重要突破，把中国特色社会主义全面推向 21 世纪。

建立社会主义市场经济体制，是我们党在理论和实践创新上的一个重大突破。在邓小平南方谈话精神推动下，一场

★ 1992 年 10 月，中国共产党第十四次全国代表大会在北京召开

关于建立什么样的经济体制更适合我国发展的讨论，在思想理论界展开，引起人们广泛关注。1992 年 6 月，江泽民在中央党校省部级干部进修班上的讲话中，明确主张把社会主义市场经济体制作为我们要建立的社会主义新经济体制。同年 10 月，党的十四大提出：我国经济体制改革确定什么样的目标模式，是关系整个社会主义现代化建设全局的一个重大问题，这个问题的核心，是正确认识和处理计划与市场的关系。江泽民在大会报告中鲜明提出：中国经济体制改革的目标是建立社会主义市场经济体制。

　　在邓小平南方谈话和党的十四大精神推动下，新一轮改革开放的高潮兴起，我国经济体制改革向纵深领域拓展，进入整体推进、重点突破的新阶段。1993 年，党的十四届三中全会对建立社会主义市场经济体制作出了总体规划和全面部署。国有企业改革深入推进，按照"产权清晰、权责明确、政企分开、管理科学"的要求，在 100 家国有大中型企业进行建立现代企业制度的试点，在 18 个城市进行优化资本结构和资产重组的配套改革试点。对试点企业进行公司制、股份制改造，使企业成为自主经营、自负盈亏、自我发展、自我约束的市场主体。从 1995 年开始，党中央不断强调要从战略上调整国有经济布局，实施国有经济战略性改组，发挥国有经济主导作用。1999 年 9 月，党的十五届四中全会审议通过了《中共中央关于国有企业改革和发展若干重大问题的决定》，指出要提高国有经济的控制力，使国有经济在关系国民经济命脉的重要行业和关键领域占支配地位。与此同时，我国先后出台财税、金融、外贸、投资、流通、住房和社会保障等领域一系列体制改革措施，逐步健全国家宏观调控体系，加快建立社会主义市场经济体制的改革步伐。到 2000 年，我国社会主义市场经济体制基本框架初步建立。

在社会主义条件下发展市场经济，是前无古人的伟大创举，是中国共产党人对马克思主义发展作出的历史性贡献。由计划经济体制向社会主义市场经济体制的转变，实现了改革开放新的历史性突破，打开了我国经济、政治、文化、社会和生态文明体制改革的新局面，为我国发展注入了强劲动力。

1997 年 9 月，党的十五大胜利召开。大会首次使用"邓小平理论"这个科学概念，强调这一理论是指引党和国家继续前进的旗帜；进一步阐述了社会主义初级阶段理论，强调要把中国特色社会主义的经济、政治和文化的基本目标、基本政策有机统一起来；作出我国现代化建设跨世纪的发展战略部署，强调全党全国人民共同努力奋斗，在 21 世纪第一个 10 年实现国民生产总值比 2000 年翻一番，使人民的小康生活更加宽裕，形成比较完善的社会主义市场经济体制，再经过 10 年的努力，到建党 100 年时，使国民经济更加发展，各项制度更加完善，到 21 世纪中叶新中国成立 100 年时，基本实现现代化，建成富强民主文明的社会主义国家；对加强党的建设作出全面部署，强调要从严治党，保持党的先进性和纯洁性，增强党的凝聚力和战斗力，使党始终成为中国特色社会主义事业的坚强领导核心。

1993 年至 1994 年，针对加快改革和发展中出现的经济过热、金融秩序混乱和物价上涨等问题，党中央及时作出加

★ 1997 年 9 月，中国共产党第十五次全国代表大会在北京召开

★ 1997年9月，中国共产党第十五次全国代表大会在北京召开。图为江泽民作《高举邓小平理论伟大旗帜，把建设有中国特色社会主义事业全面推向二十一世纪》的报告

强宏观调控的重要决策，突出抓住整顿金融秩序工作，颁布了一系列改善宏观调控、推动新旧经济体制转换的政策措施，同时主要运用经济的以及必要的行政手段和组织措施，着力解决经济发展中的突出问题，变解决经济过热问题的过程为深化改革、推动建立社会主义市场经济体制的过程。经过3年努力，宏观调控取得显著成效，经济过热得到控制，金融秩序逐步好转，物价上涨明显回落，通货膨胀得到抑制，财政状况明显改善，实现了经济的"软着陆"，避免了大起大落。这是新中国成立以来没有过的。

20世纪90年代中期，为了适应当代世界经济、科技发展潮流和现代化建设需要，党中央根据形势和任务的发展，不断推出新的改革举措、作出新的战略部署。1995年，制定了国民经济和社会发展"九五"计划和二〇一〇年远景目标，提出并推动实施"两个转变"，即从传统的计划经济体制向社会主义市场经济体制的转变、经济增长方式从粗放型向集约型转变。在党的十四届五中全会上，江泽民作了题为《正确处理社会主义现代化建设中的若干重大关系》的讲话，深刻阐述了社会主义现代化建设过程中带有全局性的 12 个重大关系，强调要正确处理改革、发展、稳定的关系，把改革的力度、发展的速度和社会可以承受的程度有机统一起来，在政治和社会稳定中推进改革和发展，在改革和发展的推进中实现政治和社会长期稳定。党和政府先后提出和实施了科教兴国战略、可持续发展战略、西部大开发战略和人才强国战略，启动建设国家创新体系和"八七扶贫攻坚计划"，强调走新型工业化道路和文明发展道路，发展和完善了社会主义初级阶段的基本经济制度、基本政治制度以及社会、文化体制等。

2001 年 11 月 10 日，在卡塔尔多哈举行的世界贸易组织（WTO）第四届部长级会议通过了中国加入世界贸易组织的法律文件。12 月 11 日，中国正式成为世贸组织成员。

加入世贸组织，是中国共产党人面对经济全球化趋势不断深化，从我国经济发展和改革开放全局出发，作出的重大战略决策，标志着我国对外开放进入了一个新的阶段。加入世贸组织，对我国既是机遇也是挑战，要求我们以更高的标准参与国际竞争，但也有利于我国经济更好地全面参与世界经济，有利于促进我国经济体制改革和经济结构战略性调整，增强我国经济发展活力和国际竞争力。习近平指出："在这个过程中，我们呛过水，遇到过漩涡，遇到过风浪，

★ 2001 年 11 月，中国加入世界贸易组织签字仪式现场

但我们在游泳中学会了游泳。这是正确的战略抉择。"这一重大战略抉择，充分体现了党中央总揽全局、与时俱进的远见卓识和深化改革、扩大开放的坚定信心，充分展示了中国顺应经济全球化潮流、主动参与国际竞争与合作的积极姿态，是我国现代化建设中具有历史意义的一件大事，对新世纪我国经济发展和社会进步产生了重大而深远的影响。

这一时期，党中央在加快推进经济建设的同时，全面推进中国特色社会主义各项事业发展。提出建设社会主义政治文明，实行依法治国方略，建设社会主义法治国家；提出加强社会主义精神文明建设，大力发展社会主义先进文化，丰富人们精神世界、增强人们精神力量；对国防和军队建设作出一系列部署，提出科技强军战略，加快军队机械化、信息化建设；提出促进两岸和平统一的八项主张，成为解决台湾问题的纲领性文件；经过中英、中葡多次谈判，香港于 1997

年回归祖国，澳门也于 1999 年顺利回归；逐步建立起全方位对外关系新格局，在大国外交、睦邻外交、与发展中国家合作以及开展多边外交等方面都取得了显著成就。

★ 1998 年 8 月 13 日，江泽民亲临湖北第一线指导抗洪抢险

党中央带领全国人民战胜了来自国内的和国际的、经济社会的和自然界的多方面挑战，成功应对了 1997 年亚洲金融危机给我国带来的严重冲击，战胜了 1998 年长江、松花江和嫩江流域发生的严重洪涝灾害，坚决反对李登辉等"台独"分子提出"两国论"的分裂活动，妥善处理了 1999 年美国轰炸我国驻南联盟使馆事件和 2001 年南海撞机事件等，经受住了各种风险挑战的考验，充分展示了我们党驾驭全局的领导能力，显示了中国特色社会主义制度的优越性。

这一时期，我国综合国力大幅度跃升，经济实现了持续、快速、健康发展，社会长期保持安定团结，先进文化建设成绩显著，出现了政通人和、繁荣发展的良好局面。广大人民群众热情高涨，中国大地呈现改革开放全面推进、经济建设迅猛发展的蓬勃景象。我国于 1995 年提前 5 年实现了国民生产总值比 1980 年翻两番，随后又于 1997 年实现了人均国民生产总值比 1980 年翻两番，人民生活总体实现了从温饱到小康的跨越，顺利完成了现代化建设第二步战略目标。2000 年 10 月，党的十五届五中全会通过的《中共中央关于制定国民经济和社会发展第十个五年计划的建议》指出：从 21 世纪开始，我国将进入全面建设小康社会，加快推进社会主义现代化新的发展阶段。

以江泽民同志为核心的党中央，在捍卫和发展中国特色社会主义的过程中，十分注重在总结实践经验基础上推进理论创新。江泽民曾指出，他始终关注两大问题：一个是在新的历史条件下不断加强党的建设，巩固党的执政地位；一个是坚持党的基本路线，加快社会主义现代化建设。他强调，建设什么样的党、怎样建设党，是一个重大现实问题，直接关系到我们党和国家的前途命运，他对这两个问题进行了长期理论思考和实践探索。

党的十三届四中全会以来，党中央采取一系列重大措施，加强和改进党的建设。1994 年 9 月召开的党的十四届四中全会，专门研究了新形势下党的建设问题，作出《中共中央关于加强党的建设几个重大问题的决定》，首次提出了加强党的建设的总目标和总任务。党的十五大提出大力推进党的建设新的伟大工程，要求从思想上、组织上、作风上全面加强党的建设，不断提高领导水平和执政水平，不断增强拒腐防变的能力。党中央大力推进党的各方面建设，开展"讲学习、讲政治、讲正气"教育活动，加强党的作风建设，开展党风廉政建设和反腐败斗争，增强和扩大党执政的阶级基础和群众基础，使党的战斗力和凝聚力不断增强。

从党的十三届四中全会到党的十六大，以江泽民同志为主要代表的中国共产党人，在建设中国特色社会主义的伟大实践中，加深了对什么是社会主义、怎样建设社会主义和建设什么样的党、怎样建设党的认识，积累了治党治国治军新的宝贵经验，形成了"三个代表"重要思想。"三个代表"重要思想是对马克思列宁主义、毛泽东思想和邓小平理论的继承和发展，反映了当代世界和中国的发展变化对党和国家工作的新要求，是加强和改进党的建设、推进我国社会主义自我完善和发展的强大理论武器，是中国共产党集体智慧的结晶。2002 年 11 月，党的十六大将"三个代表"重要思想写进党章，确立为党必须长期坚持的指导思想；2004 年 3 月，第十届全国人民代表大会第二次会议把"三个代表"重要思想载入宪法，实现了国家指导思想的与时俱进。

# 四、在新形势下坚持和发展
# 中国特色社会主义

中国特色社会主义进入新千年、新世纪，国际国内形势继续发生深刻变化，中国发展也面临着许多新情况、新趋势。

从国际环境来看，世界正处在大变革大调整之中。美国经历了 20 世纪 90 年代信息产业的突破性发展后，国际竞争力和综合国力又达到一个比较高的水平，重新拉大了与世界各国的差距，推行霸权主义的野心更大。2001 年，小布什上台后不久，就宣布中国是战略竞争者，企图实施遏制中国的战略。但随后的"9·11"恐怖袭击事件，使恐怖主义的威胁进一步凸显出来，从此美国开始了长达 20 年的反恐战争。与此同时，经济全球化深入发展，多极化趋势不可逆转，世界各种政治力量重新调整组合，反对霸权主义和强权政治的斗争始终没有停息，国际战略竞争更趋复杂激烈。世界虽然很不安宁，但和平与发展的时代主题并没有改变。

从国内环境来看，改革开放取得了举世瞩目的成就，中国社会发生了意义深远的重大变化，综合国力大幅度跃升，国际影响力显著增强。到 2002 年，我国国内生产总值达到 10.2 万亿元，经济总量已居世界第六位；外贸进出口总额达到 6208 亿美元，居世界第五位。人民生活总体上实现了由温饱到小康的历史性跨越，社会发展各项综合指标都有较大幅度的提升。但在前进中还面临着不少困难和问题：经济社会发展不协调，产业结构不合理，国民经济整体素质不高，国际竞争力不强；农民和城镇居民收入增长缓慢，收入分配关系尚未理顺，贫困人口还为数不少；生态环境、自然资源和经济社会发展的矛盾日益突出，资源短缺、环境恶化的状况比较严重；一些领导干部的形式主义、官僚主义作风严重，有些腐败现象仍然突出，党的领导方式和执政能力还需要加强；等等。

上述一系列新形势新情况表明，无论从国际还是从国内来看，处于世纪之交的中国特色社会主义，面临的挑战前所未有，所遇到的机遇也前所未有，总体上机遇大于挑战。正是基于此，我们党作出了本世纪头 20 年，对我国来说是一个必须紧紧抓住并且可以大有作为的重要战略机遇期的重大判断。

2002 年 11 月，党的十六大召开，胡锦涛当选为中共中央总书记。大会报告提出了全面建设小康社会的奋斗目标，并从经济、政治、文化等方面勾画了宏伟蓝图，明确了新世纪新阶段党和国家的发展目标和战略任务，指出："我们要在本世纪头 20 年，集中力量，全面建设惠及十几亿人口的更高水平的小康社会，使经济更加发展、民主更加健全、科教更加进步、文化更加繁荣、社会更加和谐、人民生活更加殷实。这是实现现代化建设第三步战略目标必经的承上启下的发展阶段，也是完善社会主义市场经济体制和扩大对外开放的关键阶段。"

新一届党中央领导集体牢牢把握国内外形势的新变化，带领全党全国人民紧紧抓住重要战略机遇期，以科学发展为主题，以加快转变经济发展方式为主线，大力推进中国特色社会主义经济、政治、文化、社会建设，加强党的执政能力建设和先进性建设，在新的形势下，开启了全面建设小康社会的新征程。

2003 年春，一场突如其来的非典疫情袭来，并迅速蔓延至 26 个省（自治区、直辖市）。党和政府果断采取有力措施，领导全国人民共同应对疫情，确保人民健康和社会稳定，夺取了抗击非典的最终胜利。

这次非典疫情的发生，使我们党对我国经济社会发展中的深层次问题，有了更为清醒的认识：发展中出现的这些突出问题，表明我国在快速发展中不平衡、不协调和不可持续的问题比较严重，这已不再是个别领域的现象，而是全局性的，因此也就要从全局的、战略的，甚至是政治的高度上来思考解决中国未来的发展问题。

新世纪新阶段，我国进入人均国内生产总值从 1000 美元向 3000 美元跨越的关键时期，这既是发展的黄金期，又是社会矛盾的凸显期。如何解决经济和社会发展"一条腿长、一条腿短"的问题，成为摆在党和政府面前的一个严峻课题。

2003年10月，党的十六届三中全会提出："坚持以人为本，树立全面、协调、可持续的发展观，促进经济社会和人的全面发展。"为贯彻这一指导方针，我们党采取了一系列重大措施和做法，促进经济社会的协调发展。

2004年9月，党的十六届四中全会提出构建社会主义和谐社会的重大任务。2006年10月，党的十六届六中全会进一步强调"社会和谐是中国特色社会主义的本质属性"。民主法治、公平正义、诚信友爱、充满活力、安定有序、人与自然和谐相处，是构建社会主义和谐社会的总要求，并按照科学发展、社会和谐的重要指导思想，对我国经济社会发展作出安排部署。按照中央的要求，各级党委政府大力推进以保障和改善民生为重点的社会建设，在教育、就业、收入分配、社会保障、医疗卫生等方面推出了一系列重大举措，以维护社会的公平正义，激发社会创造活力，使社会发展中许多现实问题得以更好解决，人民群众的生活水平得到明显提高。

2005年10月，党的十六届五中全会作出建设社会主义新农村的重大决策，提出要大力解决"三农"问题，进一步缩小城乡差距，推进我国城乡经济社会协调发展。党中央高度重视"三农"问题，将其作为全党工作的重中之重，先后出台了一系列强农惠农富农政策。自2006年1月1日起，我国正式取消了农业税，中国历史上存在2000多年的"皇粮国税"由此画上了句号，极大地调动了广大农民的积极性。从2003年到2012年，中国粮食产量实现半个世纪以来连续9年增产。

2006 年 10 月，党的十六届六中全会提出"扎实促进经济又好又快发展"的新要求。2010 年 10 月，党的十七届五中全会强调要以科学发展为主题、以加快转变经济发展方式为主线，并贯穿经济社会发展全过程和各领域。长期以来，我国的经济增长主要依靠投资和出口拉动，形成了高投入、高消耗、高排放的粗放型经济发展方式。随着经济社会发展水平的不断提高，这种粗放型经济发展方式越来越难以为继。2008 年的国际金融危机，使原有经济发展方式中存在的问题更加凸显，转变发展方式已刻不容缓，成为关系我国发展全局的核心问题。党和政府采取了一系列政策措施，推动转变发展方式、调整经济结构，大力促进和保持经济持续健康发展。

2007 年 10 月，党的十七大总结了改革开放的宝贵经验，全面系统地阐述了科学发展观的时代背景、科学内涵、精神实质、根本要求，阐明了实现全面建设小康社会的新目标新任务，并根据国内外形势的新变化，顺应各族人民过上更好生活的新期待，对我国社会主义经济建设、政治建设、文化建设、社会建设和党的建设作出了全面部署，强调要坚定信心，埋头苦干，为全面建成惠及十几亿人口的更高水平的小康社会打下更加牢固的基础。

大力推进以工促农、以城带乡长效机制，形成城乡经济社会发展一体化新格局，是实现全面建成小康社会目标的关键举措。党和政府通过实施城市反哺农村的政策，推动更多发展资金、物质技术支持农业，更多专业人才、管理模式进入农村，大力推进农村基本公共服务均等化；深入推进现代农业和社会主义新农村建设，深化农村改革，提高农业综合

★ 2007 年 10 月，中国共产党第十七次全国代表大会在北京召开。图为胡锦涛作《高举中国特色社会主义伟大旗帜，为夺取全面建设小康社会新胜利而奋斗》的报告

发展能力，统筹城乡规划建设，优化城乡结构布局，引导城镇化健康有序发展。党和政府采取有力措施，促进农民增加收入，2010 年、2011 年农民纯收入增速连续两年超过城镇居民收入增速，农村社会保障体系逐步完善，广大农民的生活得到了显著改善。

为了缩小地区发展差距，实现区域协调发展，我们党在继续推进西部大开发战略之后，又相继提出并实施振兴东北等老工业基地、促进中部地区崛起、鼓励东部地区率先发展等战略，形成东中西部互动、优势互补、相互促进、共同发展的新格局。2007年到2012年，中部、西部和东北地区经济增速连续5年超过东部地区，有力促进了我国经济地区空间布局的协调均衡。

环境问题既是经济社会发展的一个重大问题，也是关系人民群众身心健康的一个现实问题。经过改革开放以来的快速发展，我国环境和资源承载压力越来越大，与经济社会发展的矛盾日益突出。2002年11月，党的十六大报告在全面建设小康社会的目标中，明确把可持续发展能力不断增强、生态环境得到改善、资源利用效率显著提高作为重要任务，强调要促进人与自然的和谐，推动整个社会走上生产发展、生活富裕、生态良好的文明发展道路。2005年10月，党的十六届五中全会提出，要把节约资源作为基本国策，发展循环经济，保护生态环境，加快建设资源节约型、环境友好型社会，促进经济发展与人口、资源、环境相协调。2007年10月，党的十七大把"建设生态文明"作为实现全面建设小康社会奋斗目标之一，并对建设生态文明进行了具体部署。生态文明建设被放在更加突出地位，促进了我国生态环境保护工作。

随着改革开放的深化和经济社会的发展，人民群众的政治参与积极性不断提高。为了推进社会主义民主政治更好发展，党中央提出，在加快经济社会发展的同时，要大力加强社会主义民主政治建设，把坚持党的领导、人民当家作主和依法治国有机统一起来，把民主法治建设和政治体制改革摆在改革发展全局的重要位置，坚持走中国特色社会主义政治发展道路。

同时，我们党顺应人民群众对文化建设的新需要，根据党的十七大提出的建设社会主义文化强国的重大战略决策，对推动社会主义文化大发展大繁荣作出全面部署。强调要大力推进社会主义核心价值体系深入人心，增强社会主义意识形态的吸引力和凝聚力；大力培育社会主义思想道德风尚，弘扬中华民族优秀传统文化，建设中华民族共有精神家园；建设覆盖全社会的公共文化服务体系，更好满足人民群众对文化生活的新需要；大力推进文化创新，不断增强文化发展活力，使文化产业占国民经济比重明显提高、国际竞争力显著增强。

在稳步推进国内改革发展的同时，我们党十分注重营造良好的外部环境，坚持独立自主的和平外交政策，提出要始终不渝走和平发展道路，努力推动建设持久和平、共同繁荣的和谐世界。中国与世界的联系更加密切，在国际事务中的话语权和影响力明显增强，国际地位大幅提升。"中国道路"受到国际社会的高度关注，中国特色社会主义的国际影响越来越大。

重视加强执政党建设是中国特色社会主义的鲜明特点。2002年11月，党的十六大提出"加强党的执政能力建设"的命题，要求各级党委和领导干部增强执政意识，不断提高科学判断形势的能力、驾驭市场经济的能力、应对复杂局面的能力、依法执政的能力和总揽全局的能力。2004年9月，党的十六届四中全会通过了《中共中央关于加强党的执政能力建设的决定》。从2005年1月开始，在全党开展保持共产党员先进性教育活动。2007年，党的十七大提出在全党开展深入学习实践科学发展观活动。党的建设在改革创新中不断加强。

党的十六大以来，我们党领导人民牢牢抓住加快我国发展的重要战略机遇期，不断深化改革、扩大开放，加快经济

★ 2009 年 10 月 16 日至 19 日，胡锦涛在山东考察工作，就做好农村党建工作与党员、干部和村民代表交谈

结构战略性调整，推动经济持续健康发展，战胜了突如其来的非典疫情，夺取了抗击汶川特大地震等严重自然灾害和灾后恢复重建的重大胜利，有效应对了国际金融危机的严重冲击，坚持和平发展合作、推动构建和谐世界，坚决遏制"台独"、促进两岸和平发展，推进"一国两制"实践、维护香港澳门繁荣稳定，妥善处置了一系列重大突发事件、维护了国家安全和社会和谐稳定，成功举办了北京奥运会、残奥会和上海世博会，等等，向全世界展示了中国人民团结奋斗的精神风貌，彰显了中国特色社会主义的巨大优越性和强大生命力，增强了中国人民的民族自豪感和凝聚力。

2010 年，我国经济总量超越日本，成为仅次于美国的世界第二大经济体。中国的经济实力、科技实力进一步提高，中国社会长期保持稳定和谐，人民生活水平、社会保障水平迈上一个大台阶，综合国力和国际影响力不断增强，国家面貌发生新的历史性变化。中国特色社会主义制度建设不断加强，人民代表大会制度、中国共产党领导的多党合作和政治协商制度、民族区域自治制度以及基层群众自治制度等进一步巩固和完善；依法治国方略深入实施，社会主义法治理念深入人心，中国特色社会主义法律体系初步形成；公有制为主体、多种所有制经济共同发展的基本经济制度更加巩固，按劳分配为主体、多种分配方式并存的分配制度不断完善，社会主义市场经济体制改革不断深化；以马克思主义为指导的文化建设体制、以构建社会主义和谐社会为目标的社会建设体制等逐步形成，党和国家各项制度的法制化、规范化、程序化明显加强。

党的十六大到党的十八大，以胡锦涛同志为主要代表的中国共产党人，团结带领全国各族人民，在坚持和发展中国特色社会主义的实践中，深刻认识和回答了新形势下实现什么样的发展、怎样发展等重大问题，形成了以人为本、全面协调可持续的科学发展观。科学发展观，是同马克思列宁主义、毛泽东思想、邓小平理论、"三个代表"重要思想既一脉相承又与时俱进的科学理论，是马克思主义关于发展的世界观和方法论的集中体现，是马克思主义中国化的重大成果，是中国共产党集体智慧的结晶。党的十七大首次提出了中国特色社会主义理论体系的科学命题，并明确指出科学发展观是这一科学理论体系的组成部分。2012 年 11 月，党的十八大将科学发展观写进党章，确立为党必须长期坚持的指导思想；2018 年 3 月，第十三届全国人民代表大会第一次会议把科学发展观载入宪法，实现了国家指导思想的与时俱进。

# 第八章 ‖ 中国特色社会主义进入新时代

历史的车轮驶入 21 世纪第二个十年。2012 年 11 月，党的十八大胜利召开，会议的主题是：高举中国特色社会主义伟大旗帜，以邓小平理论、"三个代表"重要思想、科学发展观为指导，解放思想，改革开放，凝聚力量，攻坚克难，坚定不移沿着中国特色社会主义道路前进，为全面建成小康社会而奋斗。党的十八届一中全会选举习近平为中共中央总书记，形成了新一届中央领导集体。习近平强调，在中国特色社会主义道路上实现中华民族伟大复兴，是无比壮丽的崇高事业，需要一代又一代中国共产党人带领人民接续奋斗。今天，历史的接力棒传到了我们手里。我们一定要不负重托，忠于党、忠于祖国、忠于人民，以自己的最大智慧、力量、心血，做出无愧于历史、无愧于时代、无愧于人民的业绩。新时代，新作为，新气象，中国特色社会主义以前所未有的姿态，奋力开拓 21 世纪发展的新境界，高歌猛进迈向实现中华民族伟大复兴的新征程！

# 一、中国发展新的历史方位

如何把握当今世界和当代中国的发展大势，顺应时代潮流、实践要求和人民愿望，更好坚持和发展中国特色社会主义，这是摆在新一届中央领导集体面前的重大课题。

2012 年 11 月 15 日，党的十八大闭幕后，新当选的中共中央总书记习近平和其他中央政治局常委与中外记者见面。习近平说，人民对美好生活的向往，就是我们的奋斗目标。我们的责任，就是要团结带领全党全国各族人民，接过历史的接力棒，继续为实现中华民族伟大复兴而努力奋斗。11 月 29 日，他率新一届中央领导集体的同志参观国家博物

★ 十八届中央政治局常委参观国家博物馆《复兴之路》展览

馆《复兴之路》展览时说：中华民族的昨天，可以说是"雄关漫道真如铁"；中华民族的今天，正可谓"人间正道是沧桑"；中华民族的明天，可以说是"长风破浪会有时"。现在，我们比历史上任何时期都更接近中华民族伟大复兴的目标，比历史上任何时期都更有信心、有能力实现这个目标。他说："现在，大家都在讨论中国梦，我以为，实现中华民族伟大复兴，就是中华民族近代以来最伟大的梦想。"空谈误国，实干兴邦，要把蓝图变为现实，仍然需要我们付出艰苦的努力。"我坚信，到中国共产党成立100年时全面建成小康社会的目标一定能实现，到新中国成立100年时建成富强民主文明和谐的社会主义现代化国家的目标一定能实现，中华民族伟大复兴的梦想一定能实现。"

此后，在第十二届全国人民代表大会第一次会议等多个场合，习近平对中国梦又进一步作了深刻阐发。他强调，实现中国梦就是要实现国家富强、民族振兴、人民幸福。实现中国梦要坚持中国道路、弘扬中国精神、凝聚中国力量。他还强调，中国梦是国家的梦、民族的梦，归根到底是人民的梦。他多次在国际场合说道：中国梦与世界各国人民的美好梦想息息相通，是和平、发展、合作、共赢的梦。"实现中国梦，必须坚持和平发展。""不仅造福中国人民，而且造福世界人民。"

奋力实现中华民族伟大复兴的中国梦，宣示了新一届中央领导集体团结带领全党全国各族人民沿着中国特色社会主义道路奋勇前进的坚定决心，是我们党对国家未来发展的政治宣言，充分体现了我们党强烈的历史担当和使命追求，为坚持和发展中国特色社会主义注入了崭新的内涵，成为中国走向未来的鲜明指引，成为激励中华儿女万众一心、开拓前进的精神旗帜。

2013 年 1 月，新进中央委员会的委员、候补委员学习贯彻党的十八大精神研讨班举行，习近平在开班式上发表重要讲话。他从思想源头和实践历程上，系统阐明了世界社会主义 500 多年来发展的曲折历史，尤其是中国特色社会主义的艰辛探索。他指出："中国特色社会主义，是科学社会主义理论逻辑和中国社会发展历史逻辑的辩证统一，是根植于中国大地、反映中国人民意愿、适应中国和时代发展进步要求的科学社会主义，是全面建成小康社会、加快推进社会主义现代化、实现中华民族伟大复兴的必由之路。"他说，坚持和发展中国特色社会主义是一篇大文章，"现在，我们这一代共产党人的任务，就是继续把这篇大文章写下去"。他强调，对马克思主义的信仰，对社会主义和共产主义的信念，是共产党人的政治灵魂，是共产党人经受住任何考验的精神支柱。革命理想高于天。没有远大理想，不是合格的共产党员；离开现实工作而空谈远大理想，也不是合格的共产党员。我们的事业越前进、越发展，新情况新问题就会越多，面临的风险和挑战就会越多，面对的不可预料的事情就会越多。我们必须增强忧患意识，做到居安思危，永远要有逢山开路、遇河架桥的精神，在实践中不断有所发现、有所创造、有所前进，不断推进理论创新、实践创新、制度创新。

党的十八大以后，中国发展面临的国际环境持续发生深刻复杂的变化。当今世界正经历百年未有之大变局，国际格局继续深刻调整。和平与发展仍然是时代主题，世界多极化、经济全球化深入发展，社会信息化、文化多样化持续推进，新一轮更大范围、更深层次的科技革命和产业变革迅速兴起，一大批新兴市场国家和发展中国家走上发展快车道，十几亿、几十亿人口正在加速走向现代化，多个发展中心在世界各地区逐渐形成，国际力量对比朝着有利于世界和平与发展的方向发展。各国相互联系、相互依存的程度进一步加深，和平、发展、合作、共赢的时代潮流更加强劲。然而，人类依然面临诸多难题和挑战。国际金融危机影响深远，全球经济增长乏力，市场需求衰减，发展不平衡加剧，发展鸿沟日益突出，冷战思维、单边主义、霸权主义对世界和平与发展构成威胁，局部动荡此起彼伏，兵戎相见时有发生，恐怖主义难以根除，经济安全、网络安全、难民危机、重大传染性疾病、气候变化等非传统安全威胁持续蔓延。

这一时期，我国进入了全面深化改革的攻坚期、加快发展的关键期。经过改革开放 30 多年的发展，我国经济实力、科技实力、国防实力、综合国力、人民生活水平和国际影响力迈上一个大台阶，为进一步发展打下了坚实基础。但同时，经济发展也出现了趋势性新变化。一方面我国经济的体量和规模已经居于世界前列，许多产品的产量位列世界第一；另一方面我国经济的科技含量和质量效益还不高，存在不少"卡脖子"的技术瓶颈，产业发展水平总体位于全球价值链的中低端，迫切需要转变发展方式、加快结构调整、推进科技创新、提高质量效益。2008 年国际金融危机的冲击和长期高速发展过程中积累的矛盾，使我国经济发展出现了许多新趋势，进入了一个充满机遇和挑战的新时期。

我们党清醒把握国际国内局势的深刻变化，统筹中华民族伟大复兴战略全局和世界百年未有之大变局，深刻认识错综复杂的形势变化对我国发展的影响，始终保持战略定力，积极应对各种风险挑战，牢牢把握战略机遇期，推动中国特色社会主义巨轮破浪前行。

习近平深刻洞察国内外环境影响下我国经济发展的新趋势。2013年12月，他在中央经济工作会议上提出，我国经济发展进入了新常态，要清醒认识经济发展形势的新变化。他在多次讲话中深刻阐明：我国经济正处在增长速度换挡期、结构调整阵痛期、前期刺激政策消化期"三期叠加"阶段，增长速度必然要放缓下来。"认识新常态，适应新常态，引领新常态，是当前和今后一个时期我国经济发展的大逻辑。"他指出："我国经济发展进入新常态，没有改变我国发展仍处于可以大有作为的重要战略机遇期的判断，改变的是重要战略机遇期的内涵和条件；没有改变我国经济发展总体向好的基本面，改变的是经济发展方式和经济结构。""新常态将给中国带来新的发展机遇。"要进一步深化改革，使我国经济"向形态更高级、分工更复杂、结构更合理的阶段演化"。党的十八大以来，党中央坚持稳中求进工作总基调，紧紧围绕深化供给侧结构性改革这条主线，以提高经济增长质量和效益为中心，坚持宏观政策要稳、微观政策要活、社会政策要托底的方针，推动调结构、促改革、稳增长、保就业、控通胀、防风险，妥善应对国际金融危机、外部环境深刻变化等一系列重大风险挑战，淘汰落后产能，增加高新技术投入，深化财税金融体制改革，推进建立上海自由贸易试验区等一系列开放措施，始终把经济增速保持在合理区间，稳住了中国经济，也为世界经济的稳定作出了巨大贡献。

随着我国发展进入新的历史方位，我国社会也在发生新的历史性变化。人民生活水平大幅提升，社会的文明进步日新月异，同时社会结构深刻变动，利益格局深刻调整，社会信息化、文化多样化更加凸显，这既带来了巨大的发展活力，也使各种社会矛盾和问题更为集中、更为复杂。我国妥善解决了十几亿人的温饱问题，全面建成小康社会成效显著，人民对美好生活的需要内涵更加丰富，不仅对物质文化生活提出了更高要求，而且在民主、法治、公平、正义、安全、环境等方面的要求日益增长。这一切都对我们更好地服务人民，满足人民美好生活需要提出了新任务。

改革开放是决定当代中国命运的关键一招，也是应对新形势下国际国内环境深刻变化、坚持和发展中国特色社会主义、实现"两个一百年"奋斗目标和中华民族伟大复兴中国梦的关键一招。党的十八大以后，中国的改革大业进入新阶段。从形成更加成熟更加定型的制度看，我国社会主义实践前半程的主要历史任务是建立社会主义基本制度，并在这个基础上进行改革，这个前半程已经走过并打下了很好的基础。这时我们进入了后半程的阶段，主要历史任务是：进一步完善和发展中国特色社会主义制度，形成并确立一整套更完备、更稳定、更管用的制度体系。这项工程规模极为宏大，意义极为深刻。

2012 年 12 月，习近平当选总书记后第一次调研考察就选择了广东。他明确表示，之所以到广东来，就是要到在我国改革开放中得风气之先的地方，回顾我国改革开放的历史进程，宣示将改革开放继续推向前进的坚定决心。他指出，改革开放是当代中国发展进步的活力之源，是我们党和人民大踏步赶上时代前进步伐的重要法宝，是坚持和发展中国特色社会主义的必由之路。他坚定地表示，必须以敢于啃硬骨头、敢于涉险滩的精神，冲破思想观念的障碍，突破利益固化的藩篱，以更大的政治勇气和智慧全面深化改革。此后，我国深化改革开启了全面发力、多点突破、纵深推进，重要领域和关键环节不断取得重大进展的历史进程。

党的十八大以来，中国共产党自身也发生着新的变化、面临新的考验。我们党是在世界上最大的发展中国家长期执政的马克思主义政党，也是当今世界党员人数最多、规模最大、具有全球影响力的执政党。我们党长期执政取得了举世瞩目的巨大成就，积累了极为丰富的执政经验，但是党自身也存在许多亟待解决的问题。党的十八大报告在分析工作存在的不足时指出："一些干部领导科学发展能力不强，一些基层党组织软弱涣散，少数党员干部理想信念动摇、宗旨意识淡薄，形式主义、官僚主义问题突出，奢侈浪费现象严重；一些领域消极腐败现象易发多发，反腐败斗争形势依然严峻。"我们党面临的国际国内环境极其复杂，党的历史任务非常繁重，实现"两个一百年"奋斗目标、实现中华民族伟大复兴的中国梦，对党的执政能力和领导水平提出了更高要求。因此，报告强调：我们党面临执政考验、改革开放考验、市场经济考验、外部环境考验"四大考验"，存在着精神懈怠危险、能力不足危险、脱离群众危险、消极腐败危险"四种危险"，必须解决好提高党的领导水平和执政水平、提高拒腐防变和抵御风险能力两大历史性课题。

在党的十八大新当选的中央政治局常委与中外记者见面时，习近平指出："新形势下，我们党面临着许多严峻挑战，党内存在着许多亟待解决的问题。尤其是一些党员干部中发生的贪污腐败、脱离群众、形式主义、官僚主义等问题，必须下大气力解决。全党必须警醒起来。打铁还需自身硬。我们的责任，就是同全党同志一道，坚持党要管党、从严治党，切实解决自身存在的突出问题，切实改进工作作风，密切联系群众，使我们党始终成为中国特色社会主义事业的坚强领导核心。"2013 年 12 月，习近平在纪念毛泽东同志诞辰 120 周年座谈会上指出："实现中华民族伟大复兴，关键在党。今天，我们正在进行具有许多新的历史特点的伟大斗争。全党要牢记毛泽东同志提出的'我们决不当李自成'的深刻警示，牢记'两个务必'，牢记'生于忧患，死于安乐'的古训，着力解决好'其兴也勃焉，其亡也忽焉'的历史性课题，增强党要管党、从严治党的自觉，提高党的执政能力和领导水平，增强党自我净化、自我完善、自我革新、自我提高能力。"他强调，凡是影响党的创造力、凝聚力、战斗力的问题都要及时解决，凡是损害党的先进性和纯洁性的病症都要认真医治，凡是滋生在党的健康肌体上的毒瘤都要坚决祛除，通过持之以恒的努力，始终保持党的先进性、纯洁性，不断增强党的创造力、凝聚力、战斗力。

党的十八大以来，习近平带领新的中央领导集体统揽全局、举旗定向、运筹帷幄、励精图治，以巨大的政治勇气和强烈的责任担当，提出一系列新理念新思想新战略，出台一系列重大方针政策，推出一系列重大举措，推进一系列重大工作，解决了许多长期想解决而没有解决的难题，办成了许多过去想办而没有办成的大事，推动党和国家事业取得了全方位的、开创性的成就，发生了深层次的、根本性的变革，带来了具有深远影响的变化，为实现中华民族伟大复兴提供了更为完善的制度保证、更为坚实的物质基础、更为主动的精神力量，实现中华民族伟大复兴进入了不可逆转的历史进程。

在领导党和国家事业发展的实践中，习近平作为党、国家和军队的最高领导人，展现了非凡理论勇气、卓越政治智慧、强烈使命担当，以"我将无我，不负人民"的赤子情怀、"革命理想高于天"的坚定信仰、"抓铁有痕，踏石留印"的扎实作风，为党、国家和军队的发展作出了历史性贡献，赢得全党全军全国各族人民衷心拥护。在新的斗争实践中，习近平事实上已经成为党中央的核心、全党的核心。党内外形成普遍共识和强烈呼声：维护党中央权威和集中统一领导，必须明确和维护习近平党中央的核心、全党的核心地位。

经过充分酝酿，2016 年 10 月，党的十八届六中全会正式提出"以习近平同志为核心的党中央"并写入全会文件，明确了习近平总书记党中央的核心、全党的核心地位。确立习近平的核心地位，是实践的选择、历史的选择，是全党的选择、人民的选择，是众望所归、名副其实。坚决维护习近平的核心地位，坚决维护党中央权威和集中统一领导，是党的十八大后的重大政治成果和宝贵经验，是全党在革命性锻造中形成的共同意志，对于更好地凝聚党和人民的力量，推进中国特色社会主义伟大事业和民族复兴大业，具有重大而深远的意义。

2017 年 10 月，党的十九大胜利召开。大会深刻分析国际国内形势的发展变化，回顾和总结过去五年的工作和历史性变革，指出：中国特色社会主义进入了新时代，我国社会主要矛盾已经转化为人民日益增长的美好生活需要和不平衡不充分的发展之间的矛盾，这是我国发展新的历史方位。

★ 2017 年 10 月，中国共产党第十九次全国代表大会在北京召开。图为习近平作《决胜全面建成小康社会，夺取新时代中国特色社会主义伟大胜利》的报告

　　中国特色社会主义进入新时代，意味着近代以来历经磨难的中华民族迎来了从站起来、富起来到强起来的伟大飞跃，迎来了实现中华民族伟大复兴的光明前景；意味着科学社会主义在 21 世纪的中国焕发出强大生机活力，中国特色社会主义伟大旗帜在世界上高高举起；意味着中国特色社会主义道路、理论、制度、文化不断发展，拓展了发展中国家走向现代化的途径，给世界上那些既希望加快发展又希望保持自身独立性的国家和民族提供了全新选择，为解决人类问题贡献了中国智慧和中国方案。

　　这个新时代，是承前启后、继往开来、在新的历史条件下继续夺取中国特色社会主义伟大胜利的时代，是决胜全面建成小康社会、进而全面建设社会主义现代化强国的时代，是全国各族人民团结奋斗、不断创造美好生活、逐步实现全体人民共同富裕的时代，是全体中华儿女勠力同心、奋力实现中华民族伟大复兴中国梦的时代，是我国日益走近世界舞台中央、不断为人类作出更大贡献的时代。

针对新时代我国社会主要矛盾发生的新变化，习近平指出：我国社会主要矛盾的变化，没有改变我们对我国社会主义所处历史阶段的判断，我国仍处于并将长期处于社会主义初级阶段的基本国情没有变，我国是世界最大发展中国家的国际地位没有变。全党要牢牢把握社会主义初级阶段这个基本国情，牢牢立足社会主义初级阶段这个最大实际，牢牢坚持党的基本路线这个党和国家的生命线、人民的幸福线。

我国社会主要矛盾的变化是关系全局的历史性变化，对党和国家工作提出了许多新要求。习近平指出，解决这个主要矛盾是党和国家工作的主要任务，"我们要在继续推动发展的基础上，着力解决好发展不平衡不充分问题，大力提升发展质量和效益，更好满足人民在经济、政治、文化、社会、生态等方面日益增长的需要，更好推动人的全面发展、社会全面进步"。

时代是思想之母，实践是理论之源。党的十八大以来，以习近平同志为主要代表的中国共产党人，把马克思主义基本原理同当代中国具体实际和时代特征紧密结合起来，以全新的视野深化对共产党执政规律、社会主义建设规律、人类社会发展规律的认识，从理论和实践结合上系统回答了新时代坚持和发展什么样的中国特色社会主义、怎样坚持和发展中国特色社会主义这个重大时代课题，创立了习近平新时代中国特色社会主义思想。党的十九大报告用"八个明确""十四个坚持"概括了习近平新时代中国特色社会主义思想的精神实质、丰富内涵和基本方略。习近平新时代中国特色社会主义思想是对马克思列宁主义、毛泽东思想、邓小平理论、"三个代表"重要思想、科学发展观的继承和发展，是马克思主义中国化最新成果，是党和人民实践经验和集体智慧的结晶，是中国特色社会主义理论体系的重要组成部分，是全党全国人民为实现中华民族伟大复兴而奋斗的行动指南。

习近平是习近平新时代中国特色社会主义思想的主要创立者。在推动中国特色社会主义伟大实践中，习近平以马克思主义政治家、思想家、战略家的宽广理论视野和卓越洞察力，把握时代大趋势、回答实践新课题、顺应人民新期待，提出一系列具有开创性意义的新理念新思想新战略，为习近平新时代中国特色社会主义思想的创立发挥了决定性作用、作出了决定性贡献。2017年10月，党的十九大把习近平新时代中国特色社会主义思想写进党章，确立为党必须长期坚持的指导思想；2018年3月，第十三届全国人民代表大会第一次会议把习近平新时代中国特色社会主义思想载入宪法，实现了国家指导思想的与时俱进，反映了全党全国各族人民的共同意志。

## 二、新时代的奋斗目标和战略布局

党的十八大提出确保到2020年实现全面建成小康社会

宏伟目标的战略任务，描绘出全面小康社会的清晰图景，吹响了实现第一个百年奋斗目标的攻坚号角。此后，习近平多次强调："中国已经进入全面建成小康社会的决定性阶段。""这个时跨本世纪头 20 年的奋斗历程到了需要一鼓作气向终点线冲刺的历史时刻。完成这一战略任务，是我们的历史责任，也是我们的最大光荣。"他强调，要树立起攻坚克难的坚定信心，凝聚起推进事业的强大力量，高质量打好这场决定性阶段的攻坚战。

新的历史任务要求新的战略统领。以习近平同志为核心的党中央敏锐把握世界新一轮科技革命和产业变革的历史机遇，牢牢抓住我国经济结构和发展方式战略性调整的重要契机，提出了一系列新的发展思想、新的发展理念和新的发展战略，明确了新时代的奋斗目标和战略布局，为新时代党和国家事业发展指明了方向。

2015 年 10 月，党的十八届五中全会审议通过了《中共中央关于制定国民经济和社会发展第十三个五年规划的建议》，对"十三五"时期我国经济社会发展作出全面部署。习近平在会上发表重要讲话强调，"十三五"时期是全面建成小康社会决胜阶段，必须紧紧围绕实现这个奋斗目标，破解发展难题，厚植发展优势，推动经济社会持续健康发展。他指出，必须坚持以人民为中心的发展思想，牢固树立并切实贯彻创新、协调、绿色、开放、共享的发展理念，坚持全面建成小康社会、全面深化改革、全面依法治国、全面从严治党的战略布局，统筹推进经济建设、政治建设、文化建设、社会建设、生态文明建设和党的建设。

坚持创新、协调、绿色、开放、共享的新发展理念。这是针对我国发展中面临的突出矛盾和问题提出来的。新发展理念创造性地回答了关于发展的目的、动力、方式、路径等一系列理论和实践问题，阐明了我们党关于发展的政治立场、价值导向、发展模式、发展道路等重大政治问题，集中反映了我们党对我国经济社会发展规律的认识。习近平指出："理念是行动的先导，一定的发展实践都是由一定的发展理念来引领的。发展理念是否对头，从根本上决定着发展成效乃至成败。"

坚持新发展理念，必须坚持以人民为中心的发展思想。为人民谋幸福、为民族谋复兴，是我们党领导现代化建设的出发点和落脚点，也是新发展理念的"根"和"魂"。只有坚持以人民为中心的发展思想，坚持发展为了人民、发展依靠人民、发展成果由人民共享，才会有正确的发展观、现代化观。习近平强调："以人民为中心的发展思想，不是一个抽象的、玄奥的概念，不能只停留在口头上、止步于思想环节，而要体现在经济社会发展各个环节。"部署经济工作、制定经济政策、推动经济发展都要牢牢坚持这个根本立场。党的十八大以来，党中央始终坚持把"人民"放在中心位置，突出问题导向、回应民生关切，采取切实措施为人民群众办实事、解难事，抓好重大的民生工程、民心工程，使经济社会发展更好体现人民的需要。2020 年在应对新冠肺炎疫情的严峻挑战中，我国始终坚持人民至上、生命至上，不惜一切代价，抢救每一个病患，生动体现了以人民为中心的价值理念。

坚持新发展理念，必须坚持和完善我国社会主义基本经济制度和分配制度，毫不动摇巩固和发展公有制经济，毫不动摇鼓励、支持、引导非公有制经济发展，使市场在资源配置中起决定性作用，更好发挥政府作用，推动新型工业化、信息化、城镇化、农业现代化同步发展，主动参与和推动经济全球化进程，发展更高层次的开放型经济，不断壮大我国经济实力和综合国力。

坚持创新发展，就是要大力实施创新驱动发展战略，培育发展新动力，拓展发展新空间，构建产业新体系、发展新体制，牢牢掌握引领发展的主动权，着力提高发展质量和效益；坚持协调发展，就是要着力推进区域协调、城乡协调、物质文明和精神文明协调、经济建设和国防建设融合发展，着力增强发展的整体性、协调性；坚持绿色发展，就是要切实改善生态环境，加快建设主体功能区，推动低碳循环发展，加大环境治理力度，筑牢生态安全屏障，着力推进人与自然和谐共生；坚持开放发展，就是要主动顺应世界发展潮流，推动完善对外开放战略布局，推进"一带一路"建设，积极参与全球经济治理，着力形成对外开放新体制；坚持共享发展，就是要进一步增加公共服务供给，实施脱贫攻坚战略，提高教育质量，促进就业创业，缩小收入差距，健全社会保障制度，推进健康中国建设，着力增进人民福祉。习近平强调："这五大发展理念相互贯通、相互促进，是具有内在联系的集合体，要统一贯彻，不能顾此失彼，也不能相互替代。哪一个发展理念贯彻不到位，发展进程都会受到影响。全党同志一定要提高统一贯彻五大发展理念的能力和水平，不断开拓发展新境界。"

全面贯彻落实新发展理念，开启了一场关系我国发展全局的深刻变革，有力推动了我国经济转方式、调结构、促发展，推动供给侧结构性改革不断深化，经济发展质量和效益不断提升，使我国经济始终保持中高速增长，互联网、人工智能、数字经济等新兴产业蓬勃发展，高铁、公路、桥梁、港口、机场等基础设施建设快速推进，农业农村现代化加快步伐，区域发展协调性进一步增强，创新型国家建设成果丰硕，开放型经济新体制逐步健全，对外贸易、对外投资、外汇储备稳居世界前列，经济保持中高速增长，在世界主要国家中名列前茅。

党的十八大以来，以习近平同志为核心的党中央以高瞻远瞩的战略视野和把握全局的战略思维，提出统筹推进"五位一体"总体布局、协调推进"四个全面"战略布局，牢牢把握了中国特色社会主义发展的总体格局和战略重心，推动物质文明、政治文明、精神文明、社会文明、生态文明协调发展，创造了中国式现代化新道路，创造了人类文明新形态。

"五位一体"总体布局，是党的十八大提出来的。2012年11月17日，习近平在十八届中央政治局第一次集体学习时指出，必须牢牢抓好党执政兴国的第一要务，始终代表先进生产力的发展要求，坚持以经济建设为中心，在经济不断发展的基础上，协调推进政治建设、文化建设、社会建设、生态文明建设以及其他各方面建设。统筹推进"五位一体"总体布局，就是要以新发展理念为指导，加快建设现代化经济体系，为满足人民美好生活需要打下坚实的经济基础；就是要进一步完善人民当家作主制度体系，发展社会主义民主政治，为人民提供广泛的权利保障；就是要坚定文化自信，促进社会主义文化繁荣兴盛，厚植文化根基、促进先进文化发展；就是要切实保障和改善民生，实实在在增加人民的幸福感，让人民共享改革发展成果；就是要加快生态文明建设，建设美丽中国，形成人与自然和谐发展现代化建设新格局。"五位一体"总体布局体现了中国特色社会主义建设的总目标和总任务，深刻反映了中国经济社会发展的客观规律，顺应了广大人民对更美好生活的新期待，有利于使中国特色社会主义发展更加具有全面性、丰富性和协调性。

"四个全面"战略布局，是在新时代的实践中逐步形成的。2012年11月党的十八大提出"全面建成小康社会"的战略任务，2013年6月开始的党的群众路线教育实践活动提出"全面从严治党"的要求，2013年11月党的十八届三中全会作出"全面深化改革"的部署，2014年10月党的十八届四中全会提出"全面推进依法治国"。2014年12月习近平在江苏调研时首次提出，要协调推进全面建成小康社会、全面深化改革、全面依法治国、全面从严治党。2015年2月2日，习近平在省部级主要领导干部学习贯彻党的十八届四中全会精神、全面推进依法治国专题研讨班开班式上发表重要讲话，明确将"四个全面"定位为"战略布局"，并指出："这个战略布局，既有战略目标，也有战略举措，每一个'全面'都具有重大战略意义。"全面建成小康社会是我们的战略目标，到2020年实现这个目标，我们国家的发展水平就会迈上一个大台阶，我们所有奋斗都要聚焦于这个目标。全面深化改革、全面依法治国、全面从严治党是三大战略举措，对实现全面建成小康社会战略目标一个都不能缺。不全面深化改革，发展就缺少动力，社会就没有活力。不全面依法治国，国家生活和社会生活就不能有序运行，就难以实现社会和谐稳定。不全面从严治党，就难以发挥好党的领导核心作用。进入新时代，"四个全面"战略布局成为我们党治国理政、统领发展的总纲，为实现"两个一百年"奋斗目标、实现中华民族伟大复兴中国梦提供了理论指导和实践指南。

2017 年 7 月 26 日，省部级主要领导干部学习习近平总书记重要讲话精神、迎接党的十九大专题研讨班举行，习近平在开班式上深刻阐述了党的十八大以来党和国家事业发生的历史性变革，并作出中国特色社会主义进入了新的发展阶段的重大战略判断，提出新的时代条件下要进行伟大斗争、建设伟大工程、推进伟大事业、实现伟大梦想。他强调，全党必须高举中国特色社会主义伟大旗帜，牢牢把握我国发展的阶段性特征，牢牢把握人民群众对美好生活的向往，继续统筹推进"五位一体"总体布局、协调推进"四个全面"战略布局，决胜全面建成小康社会，夺取中国特色社会主义伟大胜利，为实现中华民族伟大复兴的中国梦不懈奋斗。

党的十九大根据新的发展形势和时代要求，明确提出"决胜全面建成小康社会，开启全面建设社会主义现代化国家新征程"的历史性战略任务，对 2020 年全面建成小康社会、2035 年基本实现社会主义现代化、到本世纪中叶把我国建成富强民主文明和谐美丽的社会主义现代化强国作出全面部署。习近平指出："到那时，我国物质文明、政治文明、精神文明、社会文明、生态文明将全面提升，实现国家治理体系和治理能力现代化，成为综合国力和国际影响力领先的国家，全体人民共同富裕基本实现，我国人民将享有更加幸福安康的生活，中华民族将以更加昂扬的姿态屹立于世界民族之林。"党的十九届五中全会，根据形势的发展变化，特别是到2020 年我国已经基本实现全面建成小康社会目标的情况，明确提出了"协调推进全面建设社会主义现代化国家、全面深化改革、全面依法治国、全面从严治党的战略布局"，"四个全面"战略布局实现了与时俱进。

新时代的奋斗目标和战略布局，具有鲜明的时代特征、厚重的实践特色和深远的历史意义。它明确了从党的十八大起，到21世纪中叶中国现代化建设的宏伟蓝图和指导方针，确定了从全面建成小康社会到全面建成社会主义现代化强国历史进程的时间表和路线图，为中国号巨轮在奔腾不息的历史长河中立起了新航标，为实现中华民族伟大复兴中国梦吹响不断奋进的号角。

## 三、新时代改革开放和现代化建设 取得历史性成就

党的十八大以来，中国特色社会主义站在新的历史起点上。党中央牢牢把握国内国际两个大局，深入贯彻新发展理念，统筹推进"五位一体"总体布局、协调推进"四个全面"战略布局，坚持稳中求进工作总基调，推动"十二五"规划胜利完成、"十三五"规划顺利实施，取得了改革开放和社会主义现代化建设的历史性成就，中国特色社会主义在新时代迈向新辉煌！

经济发展取得重大成就。党的十八大以来，以习近平同志为核心的党中央清醒认识中国经济发展阶段性重大变化，深刻把握中国特色社会主义经济发展新规律，科学回答了新时代中国实现什么样的发展、怎样发展的重大课题，形成了习近平新时代中国特色社会主义经济思想。在这一重要思想

指导下，我们党坚定不移贯彻新发展理念，坚决端正发展观念、转变发展方式，经济始终保持了中高速增长，发展质量和效益不断提升，2020 年国内生产总值超过 100 万亿元，稳居世界第二大经济体。经济结构不断优化，数字经济等新兴产业蓬勃发展，高铁、公路、桥梁、港口、机场，以及无线通信基站、大数据中心、特高压、城际高速铁路和城市轨道交通等基础设施建设快速推进。农业现代化稳步推进，粮食综合生产能力达到 1.3 万亿斤以上。

根据我国经济发展的新情况，党中央明确提出，必须把转方式、调结构放到更加重要的位置，把经济发展的基点放到主要依靠创新驱动上来。2015 年 11 月，习近平提出要坚持以深化供给侧结构性改革为主线，把着力点放在发展实体经济上，不断提高供给体系的质量。面对错综复杂的国内外经济形势，党中央强调，必须保持宏观经济政策稳定性和针对性，不搞量化宽松和"大水漫灌"式的强刺激，先后出台"三去一降一补"、深化供给侧结构性改革、着力发展实体经济、促进房地产市场平稳健康发展等一系列重大举措，形成了引领我国经济持续健康发展的一整套政策框架，保持了我国经济稳中向好、持续发展的良好态势。党和政府采取一系列措施，不断深化社会主义市场经济体制改革，提出了"使市场在资源配置中起决定性作用和更好发挥政府作用"的重大论断，并在实践中切实发挥"有效市场"与"有为政府"的作用，进一步激发了社会主义市场经济的活力。2018 年 1 月 30 日，习近平在主持十九届中央政治局第三次集体学习时指出："建设现代化经济体系是一篇大文章，既是一个重大理论命题，更是一个重大实践课题，需要从理论和实践的结合上进行深入探讨。"这是习近平新时代中国特色社会主义经济思想的新发展，进一步明确了现阶段我国经济发展的战略目标，就是建设现代化经济体系，为新时代经济体制改革和经济发展指明了方向。2019年10月，党的十九届四中全会将按劳分配为主体、多种分配方式并存和社会主义市场经济体制纳入社会主义基本经济制度。这是我们党经济理论的又一重大创新，标志着中国特色社会主义基本经济制度进一步完善和定型，为构建高水平社会主义市场经济体制、建设现代化经济体系提供了重要理论和制度支撑。

优化经济发展的空间布局，实施国家区域发展重大战略，是促进我国经济持续健康发展的重要战略举措。习近平指出，"要更加注重人口经济和资源环境空间均衡"，"根据主体功能区定位，着力塑造要素有序自由流动、主体功能约束有效、基本公共服务均等、资源环境可承载的区域协调发展新格局"。党中央统筹全局、着眼长远，提出"一带一路"建设、京津冀协同发展、长江经济带发展、黄河流域生态保护和高质量发展、粤港澳大湾区建设等重大战略，推动形成国际国内紧密沟通、东南西北纵横联动的发展新格局，引领中国经济高质量发展。针对区域发展差距依然较大、落后地区发展不平衡不充分依然比较突出的问题，党中央强调要发挥各地区比较优势，努力缩小区域发展差距，通过深化改革破除地区之间发展障碍，加快形成统筹有力、竞争有序、绿色发展、共享共赢的区域发展新机制。党中央大力推进实施主体功能区建设，强调要按照客观经济规律，根据各地区的条件，走合理分工、优势发展的路子，促进各类要素合理流动和高效聚集，增强创新发展动力，增强中心城市和城市群等经济发展优势区域的经济和人口承载能力，增强其他地区在保证粮食安全、生态安全、边境安全等方面的功能。同时，采取有力措施，推动西部大开发形成新格局，深化改革推进东北等老工业基地振兴发展，推动中部地区发挥优势加快崛起，促进东部地区实现创新引领优化发展。我国区域发展总体战略的实施，为打造新的经济发展支撑带、建设具有强大辐射作用的经济中心、有力促进我国经济发展的质量和水平整体提升奠定了坚实基础。

"三农"问题关系党和国家工作全局。党的十八大以来，党中央坚持把"三农"问题作为全党工作的重中之重，把脱贫攻坚作为全面建成小康社会的标志性工程，组织推进人类历史上规模空前、力度最大、惠及人口最多的脱贫攻坚战，推动农业农村发展取得历史性成就。党的十九大提出实施乡村振兴战略，要求坚持农业农村优先发展，按照产业兴旺、生态宜居、乡风文明、治理有效、生活富裕的总要求，建立健全城乡融合发展体制机制和政策体系，加快推进农业农村现代化。2018年1月，《中共中央　国务院关于实施乡村振兴战略的意见》出台，对乡村振兴提出全面要求。9月，中共中央、国务院印发《乡村振兴战略规划（2018—2022年）》，提出到2050年实现乡村全面振兴，建设农业强、农村美、农民富的新农村。这是我国出台的第一个全面推进乡村振兴战略的五年规划。2020年12月28日，习近平在中央农村工作会议上发表重要讲话指出："从中华民族伟大复兴战略全局看，民族要复兴，乡村必振兴。"并进一步阐明了全面推进乡村振兴、加快农业农村现代化的重大意义、指导思想、总体要求，为深入实施乡村振兴战略指明了方向。

★ 载人航天工程

★ "复兴号"高速列车

★ 北斗三号全球卫星导航系统最后一颗全球组网卫星在西昌卫星发射中心点火升空

为建设创新型国家，党的十八大提出了实施创新驱动发展战略。2016年5月，中共中央、国务院印发《国家创新驱动发展战略纲要》，提出到2020年我国进入创新型国家行列、到2030年跻身创新型国家前列、到2050年建成世界科技创新强国。党的十九大对加快建设创新型国家进行了新部署，提出了若干重大要求。党的十九届五中全会提出，坚持创新在我国现代化建设全局中的核心地位，把科技自立自强作为国家发展的战略支撑。近年来，我国大力实施创新驱动发展战略，取得了建设创新型国家的丰硕成果，载人航天、探月工程、深海工程、超级计算、量子信息、"复兴号"高速列车、大飞机制造等重大科技成果，使我国科技发展从"跟跑""并跑"，向某些领域超越和"领跑"的态势迈进。我国科技进步贡献率从2012年的52.2%，迅速增加到2020年的60.2%，有力促进和支撑了我国经济向高质量发展转变。

全面深化改革取得重大突破。党的十八大以来，我国改革进入攻坚期和深水区。与以往进行的改革相比，这一轮改革基本是啃"硬骨头"，其艰巨性、复杂性、深刻性前所未有。改革全面性也更加突出。习近平指出："零敲碎打调整不行，碎片化修补也不行，必须是全面的系统的改革和改进，是各领域改革和改进的联动和集成"。2012年12月31日，他在主持十八届中央政治局第二次集体学习时强调：必须更加坚定地肩负起深化改革开放的重大责任，以更大的政治勇气和智慧，不失时机深化重要领域改革。

2013年11月，党的十八届三中全会审议通过了《中共中央关于全面深化改革若干重大问题的决定》，明确了全面深化改革的指导思想、总体思路、目标任务和基本要求，强调要紧紧围绕使市场在资源配置中起决定性作用深化经济体制改革，紧紧围绕坚持党的领导、人民当家作主、依法治国有机统一深化政治体制改革，紧紧围绕建设社会主义核心价值体系、社会主义文化强

★ 天问一号火星探测任务探测器

★ "奋斗者"号深潜器

★ 被誉为"中国天眼"的500米口径球面射电望远镜（FAST）

国深化文化体制改革，紧紧围绕更好保障和改善民生、促进社会公平正义深化社会体制改革，紧紧围绕建设美丽中国深化生态文明体制改革，紧紧围绕提高科学执政、民主执政、依法执政水平深化党的建设制度改革，描绘了全面深化改革的总体框架和路线图，并对各项改革实施作出了战略部署。习近平在会上指出，全面深化改革的总目标是完善和发展中国特色社会主义制度，推进国家治理体系和治理能力现代化。改革要适应党和国家事业发展新要求，突出全面深化改革，突出重要领域和关键环节，突出经济体制改革牵引作用，形成系统完备、科学规范、运行有效的制度体系，使各方面制度更加成熟更加定型。2013 年 12 月，成立中央全面深化改革领导小组（2018 年 3 月改为中央全面深化改革委员会），习近平任组长。在领导小组推动下，各项重大改革举措有序推出。

改革深入广泛，力度空前，成效显著。党的十八届三中全会以来，截至 2020 年底各方面共推出 2485 个改革方案，各领域基础性制度框架基本确立，许多领域实现历史性变革、系统性重塑、整体性重构，为推动形成系统完备、科学规范、运行有效的制度体系，使各方面制度更加成熟更加定型奠定了坚实基础。随着改革全面深入，中国特色社会主义制度更加完善，国家治理体系和治理能力现代化水平明显提高，全社会发展活力和创新活力显著增强。2020 年 10 月，习近平在深圳经济特区建立 40 周年庆祝大会上指出，要与时俱进全面深化改革。改革永远在路上，必须以更大的政治勇气和智慧，坚持"摸着石头过河"和加强顶层设计相结合，不失时机、蹄疾步稳深化重要领域和关键环节改革，更加注重改革的系统性、整体性、协同性，提高改革综合效能。以一往无前的奋斗姿态、风雨无阻的精神状态，改革不停顿、开放不止步，为全面建设社会主义现代化国家、实现第二个百年奋斗目标作出新的更大的贡献。

民主法治建设迈出重大步伐。党的十八大以来，社会主义民主政治全面发展，依法治国全面推进，党的领导、人民当家作主、依法治国有机统一的制度建设全面加强，党的领导体制机制不断完善。社会主义民主的形式和内容更加丰富，全过程人民民主更加完善，人民民主和党内民主更加广泛，社会主义协商民主全面展开，爱国统一战线巩固发展，民族宗教工作创新推进。

2014 年，习近平在庆祝全国人民代表大会成立 60 周年大会上的讲话中指出："人民代表大会制度是中国特色社会主义制度的重要组成部分，也是支撑中国国家治理体系和治理能力的根本政治制度。"为了确保各级人大及其常委会依法行使职权，2014 年和 2018 年，全国人大常委会两次修改预算法，强化人大对预算决算审查监督职责。2015 年 8 月，中央全面深化改革领导小组审议通过了《关于改进审计查出突出问题整改情况向全国人大常委会报告机制的意见》，强化人大审计监督权力。2017 年 1 月，中央办公厅印发《关于健全人大讨论决定重大事项制度、各级政府重大决策出台前向本级人大报告的实施意见》，进一步加强了人大讨论和决定重大事项的权力。中国共产党领导的多党合作和政治协商制度是我国的一项基本政治制度。习近平指出，"新形势下，我们必须把人民政协制度坚持好、把人民政协事业发展好"，推进协商民主广泛、多层、制度化发展。2015 年 2 月，中共中央印发《关于加强社会主义协商民主建设的意见》，阐明了社会主义协商民主的 7 种形式，成为指导社会主义协商民主的纲领性文件；12 月，中共中央办公厅印发《关于加强政党协商的实施意见》，对政党协商的内容、形式、程序、保障机制等作出规定。近年来，各层次协商民主机制进一步完善，程序合理、环节完整的协商民主体系初步形成，社会主义协商民主的优势得到充分发挥。

全面依法治国是国家治理的一场深刻革命。党的十八大以来，中国特色社会主义法治建设不断加强，科学立法、严格执法、公正司法、全民守法深入推进，法治国家、法治政府、法治社会建设相互促进，中国特色社会主义法治体系日益完善。许多关键领域的法律更加完备，特别是修订《中华人民共和国立法法》《中华人民共和国监察法》，制定《中华人民共和国民法典》，是立法领域具有里程碑意义的事件，进一步奠定了中国特色社会主义法律体系的坚实基础。国家监察体制改革试点取得实效，行政体制改革、司法体制改革、权力运行制约和监督体系改革得到有力推进。2015 年 12 月，中共中央、国务院印发《法治政府建设实施纲要（2015—2020 年）》，确立到 2020 年基本建成职能科学、权责法定、执法严明、公开公正、廉洁高效、守法诚信的法治政府的总体目标。各级政府加强法治教育培训和考核，不断增强公职人员法治思维和依法行政的能力。从 2017 年开始，通过试点逐步推行行政执法"三项制度"，从执法权来源、执法过程、执法结果三个关键环节，规范了执法行为。2016 年 12 月，党的历史上第一次举行全国党内法规工作会议，习近平作出指示强调，必须坚持依法治国与制度治党、依规治党统筹推进、一体建设。党的十九大提出，到 2035 年基本建成法治国家、法治政府、法治社会，基本实现国家治理体系和治理能力现代化。2020 年 11 月，中央全面依法治国工作会议召开。会议系统阐述了习近平法治思想，指出这一思想是习近平新时代中国特色社会主义思想的重要组成部分，是全面依法治国的根本遵循和行动指南。习近平发表重要讲话强调，要坚定不移走中国特色社会主义法治道路，在法治轨道上推进国家治理体系和治理能力现代化，为全面建设社会主义现代化国家、实现中华民族伟大复兴的中国梦提供有力法治保障。

　　思想文化建设取得重大进展。党的十八大以来，党中央始终高度重视思想文化建设。习近平指出："中国特色社会主义是物质文明和精神文明全面发展的社会主义。一个没有精神力量的民族难以自立自强，一项没有文化支撑的事业难以持续长久。"2013 年 8 月 19 日，他在全国宣传思想工作会议上发表重要讲话强调，经济建设是党的中心工作，意识形态工作是党的一项极端重要的工作。宣传思想工作就是要巩固马克思主义在意识形态领域的指导地位，巩固全党全国人民团结奋斗的共同思想基础，深入开展中国特色社会主义宣传教育，把全国各族人民团结和凝聚在中国特色社会主义伟大旗帜之下。2013 年以来，习近平主持召开网络安全和信息化、新闻舆论、文艺、哲学社会科学、精神文明和道德建设、高校思想政治工作等一系列重要会议，发表一系列重要讲话、作出一系列重要指示批示，向全党全社会发出了重视加强意识形态工作和思想文化建设的强烈信号。2018 年 8 月 21 日，他在党的十九大后召开的全国宣传思想工作会议上指出，宣传思想工作必须以新时代中国特色社会主义思想为指导，自觉承担起举旗帜、聚民心、育新人、兴文化、展形象这 5 项使命任务。2019 年 10 月，党的十九届四中全会提出"坚持马克思主义在意识形态领域指导地位的根本制度"的战略任务，这对于党和国家事业长远发展、对于坚持我国社会主义文化发展的正确方向具有根本性的重要意义。

进入新时代，意识形态领域面临新形势，思想文化建设面临新任务，迫切需要进一步加强党对意识形态工作的领导。宣传思想文化战线大力推进用习近平新时代中国特色社会主义思想武装全党、教育人民的工作，马克思主义在意识形态领域的指导地位更加鲜明，全党全社会思想上的团结统一更加巩固；新闻舆论传播力、引导力、影响力、公信力进一步提升，互联网建设管理运用不断完善，主旋律更加响亮，正能量更加强劲；中国特色社会主义和中国梦深入人心，社会主义核心价值观和中华优秀传统文化广泛弘扬，群众性精神文明创建活动扎实开展；构建中国特色社会主义哲学社会科学步伐加快，学科体系更加健全、研究队伍不断壮大、研究水平和创新能力持续提高；高校思想政治理论课建设大大加强，教学质量和水平大幅提高，思想性、理论性和亲和力、针对性不断增强；坚持以人民为中心的创作导向，文艺创作持续繁荣，文化事业和文化产业蓬勃发展，公共文化服务水平不断提高；坚持讲好中国故事、传播好中国声音，对外传播的力度、广度和效果有了进一步改善，中华文化得到国际社会更加广泛的认同，国家文化软实力和中华文化影响力大幅提升。

人民生活和社会治理不断改善。党的十八大以来，各级党委和政府深入贯彻以人民为中心的发展思想，在发展中保障和改善民生，一大批惠民举措落地实施，保障全体人民共享改革发展成果的制度建设大力推进，人民群众的获得感、幸福感显著增强。

党和政府始终把提高人民收入水平作为经济社会发展的重要目标，着力提高低收入群体收入，扩大中等收入群体，城乡居民收入增速超过经济增速，收入差距不断缩小。就业状况持续改善，仅 2016 年至 2020 年，城镇新增就业年均在 1300 万人以上。教育事业全面发展，中西部和农村教育明显加强，城乡基本公共教育服务均等化快速推进。覆盖城乡居民的社会保障体系基本建立，人民健康和医疗卫生水平大幅提高，保障性住房建设稳步推进。适时调整人口生育政策，全面推行一对夫妇可生育两个孩子的政策。社会治理体系更加完善，社会大局保持稳定。党的十九大提出"打造共建共治共享的社会治理格局"的任务，并提出"完善党委领导、政府负责、社会协同、公众参与、法治保障的社会治理体制"。党的十九届四中全会将"科技支撑"纳入社会治理体系，并提出"建设人人有责、人人尽责、人人享有的社会治理共同体"，描绘了新时代社会治理现代化的新蓝图。各地普遍健全党组织领导的自治、法治、德治相结合的城乡基层治理体系，推行民主化、网络化、网格化、精细化管理，实行基层民主协商制度化、规范化、程序化发展，逐步形成政府治理同社会调节、居民自治良性互动的格局，基层群众自治制度进一步完善，基层治理更加有效。2020 年新冠肺炎疫情暴发期间，有效的社会治理为打好疫情防控的人民战争、服务社区人民群众、保持社会稳定、促进经济社会发展发挥了突出的支撑作用。

维护国家安全和社会安定，关系社会稳定、关系民生福祉，是党和国家的一项基础性工作。2013年，党的十八届三中全会决定设立中央国家安全委员会。2014年4月，习近平在中央国家安全委员会第一次会议上，首次提出"总体国家安全观"的思想。他明确指出，党治国理政中保证国家安全是头等大事。总体国家安全观，既重视外部安全，又重视内部安全；既重视国土安全，又重视国民安全；既重视传统安全，又重视非传统安全；既重视发展问题，又重视安全问题；既重视自身安全，又重视共同安全。坚持总体国家安全观，必须"以人民安全为宗旨，以政治安全为根本，以经济安全为基础，以军事、文化、社会安全为保障，以促进国际安全为依托，走出一条中国特色国家安全道路"。党的十八大以来，随着总体国家安全观的深入贯彻，国家安全工作得到全面加强，政治安全、国土安全、军事安全、经济安全、文化安全、社会安全、科技安全、信息安全、生态安全以及网络安全、资源安全、生物安全等得到有力保障，国家各项重大利益得到坚决捍卫和有效保护，确保了人民安居乐业、党的长期执政、国家长治久安。

生态文明建设成效显著。党的十八大以来，中国特色社会主义生态文明建设的理论和实践不断发展，形成了习近平生态文明思想，为建设美丽中国提供了理论指导。2013年5月，十八届中央政治局第六次集体学习时，习近平指出："生态环境保护是功在当代、利在千秋的事业。要清醒认识保护生态环境、治理环境污染的紧迫性和艰巨性，清醒认识加强生态文明建设的重要性和必要性，以对人民群众、对子孙后代高度负责的态度和责任，真正下决心把环境污染治理好、把生态环境建设好，努力走向社会主义生态文明新时代，为人民创造良好生产生活环境。"2015 年 5 月，中共中央、国务院发布《关于加快推进生态文明建设的意见》，9 月又印发《生态文明体制改革总体方案》，这两个文件提出了加强生态文明建设的总体目标、主要原则、重点任务、制度保障等，搭起了新时代生态文明建设的四梁八柱。

生态文明建设制度体系加快形成。2013 年 9 月，国务院印发《大气污染防治行动计划》；2015 年 4 月，国务院印发《水污染防治行动计划》；2016 年 5 月，国务院印发《土壤污染防治行动计划》。这三个重要文件，明确了全国和各重点区域大气、水、土壤污染治理主要指标标准，提出了加强治理的行动计划，对于破解我国环境污染突出问题具有重要意义。全国人大常委会、最高人民法院、最高人民检察院大力推进对环境污染和生态破坏的依法治理，加大依

★ 上图为 1962 年建设机械林场前的塞罕坝，下图为 2020 年塞罕坝国家森林公园晨景

法惩治力度，形成高压态势。随着治理力度加大，我国环境状况得到显著改善，重大生态保护和修复工程进展顺利，森林覆盖率持续提高。2020 年，全国森林覆盖率达 23.04%，中国成为全球"变绿"主力军。统筹山水林田湖草系统治理，生态文明主体功能区制度逐步健全，国家公园体制试点积极推进。推行绿色发展方式和生活方式，开展农村人居环境整治。积极推进全面节约资源能源，能源资源消耗强度大幅下降。生态文明的观念得到广泛认同，绿水青山就是金山银山的理念深入人心，保护环境、绿色生活成为越来越多群众的自觉行动，一幅美丽中国的生动画卷正在中华大地徐徐展开。

与此同时，我国深度参与全球生态治理，推动绿色发展国际合作，率先发布《中国落实 2030 年可持续发展议程国别方案》，实施《国家应对气候变化规划（2014—2020 年)》，向联合国交存《巴黎协定》批准文书。2020 年 9 月 22 日，习近平在第七十五届联合国大会一般性辩论时发表重要讲话宣布，中国将提高国家自主贡献力度，采取更加有力的政策和措施，二氧化碳排放力争于 2030 年前达到峰值，努力争取 2060 年前实现碳中和。习近平的讲话得到国际社会高度评价，中国已经成为全球生态文明建设的重要参与者、贡献者、引领者。

强军兴军开创新局面。强国必须强军，军强才能国安。人民军队是中国人民利益的坚强捍卫者，是中国特色社会主义的坚强柱石。以习近平同志为核心的党中央着眼实现中华民族伟大复兴的中国梦，围绕新时代建设一支什么样的强大人民军队、怎样建设强大人民军队，深入进行理论探索和实践创新，形成了习近平强军思想。2012 年 12 月，习近平担任中央军委主席后第一次出京视察，在接见驻广州部队时首次提出了"强军梦"，强调要把建设巩固国防和强大军队放在实现中国梦的大目标下来把握，坚持富国和强军相统一。人民军队必须牢记，坚决听党指挥是强军之魂，能打仗、打胜仗是强军之要，依法治军、从严治军是强军之基，全面加强军队革命化、现代化、正规化建设。在习近平强军思想引领下，

★ 纪念中国人民抗日战争暨世界反法西斯战争胜利 70 周年阅兵式在北京隆重举行

★ 中国维和部队在海外执行任务

全军重整行装再出发，贯彻新时代军事战略方针，坚持全面推进政治建军、改革强军、科技强军、人才强军、依法治军，聚力备战打仗，全力推进国防和军队现代化，以更强大的能力、更可靠的手段捍卫国家主权、安全、发展利益，开创了新时代强军兴军的崭新局面。

坚持党对人民军队的绝对领导，是我国根本军事制度，是我军的建军之本和强军之魂。习近平反复强调："必须毫不动摇坚持党对军队的绝对领导。"2014 年 4 月，中央军委印发《关于贯彻落实军委主席负责制建立和完善相关工作机

★ 古田会议会址

制的意见》，进一步明确了军委主席负责制的地位作用和运行方式。2014年10月30日至11月2日，全军政治工作会议在福建上杭古田举行，习近平在会上指出，军队政治工作的时代主题是，紧紧围绕实现中华民族伟大复兴的中国梦，为实现党在新形势下的强军目标提供坚强政治保证。全面贯彻党领导人民军队的根本原则和制度，恢复和发扬我党我军光荣传统和优良作风，深化思想理论武装和政治、组织、作风、制度建设，锻造具有铁一般信仰、铁一般信念、铁一般纪律、铁一般担当的过硬部队。强力推进军队正风肃纪、反腐败斗争，人民军队政治生态得到有效治理。国防和军队改革取得历史性突破，形成军委管总、战区主战、军种主建新格局，人民军队组织架构和力量体系实现革命性重塑，强军事业发生历史性变革。加强练兵备战，有效遂行海上维权、反恐维稳、抢险救灾、国际维和、亚丁湾护航、人道主义救援等重大任务，武器装备加快发展，军事斗争准备取得重大进展。人民军队在中国特色强军之路上迈出坚定步伐。

"一国两制"实践取得新进展。党的十八大以来，党中央全面准确贯彻"一国两制"、"港人治港"、"澳人治澳"、高度自治的方针，落实中央对香港、澳门特别行政区全面管治权，落实特别行政区维护国家安全的法律制度和执行机制，坚定维护国家主权、安全、发展利益，维护香港、澳门长期繁荣稳定。坚持一个中国原则和"九二共识"，推动两岸政治关系实现历史性突破，加强两岸经济文化交流合作，妥善应对台湾局势变化，坚决反对和遏制"台独"分裂势力，有力维护了台海和平稳定，不断推进祖国和平统一进程。

党和国家从全国发展战略全局高度着眼，采取有力措施保持香港、澳门长期稳定。2012年12月，习近平听取香港特别行政区行政长官汇报时郑重申明：中央贯彻落实"一国两制"、严格按照基本法办事的方针不会变；支持行政长官和特别行政区政府依法施政、履行职责的决心不会变；支持香港、澳门两个特别行政区发展经济、改善民生、推进民主、促进和谐的政策也不会变。关键是要全面准确理解和贯彻"一国两制"方针，切实尊重和维护基本法权威。这一讲话，明确了中央对香港、澳门繁荣稳定的原则要求，给港澳社会吃下了"定心丸"。2014年8月，第十二届全国人民代表大会常务委员会第十次会议审议通过《关于香港特别行政区行政长官普选问题和2016年立法会产生办法的决定》，确定了香港特别行政区行政长官普选制度的核心要素和制度框架，确保了香港依法顺利实现行政长官普选。2019年6月以后，香港发生"修例风波"，反中乱港势力给香港繁荣稳定造成严

★ 2020 年 7 月 1 日，香港市民举行"庆祝香港回归祖国 23 周年"快闪活动

★ 2019 年 12 月 20 日，澳门回归 20 周年纪念日，跑友们在澳门地标大三巴牌坊前留影

★ 中华人民共和国台湾居民居住证

重破坏。2020 年 6 月，第十三届全国人民代表大会常务委员会第二十次会议通过《中华人民共和国香港特别行政区维护国家安全法》，为香港"止暴制乱"，维护"一国两制"和国家安全提供了法律保障。2021 年 3 月，第十三届全国人民代表大会第四次会议以高票表决通过《全国人民代表大会关于完善香港特别行政区选举制度的决定》，进一步完善香港特别行政区选举制度，维护宪法和香港基本法确定的香港特别行政区宪制秩序，确保以爱国者为主体的"港人治港"，有力维护了国家核心利益和香港特别行政区的根本利益。

中央政府大力支持香港、澳门发展经济、

改善民生，积极推动两地发展纳入国家整体发展战略。粤港澳大湾区建设加快步伐。2018 年 9 月，广深港高铁通车运营；10 月，港珠澳大桥开通，为香港、澳门更好融入国家发展大局提供了有利条件。中央有关部门出台一系列政策措施，加强内地与香港、澳门的交流合作，为港澳居民来内地发展创造更好条件，不断推进粤港澳大湾区繁荣发展，为港澳地区人民带来福祉。

为了加强两岸交流、促进和平统一进程，党和国家从推进两岸和平发展的大局出发，妥善应对台湾局势的变化，加强同岛内认同"九二共识"、支持两岸交流的政党、团体和人士互动，推进各领域交流合作与经济社会融合发展。2015 年 11 月，习近平与台湾地区领导人马英九在新加坡实现了两岸领导人的历史性会晤，就坚持"九二共识"、推进两岸关系和平发展达成共识。2016 年 5 月，民进党再度上台执政，蔡英文当局拒不承认一个中国原则和"九二共识"，策动"台独"势力分裂活动，破坏两岸和平发展局面，中央采取一系列有力措施，坚决遏制"台独"势力，坚定维护两岸关系和平发展大局，保持了台海局势总体稳定。2018 年 2 月，为贯彻落实党的十九大"逐步为台湾同胞在大陆学习、创业、就业、生活提供与大陆同胞同等的待遇，增进台湾同胞福祉"的要求，国务院台办、国家发展改革委等发布《关于促进两岸经济文化交流合作的若干措施》，加快给予台资企业与大陆企业同等待遇，逐步为台胞在大陆学习、创业、就业、生活提供与大陆同胞同等的待遇。这些举措得到了台资企业和台湾同胞的积极欢迎。

# 四、决胜全面建成小康社会

为中国人民谋幸福，为中华民族谋复兴，这是中国共产党人始终不变的初心和使命，也是激励中国共产党人不断前进的根本动力。改革开放之初，邓小平在设计我国改革开放蓝图时，就提出"三步走"、实现社会主义现代化的宏伟战略构想，他用"小康社会"来诠释这个构想的中间阶段，明确提出到 20 世纪末"在中国建立一个小康社会"。在全党全国各族人民的共同努力下，20 世纪末，我们如期完成了现代化建设"三步走"战略的第一步、第二步，在中国实现了总体小康的目标。在这个基础上，党的十六大提出，我国要在本世纪头 20 年全面建设惠及十几亿人口的更高水平的小康社会。2012 年 11 月，党的十八大进一步明确了到 2020年全面建成小康社会的战略任务和基本内涵，提出了全面建成小康社会 5 个方面的目标要求。

进入新时代，以习近平同志为核心的党中央团结带领全党全国各族人民，攻坚克难，砥砺前行，全力落实全面建成小康社会各项任务，推动我国经济社会发展取得了一系列历史性成就，经济保持中高速增长，人民生活水平和质量普遍提高，国民素质和社会文明程度显著进步，生态环境质量总体改善，各方面制度更加成熟更加定型，到 2020 年末我国已经实现全面建成小康社会目标。

——从综合发展实力看，党的十八大以来我国经济实力大幅跃升，国内生产总值从 2012 年的 51.9 万亿元增长到

2020 年的 100 万亿元以上，稳居世界第二，对世界经济增长贡献率超过 30%。产业结构调整取得了历史性的成就，供给侧结构性改革不断深化，装备制造业和高技术制造业增速迅猛，"互联网 +"和《中国制造 2025》多领域取得重大突破。从人类发展指数看，2019 年在世界 189 个国家和地区中，中国排在第 85 位，是联合国引入这一指数以来，世界唯一的从"低人类发展水平"跃升到"高人类发展水平"的国家；城镇化率超过 60%，高于中等收入国家的平均水平。

——从人民生活水平看，党的十八大确定的 2020 年城乡居民人均收入比 2010 年翻番目标如期实现。脱贫攻坚战取得了全面胜利，近 1 亿农村贫困人口实现脱贫，成就举世瞩目。社会治理体系更加完善，社会大局保持稳定。我国形成了世界上规模最大的中等收入群体，家庭年收入 10 万元至 50 万元人口超过 4 亿。居民消费水平快速提高，社会消费品零售总额由 2012 年的 20.6 万亿元增加到 2020 年的 39.2 万亿元，增长 90%。住房条件显著改善，2020 年我国城镇和农村居民人均住房建筑面积分别为 39.9 平方米和 49.6 平方米，高于一些发达国家。

——从社会保障和公共服务看，九年义务教育全面普及，中西部和农村教育明显加强，高等教育正在由大众化阶段进入普及化阶段，毛入学率 2020 年达到 54.4%。公共卫生服务机构和卫生服务人员数量大幅增加，覆盖城乡居民的社会保障体系基本建立，人均预期寿命 2019 年达 77.3 岁，比世界平均预期寿命高 4.7 岁。我国农村地区生产生活条件得到显著改善，行路难、吃水难、用电难、通信难、上学难、就医难等问题得到历史性解决。

全面建设小康社会成就显著，国际社会给予高度赞誉，普遍认为中国是发展中国家中的"优等生"。这印证了我们全面建成小康社会取得的成绩是实实在在的。

"行百里者半九十。"越是离目标近，越需要格外努力、格外用心。2019年4月22日，习近平主持召开中央财经委员会第四次会议讲话强调，我们既要为全面建成小康社会跑好"最后一公里"，又要乘势而上开启全面建设社会主义现代化国家新征程，实现"两个一百年"奋斗目标有机衔接。决胜全面建成小康社会，不仅要考虑当前发展，而且要考虑更长远时期的发展要求，确保建成高质量的全面小康社会，为实现第二个百年奋斗目标奠定更为牢靠的基础。

全面建成小康社会，强调的不仅是"小康"，更重要、更难做到的是"全面"。如果仅仅是国民生产总值上实现了目标，但发展不平衡、不充分问题更加严重，短板更加突出，弱项未能加强，不能惠及全体人民，就不能算真正全面建成小康社会。习近平在党的十九大报告中指出，要"突出抓重点、补短板、强弱项，特别是要坚决打好防范化解重大风险、精准脱贫、污染防治的攻坚战，使全面建成小康社会得到人民认可、经得起历史检验"。他强调，要拿出实实在在的举措，一个时间节点一个时间节点往前推进，以钉钉子精神全面抓好落实。

决胜全面建成小康社会，必须坚决打好防范化解重大风险的攻坚战。2015年10月29日，习近平在党的十八届五中全会第二次全体会议上说："我们面临的重大风险，既包括国内的经济、政治、意识形态、社会风险以及来自自然界的风险，也包括国际经济、政治、军事风险等。如果发生重大风险又扛不住，国家安全就可能面临重大威胁，全面建成小康社会进程就可能被迫中断。"2018 年 1 月，新进中央委员会的委员、候补委员和省部级主要领导干部学习贯彻习近平新时代中国特色社会主义思想和党的十九大精神研讨班在北京举行，习近平在开班式上强调："前进道路不可能一帆风顺，越是取得成绩的时候，越是要有如履薄冰的谨慎，越是要有居安思危的忧患，绝不能犯战略性、颠覆性错误。"他一口气列举了可能遇到的 8 个方面 16 个具体风险，其中提到"像非典那样的重大传染性疾病，也要时刻保持警惕、严密防范"。2019 年 1 月 21 日，习近平在省部级主要领导干部坚持底线思维着力防范化解重大风险专题研讨班开班式上指出："我们必须始终保持高度警惕，既要高度警惕'黑天鹅'事件，也要防范'灰犀牛'事件；既要有防范风险的先手，也要有应对和化解风险挑战的高招；既要打好防范和抵御风险的有准备之战，也要打好化险为夷、转危为机的战略主动战。"

防控金融风险始终是党中央高度关注的问题。习近平多次强调要把这个问题放在重要位置，并以敏锐的预见力和深邃的洞察力，采取了一系列重要措施。2017 年 7 月，习近平在全国金融工作会议上强调："防止发生系统性金融风险是金融工作的永恒主题。要把主动防范化解系统性金融风险放在更加重要的位置，科学防范，早识别、早预警、早发现、早处置，着力防范化解重点领域风险，着力完善金融安全防线和风险应急处置机制。"根据中央要求和决策部署，金融管理部门从同业、理财、表外业务 3 个领域入手，开展了多个专项治理和综合治理，保障了我国金融体系的稳定。

2017 年中央经济工作会议提出，要做好重点领域风险防范和处置，坚决打击违法违规金融活动，加强薄弱环节监管制度建设。之后，又提出防范金融市场异常波动和共振，稳妥处理地方政府债务风险，做到坚定、可控、有序、适度。经过持续努力，我国防范化解重大金融风险步伐稳健，取得明显成效，为决胜全面建成小康社会营造了良好的金融和经济环境。

2018 年，美国特朗普政府蓄意挑起了对中国的经贸摩擦，进而演化为针对中国的"贸易战""科技战"和"产业链之战"，企图通过"极限施压"的方式，迫使我国牺牲重大利益作出让步，甚至放弃未来发展能力。2019 年以后，美国一些政客持续对华施压和设置更多障碍，在人员交流、文化往来、国际事务等多方面制造事端，利用新冠肺炎疫情、人权、民主，以及香港、台湾、新疆、南海等问题对中国进行攻击、抹黑、干涉，并在军事领域对我国进行挑衅和威胁，大肆鼓吹中美"脱钩"，对中美关系造成巨大损害。面对美国反华势力的挑衅，党中央精准研判形势，保持战略定力，坚持有理有利有节的原则，采取一系列有效措施，坚决维护国家利益和民族尊严。习近平指出："任何人任何势力都不能阻挡中国人民实现更加美好生活的前进步伐！"中国将坚定不移地走好自己的发展道路，在新时代的伟大征程上一路向前。他强调，打铁还需自身硬，最根本的是要把我们自己的事情办好，把压力转化为加快发展的动力。中国政府以更大力度的改革开放举措，对冲外部环境造成的冲击，实行外商投资准入负面清单制度，在更广领域放开投资限制，大力推进共建"一带一路"，与多个国家多个地区签订

★ 2020 年 2 月 10 日，习近平在北京调研指导新冠肺炎疫情防控工作

自贸协定，促进国际发展环境不断改善，保持了经济平稳运行、积极向好态势。习近平强调，我们必须坚定不移深化改革、扩大开放，但同时要牢固树立安全发展理念，补齐相关短板，破解"卡脖子"的技术瓶颈，维护产业链、供应链安全，积极做好防范化解重大风险工作。

　　2020 年初突如其来的新冠肺炎疫情，是百年来全球发生的最严重的传染病大流行，是新中国成立以来我国遭遇的传播速度最快、感染范围最广、防控难度最大的重大突发公共卫生事件。以习近平同志为核心的党中央在疫情发生的第一时间，就迅速作出重大决策，采取有力措施阻断疫情的蔓延，保护人民群众生命安全。2020 年 1 月 25 日正是农历大年初一，中央政治局常委会召开专门会议，听取新型冠状病毒感染的肺炎疫情防控工作汇报，习近平在会上强调，要把

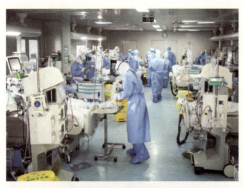

★ 面对突如其来的新冠肺炎疫情，我们以人民至上、生命至上诠释了人间大爱，用众志成城、坚忍不拔书写了抗疫史诗

人民生命安全和身体健康放在第一位，尽快落实应对疫情的各项措施。党中央决定成立中央应对疫情工作领导小组，建立国务院联防联控机制，派出中央指导组赴武汉一线指导抗疫工作。在抗击新冠肺炎疫情期间，习近平先后主持召开14次中央政治局常委会会议，4次中央政治局会议以及多次党的重要会议，因时因势制定重大战略策略，提出坚定信心、同舟共济、科学防治、精准施策的总要求，周密部署抗疫各项工作。各地区成立党政主要负责人挂帅的领导小组，启动重大突发公共卫生事件Ⅰ级响应。广大人民群众众志成城、团结奋战，打响了新冠肺炎疫情防控的人民战争、总体战、阻击战，形成了全党全国人民同心同德共抗疫情的局

面。中国积极履行国际义务，同世界各国携手合作、共克时艰，大力开展新冠肺炎疫情防控交流活动，尽最大努力为世界各国提供抗疫物资保障，充分展现了大国担当。

在这场同严重疫情的殊死较量中，中国人民在中国共产党的坚强领导下，敢于斗争、敢于胜利，铸就了生命至上、举国同心、舍生忘死、尊重科学、命运与共的伟大抗疫精神，这充分展现了中国共产党领导和我国社会主义制度的显著优势，充分展现了中国人民和中华民族的伟大力量，充分展现了中华文明的深厚底蕴，充分展现了中国负责任大国的自觉担当，极大增强了全党全国各族人民的自信心和自豪感、凝聚力和向心力，必将激励我们在新时代新征程上披荆斩棘、奋勇前进。

决胜全面建成小康社会，必须坚决打好脱贫攻坚战。2012 年 12 月，党的十八大之后不久，习近平就到河北省阜平县考察扶贫开发工作，他说："全面建成小康社会，最艰巨最繁重的任务在农村、特别是在贫困地区。没有农村的小康，特别是没有贫困地区的小康，就没有全面建成小康社会。大家要深刻理解这句话的含义。"2015 年 11 月，他在中央扶贫开发工作会议上说："小康不小康，关键看老乡，关键看贫困老乡能不能脱贫。"他强调，"到 2020 年我国现行标准下农村贫困人口实现脱贫，贫困县全部摘帽，解决区域性整体贫困"，要作为全面建成小康社会的底线任务。2018 年 2 月，习近平在成都主持召开打好精准脱贫攻坚战座谈会，听取脱贫攻坚进展情况汇报，集中研究最后 3 年完成脱贫攻坚任务的对策。随后，中共中央、国务院印发了《关于打赢脱贫攻坚战三年行动的指导意见》，对最后完成脱

★ 2013 年 11 月 3 日，习近平在湖南考察时与湘西土家族苗族自治州花垣县排碧乡十八洞村村民座谈

贫攻坚战任务作出全面部署。

　　打赢脱贫攻坚战不仅要有决心，更要有正确的战略和方法。"精准扶贫"是习近平关于脱贫攻坚的重要战略思想。2013 年 11 月，习近平到湖南省湘西花垣县排碧乡十八洞村考察，首次提出，抓扶贫开发，既要整体联动、有共性的要求和措施，又要突出重点、加强对特困村和特困户的帮扶，做到精准扶贫。2013 年 12 月，中共中央办公厅、国务院办公厅印发《关于创新机制扎实推进农村扶贫开发工作的意见》，全面启动精准扶贫战略。在精准扶贫实施过程中，我们党不断总结实践经验，不断完善理论认识和相关政策。2015 年 6 月，习近平在贵州召开部分省区市党委主要负责同志座谈会上指出，要做到扶持对象精准、项目安排精准、资金使用精准、措施到户精准、因村派人（第一书记）精准、脱贫成效精准"六个精准"，明确了精准扶贫的具体要求。

同年 11 月，他在中央扶贫开发工作会议上提出，发展生产脱贫一批、易地搬迁脱贫一批、生态补偿脱贫一批、发展教育脱贫一批、社会保障兜底一批"五个一批"工程，为打通脱贫攻坚"最后一公里"开出药方。精准扶贫思想是我们党的重大理论创新，它极大丰富了人类反贫困理论、拓展了人类反贫困实践，为世界上仍然处于贫困中的人民追求富裕安康的生活贡献了中国智慧和中国方案。

精准扶贫战略推动脱贫攻坚步伐明显加快，成效更加显著、实在。2014 年，全国扶贫系统组织了 80 万人进村入户，共识别 12.8 万个贫困村、8962 万贫困人口，建档立卡、录入信息，实行有进有出的动态管理。截至 2021 年初，全国共派出 25.5 万个驻村工作队，累计选派 300 多万名县级以上党政机关和国有企事业单位干部到贫困村和基层党组织软弱涣散村担任第一书记或驻村干部。一大批青年干部深入基层抓精准扶贫，学会了做群众工作，在实践锻炼中快速成长。各地推进抓党的建设、促脱贫攻坚，贫困地区基层组织得到加强。2015 年 11 月，中央扶贫开发工作会议举行，中西部 22 个省区市党政主要负责同志向党中央签署了脱贫攻坚责任书。在此基础上，省、市、县、乡、村层层签订脱贫攻坚责任书。"五级书记抓扶贫"，成为中国扶贫最大特色，也显示了中国扶贫强大决心。2018 年 9 月，中共中央、国务院印发《乡村振兴战略规划（2018—2022 年）》，把打好精准脱贫攻坚战作为实施乡村振兴战略的优先任务，推动脱贫攻坚与乡村振兴有机结合相互促进。

党的十八大以来，在以习近平同志为核心的党中央坚强领导下，脱贫攻坚战略扎实推进，到 2020 年 11 月底，全国贫困人口全部实现脱贫，区域性整体贫困得到基本解决。2021 年 2 月 25 日，在全国脱贫攻坚总结表彰大会上，习近平宣布："在迎来中国共产党成立一百周年的重要时刻，我国脱贫攻坚战取得了全面胜利，现行标准下 9899 万农村贫困人口全部脱贫，832 个贫困县全部摘帽，12.8 万个贫困村全部出列，区域性整体贫困得到解决，完成了消除绝对贫困的艰巨任务，创造了又一个彪炳史册的人间奇迹！"全面打赢脱贫攻坚战，无疑是中华民族发展史上的一个伟大跨越。中国提前 10 年实现了联合国 2030 年可持续发展议程的减贫目标，世界上目前还没有其他国家能在这么短的时间内做到这一点，这一成就谱写了人类反贫困历史新篇章。这对中国和世界都具有重大意义。

决胜全面建成小康社会，必须坚决打好污染防治攻坚战。大力推进美丽中国建设，保持天更蓝、水更清、土更净，是广大人民群众的迫切愿望，也是全面建成高质量小康社会的必然要求。党和国家高度重视生态环境保护和防治污染问题。2017 年 10 月，党的十九大报告把污染防治作为实现全面建成小康社会的三大攻坚战之一。2018 年 5 月 18 日，全国生态环境保护大会在北京召开。习近平在会上提出了新时代推进生态文明建设的基本原则，强调要加大力度推进生态文明建设、解决生态环境问题，坚决打好污染防治攻坚战，推动我国生态文明建设迈上新台阶，加快构建生态文明体系等，深刻阐述了习近平生态文明思想。6 月 16 日，中共中央、国务院印发《关于全面加强生态环境保护，坚决打好污染防治攻坚战的意见》，对新时代构建生态文明体系，坚决打好污染防治攻坚战作出重要部署。

在党和国家有力推动下，各地各部门以打赢污染防治攻坚战为主线，大力加强污染防治力度，着力解决群众关心的突出环境问题。持续开展大气污染防治行动，铁腕治霾，加强京津冀及周边、长三角、汾渭平原等重点区域空气污染治理；深入实施水污染防治行动计划，消除城市黑臭水体，减少污染严重水体和不达标水体，加强水源地保护，扎实推进河长制湖长制；全面实施土壤污染防治行动计划，推进土壤污染管控和修复，推行生活垃圾分类，加强农业农村污染治理，大幅度削减进口固体废物种类和数量。随着各项措施的落地生效，生态环境治理的成效越来越明显。到 2020 年，全国地级及以上城市空气质量优良天数比率为 87%，比 2015 年上升 5.8 个百分点；全国地表水优良水质断面比例提高到 83.4%，相比 2015 年提高 17.4 个百分点；全国受污染耕地安全利用率达到 90% 左右，污染地块安全利用率达到 93% 以上。

2021 年 7 月 1 日，在庆祝中国共产党成立 100 周年大

★ 2021 年 7 月 1 日，庆祝中国共产党成立 100 周年大会在北京天安门广场隆重举行

会上，习近平代表党和人民庄严宣告：经过全党全国各族人民持续奋斗，我们实现了第一个百年奋斗目标，在中华大地上全面建成了小康社会，历史性地解决了绝对贫困问题，正在意气风发向着全面建成社会主义现代化强国的第二个百年奋斗目标迈进。这是中华民族的伟大光荣！这是中国人民的伟大光荣！这是中国共产党的伟大光荣！我们要乘势而上，接续奋斗，为实现第二个百年奋斗目标、建设社会主义现代化强国不断作出新贡献。踏上建设社会主义现代化强国新征程的中国特色社会主义，必将在这一伟大征程中取得新的更加辉煌的成就！

# 五、中国特色大国外交和构建
# 人类命运共同体

中国特色社会主义进入新时代，我国日益走近世界舞台中央，不断为人类作出更大贡献。党中央深刻洞悉国际局势的复杂变化，牢牢把握人类社会发展趋势，坚定地站在历史正确的一边，坚持多边主义和国际关系民主化，提出和倡导和平、发展、公平、正义、民主、自由的全人类共同价值，坚持合作、不搞对抗，坚持开放、不搞封闭，坚持互利共赢、不搞零和博弈，反对霸权主义和强权政治，推动构建人类命运共同体；提出共建"一带一路"倡议，推进建设新型国际关系，参与和促进全球治理体系变革，引领中国在复杂多变的国际格局中始终保持战略主动，日益发挥世界和平建设者、全球发展贡献者、国际秩序维护者的重要作用，成功走出了一条中国特色大国外交之路。

　　当今世界，人类面临的挑战层出不穷，全球性问题更加突出。合作还是对抗？开放还是封闭？互利共赢还是零和博弈？如何回答这些问题，关乎世界和平与发展，关乎人类前途命运。2013 年 3 月，习近平在莫斯科国际关系学院发表演讲时，首次提出构建人类命运共同体理

★ 2013 年 3 月 23 日，习近平在莫斯科国际关系学院发表演讲

念，他指出："这个世界，各国相互联系、相互依存的程度空前加深，人类生活在同一个地球村里，生活在历史和现实交汇的同一个时空里，越来越成为你中有我、我中有你的命运共同体。"人类命运共同体顾名思义，就是每个国家、每个民族乃至每个人的前途命运，都是紧紧联系在一起的，应该风雨同舟，荣辱与共，努力构建一个和睦相处的人类大家庭。这一理念反映了全世界各国人民的普遍愿望和共同心声，成为人类对美好生活向往的最大公约数，为解决人类社会面对的共同难题提供了中国方案。

　　此后，习近平在多个国际场合全面阐述了人类命运共同

★ 2015 年 9 月 28 日，习近平在纽约联合国总部出席第七十届联合国大会一般性辩论并发表题为《携手构建合作共赢新伙伴，同心打造人类命运共同体》的重要讲话

体理念。2015 年 9 月，他在纽约联合国总部出席第七十届联合国大会一般性辩论并发表题为《携手构建合作共赢新伙伴，同心打造人类命运共同体》的重要讲话，强调要继承和弘扬联合国宪章宗旨和原则，构建以合作共赢为核心的新型国际关系，打造人类命运共同体，并提出从伙伴、安全、发展、文明、生态等 5 个方面加强全球合作的构想。2017 年 1 月，习近平在联合国日内瓦总部万国宫出席"共商共筑人类命运共同体"高级别会议，发表题为《共同构建人类命运共同体》的主旨演讲，指出："当今世界充满不确定性，人们对未来既寄予期待又感到困惑。世界怎么了、我们怎么办？这是整个世界都在思考的问题，也是我一直在思考的问题。"

他强调，要建设一个持久和平、普遍安全、共同繁荣、开放包容、清洁美丽的世界，把人类命运共同体建设的大方向、大架构、大主张与联合国崇高事业全面对接，使人类命运共同体理念更加丰富。习近平在与各国领导人会晤，参加国际性会议和双边多边活动时，先后阐述了"中非从来都是命运共同体""携手建设更为紧密的中国—东盟命运共同体""让命运共同体意识在周边国家落地生根""努力构建携手共进的中拉命运共同体""构建中巴命运共同体""共同构建亚洲命运共同体""努力打造核安全命运共同体""努力推动构建网络空间命运共同体""共同构建人类卫生健康共同体"等重要理念。随着习近平的出访脚步和中国外交实践的推进，人类命运共同体理念深入人心，并被写入联合国多项决议，已经成为全球性共识，日益产生广泛国际影响。

共建"一带一路"倡议，是中国参与全球开放合作、促进全人类共同繁荣发展的中国方案。2013 年 9 月，习近平在哈萨克斯坦纳扎尔巴耶夫大学发表演讲，提出共同建设"丝绸之路经济带"的合作倡议；同年 10 月，习近平在印度尼西亚国会发表演讲，提出共同建设"21 世纪海上丝绸之路"的合作倡议。"丝绸之路经济带"和"21 世纪海上丝绸之路"合作倡议合称为共建"一带一路"倡议。这个倡议把我国发展同"一带一路"沿线国家，以及世界其他国家发展结合起来，把中国梦同世界各国人民谋求和平发展繁荣的梦想结合起来，是人类在 21 世纪全新的发展理念，体现了中国的全球视野、国际胸怀和大国担当。

为了推进共建"一带一路"倡议，2014 年 11 月，在北京举行了"加强互联互通伙伴关系"东道主伙伴对话会。

习近平宣布，中国将出资 400 亿美元成立丝路基金，为"一带一路"沿线国家基础设施、资源开发、产业合作和金融合作等有关的项目提供投融资支持。同年 12 月，中共中央、国务院印发《丝绸之路经济带和 21 世纪海上丝绸之路建设战略规划》，对推进"一带一路"建设作出全面部署。2015 年 3 月，经国务院授权，国家发展改革委、外交部、商务部联合发布《推动共建丝绸之路经济带和 21 世纪海上丝绸之路的愿景与行动》，提出了沿线国家和世界各国广泛合作，共建"一带一路"的具体构想。2016 年 1 月 16 日，中国发起成立的亚洲基础设施投资银行举行开业仪式，该行以打造专业、高效、廉洁的 21 世纪新型多边开发银行为目标，成为推进"一带一路"合作的新平台。同年 8 月，推进"一带一路"建设工作座谈会举行。习近平在会上强调，要聚焦政策沟通、设施联通、贸易畅通、资金融通、民心相通这"五通"，构建互利合作网络、新型合作模式、多元合作平台，携手打造绿色丝绸之路、健康丝绸之路、智力丝绸之路、和

★"丝路金桥"景观作品寓意架设"沟通之桥"

平丝绸之路。一系列政策举措，汇合成了一套漂亮的"组合拳"，拳拳落在实处，打在要点，彰显了中国扎实推进"一带一路"倡议的诚意与行动。

"一带一路"倡议的实施，使这条延续千年、绵亘万里，传颂着各国人民友好交往故事的古代丝绸之路，在 21 世纪焕发了新的青春活力，谱写了世界各国人民合作共赢的崭新篇章。2016 年 11 月，联合国 193 个会员国协商一致通过决议，欢迎共建"一带一路"等经济合作倡议，呼吁国际社会为"一带一路"建设提供安全保障环境。2017 年 5 月，在北京举行的"一带一路"国际合作高峰论坛上，习近平发表主旨演讲，提出坚持以和平合作、开放包容、互学互鉴、互利共赢为核心的丝路精神，将"一带一路"建成和平之路、繁荣之路、开放之路、创新之路、文明之路。截至 2021 年 8 月，中国已同 172 个国家和国际组织签署了 200 多份共建"一带一路"合作文件，范围涵盖亚洲、欧洲、非洲、拉丁美洲、南太平洋等地区和相关国际组织，共展开超过 2000 个项目，解决了成百万上千万人的就业。中巴经济走廊建设高质量推进，中俄黑河公路大桥、同江铁路大桥顺利合龙，塞尔维亚 E763 高速公路、肯尼亚内马铁路一期建成通车，雅万高铁进入全面施工阶段……一大批互联互通项目有序推进。"一带一路"倡议已经成为当今世界规模最大的国际合作平台和最受欢迎的国际公共产品，给各国人民带来实实在在的福祉，得到了国际社会的广泛支持和全球范围的积极参与。

2020 年新冠肺炎疫情大流行，共建"一带一路"倡议经受住了考验，也充分证明了其在全球经济发展中的关键作用。新冠肺炎疫情的流行，给世界经济发展骤然按下了"暂停键"，世界上大多数国家经济发展放缓，许多国家出现了负增长。但是，共建"一带一路"合作却呈现十足韧性并取得亮丽成绩。在全球对外投资低迷的情况下，2020年前三季度，中国企业对"一带一路"沿线国家的非金融类直接投资达910.3亿元人民币。中国企业在沿线61个国家新签对外承包工程项目合同3478份，金额达到5852.8亿元人民币；2020年中欧班列开行达12406列，超过2019年全年开行量，成为中欧合作抗疫和促进经济贸易发展的"生命通道"。2020年6月，"一带一路"国际合作高级别视频会议在北京举行，习近平在会上指出，中国愿同合作伙伴一道，把"一带一路"打造成团结应对挑战的合作之路、维护人民健康安全的健康之路、促进经济社会恢复的复苏之路、释放发展潜力的增长之路。习近平的讲话，彰显了中国恪守国际道义、践行大国担当，为各国团结合作、共克时艰、战胜疫情提供了强大凝聚力，为构建人类命运共同体树立了榜样。

在中国的推动和各国共同努力下，共建"一带一路"从倡议走向实践、从理念转化为行动、从愿景转变为现实，连点成线再到面，在广袤大陆上落地生根，在浩瀚海洋中乘风破浪，展现出蓬勃生机与强大活力，为增进相关国家民生福祉作出了新贡献，为世界各国发展提供了新机遇，汇聚起世界美美与共的强大力量，在人类发展史上具有里程碑意义。

中国始终高举和平、发展、合作、共赢的旗帜，坚定不移在和平共处五项原则基础上积极发展全球伙伴关系，扩大同各国的利益交汇点，坚持以周边和大国为重点，以发展中国家为基础，以多边为舞台，深化务实合作、加强政治互信、夯实社会基础、完善机制建设，不断拓展全方位、多层次、立体化外交布局，打造遍布全球的"朋友圈"。中俄全面战略协作伙伴关系始终保持着高水平，中欧共同打造和平、增长、改革、文明四大伙伴关系取得了积极进展，中日关系逐步走上改善和发展合作的轨道。中美关系近年来虽频遭逆流，但中国始终秉持构建不冲突、不对抗、相互尊重、合作共赢的新型大国关系的原则，推进双方合作，同时坚持有理有利有节的原则，对美方在涉及中国利益、主权和尊严方面的无理霸凌、恶意攻击和滥用制裁的做法，开展了坚决斗争并采取反制措施。中国按照亲诚惠容理念和与邻为善、以邻为伴周边外交方针，不断深化同周边国家关系。中国秉持正确义利观和真实亲诚理念，加强同发展中国家团结合作。截至 2020 年，中国已经同 180 个国家建立了外交关系，与 110 多个国家及区域组织建立了不同形式的伙伴关系，与有关国家缔结 2 万多个双边条约，加入了几乎所有政府间国际组织和 500 多项国际公约。在联合国、世界贸易组织、二十国集团、金砖国家等多边机制中，中国发挥着越来越重要的作用。中国还是亚太经济合作组织、上海合作组织、亚洲相互协作与信任措施会议、东亚"10＋3"合作机制、东亚峰会、博鳌亚洲论坛等区域性国际组织或机制的重要成员。中国以开放姿态欢迎各国搭乘中国发展"快车""便车"，积极发出更多中国声音、注入更多中国元素、提供更多中国方案，维护世界和平与国际公平正义，让中国发展成果更多惠及世界，让各国人民一起过上好日子。

进入 21 世纪，国际格局持续发生深刻调整，世界进入动荡变革期，不稳定性不确定性明显增加，许多全球性挑战越来越需要各国通力合作来应对。推动全球治理体系变革、加强世界各国合作是大势所趋，符合全人类共同利益。2016 年 9 月，在杭州举行的二十国集团工商峰会开幕式上，习近平首次系统阐述了以平等为基础、以开放为导向、以合作为动力、以共享为目标的全球经济治理观，提出建设创新型、开放型、联动型、包容型世界经济的主张。这是中国为促进全球经济治理指出的新方向，提供的新方案，反映出中国在更高层次、更广范围、更深程度上参与全球经济治理的能力。2017 年 10 月，习近平在党的十九大报告中明确指出："中国秉持共商共建共享的全球治理观，倡导国际关系民主化，坚持国家不分大小、强弱、贫富一律平等，支持联合国发挥积极作用，支持扩大发展中国家在国际事务中的代表性和发言权。"2018 年 6 月，习近平主持上海合作组织青岛峰会，并发表重要讲话，强调要提倡创新、协调、绿色、开放、共享的发展观，践行共同、综合、合作、可持续的安全观，秉持开放、融通、互利、共赢的合作观，树立平等、互鉴、对话、包容的文明观，坚持共商共建共享的全球治理观，不断改革完善全球治理体系，推动各国携手共建人类命运共同体。

推进全球治理体系变革并不是推倒重来，更不是另起炉灶，而是与时俱进、创新完善。中国是现行国际体系的参与者、建设者、贡献者，是国际合作的倡导者和国际多边主义的积极践行者。面对世界百年未有之大变局和国际局势风云变幻，面对人类发展处于何去何从的十字路口，中国坚持正确的历史观、大局观、角色观，深入分析把握国际形势及其演变规律，勇于铁肩担道义，发挥负责任大国的作用，积极推进全球治理体系改革和建设，促进人类和平与发展的崇高事业。

中国是发展中国家走向现代化最为成功的国家之一，是21世纪促进世界和平与发展的中坚力量。中国特色社会主义取得的巨大成就，展现了社会主义制度的显著优越性和强大生命力，为世界上希望加快发展又保持自身独立性的国家和民族作出了榜样、带来了希望。习近平指出："开创和拓展中国特色社会主义道路，使社会主义这一人类社会的美好理想在古老的中国大地上变成了具有强大生命力的成功道路和制度体系。这不仅为中华民族实现伟大复兴提供了重要制度保障，而且为人类社会走向美好未来提供了具有充分说服力的道路和制度选择。"近年来，世界各国有识之士纷纷赞誉中国特色社会主义取得的成功，越南、老挝、古巴、朝鲜等社会主义国家的执政党高度重视与中国共产党开展相互学习与交流，其他许多国家的政党纷纷到中国学习考察，积极学习借鉴中国共产党治国理政和管党治党经验。越来越多的国家赞赏中国提出的构建人类命运共同体、维护多边主义、实现合作共赢、维护国际公平正义等理念和主张，重视中国在精准扶贫、社会治理、环境保护、党的建设等方面的经验与创新，愿意与中国加强交流、加强合作，使中国特色社会主义产生越来越广泛的影响，有力促进了世界和平繁荣与人类文明进步。

2017年11月，中国共产党与世界政党高层对话会在北京举行，来自120多个国家的近300个政党和政治组织领导人共襄盛举、共商合作。习近平出席对话会开幕式并发表主旨演讲指出，不同国家的政党应该增进互信、加强沟通、密切协作，探索在新型国际关系的基础上建立求同存异、相互尊重、互学互鉴的新型政党关系，搭建多种形式、多种层次

★ 2017 年 12 月 1 日，中国共产党与世界政党高层对话会开幕式前，习近平与外方主要嘉宾合影

的国际政党交流合作网络，汇聚构建人类命运共同体的强大力量。这次盛会是世界政党政治史上具有开创性意义的大事，也是促进人类文明进步的难得契机。2021 年 7 月，在新冠肺炎疫情肆虐，美国等西方国家掀起对抗、"脱钩"、"新冷战"历史逆流之时，中国共产党与世界政党领导人峰会以视频连线方式举行。习近平在主旨讲话中指出，今天，人类社会再次面临何去何从的历史当口，选择就在我们手中，责任就在我们肩上。面对共同挑战，人类只有和衷共济、和合共生这一条出路。中国共产党愿继续同各国政党和政治组织一道，站在历史正确的一边，站在人类进步的一边，为推动构建人类命运共同体、建设更加美好的世界作出新的更大贡献！事实雄辩地证明，中国共产党是为中国人民谋幸福、为中华民族谋复兴的政党，也是为世界谋大同、为人类谋进步的政党。

当今世界，人类面临许多新挑战新考验，只有始终高举和平、发展、合作、共赢的旗帜，秉持人类休戚与共、风雨同舟的命运共同体的理念，坚持世界各国相互支持、团结合作的精神，才是实现持久和平、共同繁荣的人间正道。2020年9月，习近平在联合国成立75周年纪念峰会上发表重要讲话指出，人类已经进入互联互通的新时代，各国利益休戚相关、命运紧密相连。让我们重申对多边主义的坚定承诺，推动构建人类命运共同体，在联合国旗帜下实现更大团结和进步！

# 六、党在革命性锻造中更加坚强

党的十八大以来，以习近平同志为核心的党中央加强党的全面领导、全面从严治党，坚持党中央权威和集中统一领导，进一步完善党的领导制度和体制，勇于进行自我革命，大力推进党的政治建设、思想建设、组织建设、作风建设、纪律建设，把制度建设贯穿其中，深入持久开展反腐败斗争，以钉钉子精神一步一个脚印深入推进新时代党的建设新的伟大工程，不断增强党的政治领导力、思想引领力、群众组织力、社会号召力，使党在革命性锻造中更加坚强，引领中国特色社会主义巨轮破浪前行。

中国共产党的领导，是中国特色社会主义最本质的特征，也是中国特色社会主义事业顺利发展的根本保障。在中国这样一个14亿多人口的发展中大国，发展社会主义各项事业，离不开中国共产党这一坚强领导核心。习近平指出，"党的领导是做好党和国家各项工作的根本保证，是我国政治稳定、经济发展、民族团结、社会稳定的根本点"。他强调，在坚持党的领导这个决定党和国家前途命运的重大原则问题上，全党全国必须保持高度的思想自觉、政治自觉、行动自觉，绝对不能有丝毫动摇。

坚持党的领导，首先是坚持党中央的集中统一领导。这是党的领导的最高原则，是最根本的政治规矩，任何时候任何情况下都不能含糊、不能动摇。党的十八大以来，党的领导制度和体制进一步健全，党总揽全局、协调各方的领导核心作用充分彰显。党中央成立中央全面深化改革委员会、中央全面依法治国委员会、中央财经委员会、中央审计委员会、中央国家安全委员会等多个决策议事协调机构，健全了党中央对国家重大工作的领导体制。2015 年 1 月 16 日，中央政治局常委会召开会议，专门听取全国人大常委会、国务院、全国政协、最高人民法院、最高人民检察院党组工作汇报。此后，这成为实现党中央集中统一领导的一项制度性安排。同时，党中央审议通过了《中国共产党党组工作条例（试行）》等法规，对已经建立 70 多年的党组制度首次立规，对实施近 20 年的地方党委工作条例首次修订，重大问题请示报告制度、维护党的集中统一的组织制度等在全党逐步落地，进一步增强了党的凝聚力、战斗力和领导力。2018 年 3 月新修改的《中华人民共和国宪法》明确规定，中国共产党领导是中国特色社会主义最本质的特征。这就以国家根本法的形式，确定了中国共产党在中国特色社会主义事业中的领导地位。

坚持党的全面领导，必须增强全面从严治党永远在路上的政治自觉，坚决清除一切损害党的先进性和纯洁性的因素，清除一切侵蚀党的健康肌体的病毒。2013 年 1 月 22 日，在第十八届中央纪律检查委员会第二次全体会议上，习近平指出："实现党的十八大确定的各项目标任务，实现'两个一百年'目标，实现中华民族伟大复兴的中国梦，必须把我们党建设好。"要坚持党要管党、全面从严治党，不断提高党的领导水平和执政水平、提高拒腐防变和抵御风险能力，增强自我净化、自我完善、自我革新、自我提高能力，确保党不变质、不变色、不变味，确保党始终成为中国特色社会主义事业的坚强领导核心。

新时代全面从严治党，以党中央制定和贯彻"八项规定"破题。2012 年 12 月 4 日，中共中央政治局召开会议，审议通过了《关于改进工作作风、密切联系群众的八项规定》，11 日，中共中央印发这一规定。这是党的十八大以后制定的第一部重要党内法规，它成为新时代中国共产党自我革命、全面加强自身建设的切入口和动员令。习近平指出："八项规定既不是最高标准，更不是最终目的，只是我们改进作风的第一步，是我们作为共产党人应该做到的基本要求。"他强调，党中央要以身作则，率先垂范，严格执行八项规定，各地区各部门都要根据中央要求制定相应规定、细则，并严格贯彻落实。

八项规定得到了有力贯彻和持之以恒的落实，遏制了长期存在的公款吃喝、铺张浪费、奢靡之风等顽瘴痼疾，对一些领导干部中存在的官僚主义、享乐主义和贪污腐败行为给予了有力警示和坚决查处。截至 2021 年 6 月，全国累计查处违反中央八项规定精神问题 62.6 万件，查处形式主义、官僚主义问题 21.7 万件，处理了 32.2 万人，起到了强大的警示教育作用。新时代党风廉政建设扎实推进，让人民群众看到了实实在在的成效，赢得了全党全国各族人民的高度认可和大力支持。2018 年 1 月 11 日，在党的十九届中央纪委二次全会上，习近平强调："中央八项规定不是只管 5 年、10 年，而是要长期坚持。要拿出恒心和韧劲，继续在常和长、严和实、深和细上下功夫，管出习惯、抓出成效，化风成俗。"

如何才能使全面从严治党真正落到实处、抓出成效？习近平指出，必须从领导干部这个"关键少数"严起、治起。2015 年 3 月，他在参加第十二届全国人民代表大会第三次会议上海代表团审议时指出："从严治党，关键是要抓住领导干部这个'关键少数'，从严管好各级领导干部。从严管理干部，要坚持思想建党和制度治党紧密结合，既从思想教育上严起来，又从制度上严起来。"党的十八大以后，对全面从严治党起"开头炮""切入口"作用的中央八项规定，首先就是制定中央政治局的八项规定，然后八项规定精神成为对全党的要求。党的十八大以来，全面加强党的建设的各项工作，落实党风廉政建设各项要求，都是从中央做起、从政治局做起、从领导干部做起，展现了我们党从严治党的决心和党中央领导集体的人格力量。习近平强调，要聚精会神抓党的建设，通过从严治党，从严治吏，把党管好、治好，"使我们党越来越成熟、越来越强大、越来越有战斗力"。他指出，历史使命越光荣，奋斗目标越宏伟，执政环境越复杂，我们就越要从严治党，使党永远保持同人民群众的血肉联系，永远立于不败之地。

群众路线是党的生命线和根本工作路线。2013 年 5 月，中共中央印发《关于在全党深入开展党的群众路线教育实践活动的意见》，决定在全党进行以为民务实清廉为主要内容的党的群众路线教育实践活动。活动围绕保持和发展党的先进性和纯洁性，按照"照镜子、正衣冠、洗洗澡、治治病"的总要求，集中整治形式主义、官僚主义、享乐主义和奢靡之风"四风"问题。以县处级以上领导机关、领导班子和领导干部为重点，深入贯彻落实中央八项规定精神，重点解决群众身边的不正之风，让群众满意。具体办法是开好民主生活会，以整风精神开展批评和自我批评；主要目的是使全党牢记并恪守全心全意为人民服务的根本宗旨，以优良作风把人民紧紧凝聚在一起，为实现党的十八大确定的目标任务而努力奋斗。此后，中央政治局常委同志分别出席指导联系点省区党委常委班子和县委常委班子专题民主生活会。2014年10月8日，党的群众路线教育实践活动总结大会举行，习近平在会上发表重要讲话，充分肯定教育实践活动的重要意义，对新形势下全面加强党的建设提出明确要求。

此后，围绕特定主题开展党内集中教育，成为开展党内教育、加强党的建设的有效形式。2015年4月，中共中央办公厅印发《关于在县处级以上领导干部中开展"三严三实"专题教育方案》，要求围绕习近平作出的"既严以修身、严以用权、严以律己，又谋事要实、创业要实、做人要实"的重要论述，在县处级以上领导干部中开展集中学习教育，切实整顿作风。2016年2月，中共中央办公厅印发《关于在全体党员中开展"学党章党规、学系列讲话，做合格党员"学习教育方案》，在全党进行"两学一做"学习教育，帮助广大党员坚定马克思主义立场，坚持在思想上政治上行动上同

★ 2017 年 10 月 31 日，在上海中共一大会址纪念馆，习近平带领其他中共中央政治局常委同志一起重温入党誓词

党中央保持高度一致，确保党始终成为有理想、有信念的马克思主义政党。根据党的十九大的部署，2019 年 5 月 13 日，中共中央政治局召开会议，决定从 2019 年 6 月开始，在全党自上而下分两批开展"不忘初心、牢记使命"主题教育。通过主题教育，深入推进用习近平新时代中国特色社会主义思想武装全党，锤炼党员、干部特别是领导干部忠诚干净担当的政治品格，确保全党思想统一、政治团结、步调一致。2021 年 2 月 16 日，中共中央印发《关于在全党开展党史学习教育的通知》，要求在庆祝中国共产党成立 100 周年之际，在全党开展党史学习教育，做到学史明理、学史增信、学史崇德、学史力行，学党史、悟思想、办实事、开新局。

2013 年 5 月 17 日，党的十八大后第一次中央巡视工作动员暨培训会议举行，一场中国共产党加强自身建设、紧紧围绕党风廉政建设和反腐败斗争、涉及全党各级组织的巡视工作，由此全面铺开，"巡视利剑"开始亮出锋芒。党中央高度重视巡视工作，到 2017 年底，中央政治局和中央政治局常委会共召开 23 次会议研究巡视工作，听取巡视汇报，审议巡视专题报告。习近平亲自指导，每次都发表重要讲话，深刻阐述巡视工作重大意义，明确巡视目标任务和工作重点，为巡视工作深入发展指明了方向。2015 年 8 月 3 日，中共中央颁布实施修订后的《中国共产党巡视工作条例》，并制定巡视工作五年规划，确立巡视工作方针，深化巡视政治定位，完善巡视工作格局，强化巡视成果运用，对加强和改进巡视工作作出一系列重大决策部署。十八届中央巡视组共开展 12 轮巡视，巡视了 277 个党组织，实现了对省区市和新疆生产建设兵团、中央和国家机关、国有重要骨干企业、中央金融单位和中管高校的巡视全覆盖，为反腐败斗争提供了有力支撑。党的十九大新修改的党章充实完善了巡视工作内容，把巡视制度单列为一条，成为新时代巡视工作的根本遵循。以习近平同志为核心的党中央切实加强对巡视工作的领导，颁布《中央巡视工作规划（2018—2022 年）》，确定了十九届中央巡视工作路线图和任务书。巡视已经成为新时代加强党内监督战略性制度安排，成为党之利器、国之利器，发挥了标本兼治的战略作用。

　　腐败是社会的毒瘤，也是执政党面临的最大威胁，为人民群众所深恶痛绝。党的十八大以来，党中央从党和国家生死存亡的高度，坚定不移地推进反腐败斗争和党风廉政建设，以猛药去疴、刮骨疗毒的决心和勇气，铁腕惩治腐败，反腐败斗争取得压倒性胜利并不断巩固和发展。2012 年 12 月 6 日，中央纪委公布四川省委副书记李春城涉嫌严重违纪问题，接受组织调查，拉开了党的十八大以来查处腐败大案要案的序幕。习近平指出，党风廉政建设和反腐败斗争是一场输不起的斗争，"不得罪成百上千的腐败分子，就要得罪十三亿人民。这是一笔再明白不过的政治账、人心向背的账！"2013年12月，中共中央印发了《建立健全惩治和预防腐败体系2013—2017年工作规划》。2016年1月12日，在十八届中央纪委第六次全体会议上，习近平要求"惩治腐败这一手必须紧抓不放、利剑高悬，坚持无禁区、全覆盖、零容忍"。要坚持党纪国法面前没有例外，不管涉及谁，都要一查到底，绝不姑息；要更加科学有效地防止腐败，坚定不移把党风廉政建设和反腐败斗争引向深入，形成不敢腐的惩戒机制、不能腐的防范措施、不易腐的保障机制。

在党中央坚强领导下，反腐败斗争保持高压态势持续推进，取得了一系列关键突破和制度性成果。坚持无禁区、全覆盖、零容忍，"老虎""苍蝇"一起打，果断处理一大批违规违纪、贪污腐化的党员干部。从2012年12月到2021年5月，纪检监察机关共立案审查调查省部级以上领导干部392人、厅局级干部2.2万人、县处级干部17万余人、乡科

★ 2016年，中央纪委宣传部、中央电视台联合制作大型电视专题片《永远在路上》

级干部 61.6 万人，周永康、薄熙来、郭伯雄、徐才厚、孙政才、令计划等一批影响较大的腐败分子纷纷落马，腐败多发高发势头得到有效遏制。在处理一批大案要案的同时，纪检部门采取坚决措施，铲除发生在群众身边、深为群众痛恨的"微腐败"和"蝇贪"。党的十九大后，查处涉及民生领域的问题、侵害群众利益的问题 39 万余件，处理了 35.9 万人。查处扶贫领域问题 28 万件，处分 18.8 万人。与此同时，积极推动国际追逃追赃合作，加大了反腐败的国际合作力度，部署开展了"天网"行动、"猎狐"专项行动；2014 年我国开展反腐败国际追逃追赃"天网"行动以来，截至 2021 年 6 月，从 120 个国家和地区追回外逃人员 9165 人，其中党和国家工作人员 2408 人，追回赃款 217.39 亿元，红色通缉 100 名人员有 60 名被追回，把惩治腐败的天罗地网撒向全球。

党的十八大以来，党中央根据中国特色社会主义实践发展，深入推进党的建设新的伟大工程，全面加强党的政治建设、思想建设、组织建设、作风建设、纪律建设和制度建设。坚持把党的政治建设放在首位，制定《关于新形势下党内政治生活的若干准则》，发出《中共中央关于加强党的政治建设的意见》，要求每个党员和领导干部增强"四个意识"、坚定"四个自信"、做到"两个维护"，坚守政治信仰、站稳政治立场、把准政治方向，始终同党中央保持高度一致，坚决维护党中央权威和集中统一领导。2019 年 6 月，党中央印发《习近平新时代中国特色社会主义思想学习纲要》并发出学习通知，要求把学习贯彻习近平新时代中国特色社会主义思想进一步引向深入，强调要把学习掌握马克思主义基本理论作为看家本领，加强理想信念和党性教育，不断增强道路自信、理论自信、制度自信、文化自信。党中央强调，要继续深入扎实地开展党的作风建设，贯彻群众路线没有休止符、作风建设永远在路上，持之以恒反对形式主义、官僚主义，在全党大兴调查研究之风，树立正确的政绩观，始终做老实人、说老实话、干老实事。切实加强党的组织建设，坚持新时代党的组织路线，以党的组织体系建设为重点，着力培养忠诚、干净、担当的高素质干部，着力集聚爱国奉献的各方面优秀人才，坚持德才兼备、以德为先、任人唯贤，为坚持和加强党的全面领导、坚持和发展中国特色社会主义提供坚强的组织保证。高度重视和加强党的制度建设，把制度建设贯穿于党的各项建设之中，修订了《中国共产党章程》，制定了《中国共产党廉洁自律准则》《关于新形势下党内政治生活的若干准则》等一大批重要的党内法规，使党的建设实践成果转化为各项制度成果，推进党内法规体系更加完善，为全面从严治党提供了强有力的制度保障。

勇于自我革命是中国共产党区别于其他政党的显著标志。党的十八大以来，我们党以刀刃向内的自我革命精神，直面党内存在的突出问题，以理论武装凝心聚魂，以整饬作风激浊扬清，以严明纪律强化约束，以从严治吏匡正用人导向，以"打虎""拍蝇""猎狐"惩治腐败，解决了许多长期想解决而没有解决的难题，消除了党和国家内部存在的严重隐患，党内政治生态明显好转，党的创造力、凝聚力、战斗力显著增强，党群关系明显改善，党在革命性锻造中更加坚强，以党的伟大自我革命推动了伟大的社会革命。

2021年，中国共产党迎来百年华诞，这是我们党总结过往、展望未来、开拓前进的重要历史契机。习近平在主持十九届中央政治局第十五次集体学习时说："我们党作为百年大党，如何永葆先进性和纯洁性、永葆青春活力，如何永远得到人民拥护和支持，如何实现长期执政，是我们必须回答好、解决好的一个根本性问题。"这三个"如何"是百年之问，更是时代课题，是全党同志必须始终警醒自己的重大问题！我们必须不忘初心、牢记使命，大力弘扬解放思想、实事求是、锐意进取、埋头苦干的精神，在自我革命和社会革命中锻造磨砺自己，使我们党在世界形势深刻变化中始终走在时代前列，在应对国内外各种风险和考验中始终成为全国各族人民的主心骨，在坚持和发展中国特色社会主义进程中始终成为坚强领导核心。

# 七、奋力谱写社会主义现代化 新征程的壮丽篇章

实现中华民族伟大复兴是近代以来中华民族最伟大的梦想。中国共产党从成立之日起，就义无反顾肩负起实现中华民族伟大复兴的历史使命，团结带领全国各族人民经过长期艰苦卓绝、气吞山河的奋斗，走上了中国特色社会主义这条唯一正确的道路。2018年12月18日，习近平在庆祝改革开放40周年大会上郑重指出："中国特色社会主义道路是当代中国大踏步赶上时代、引领时代发展的康庄大道，必须毫不动摇走下去。"方向决定前途，道路决定命运。我们要把命运掌握在自己手中，就要有志不改、道不变的坚定。

中国特色社会主义进入新时代，党的十九大为新时代绘制了更为宏伟的蓝图。习近平庄严宣示："从全面建成小康社会到基本实现现代化，再到全面建成社会主义现代化强国，是新时代中国特色社会主义发展的战略安排。我们要坚忍不拔、锲而不舍，奋力谱写社会主义现代化新征程的壮丽篇章！"

建设一个强盛的社会主义现代化国家，是几代中国共产党人的夙愿，是全体中华儿女的强烈愿望。经过新中国成立70多年特别是改革开放40多年的不懈奋斗，我们党领导中国人民把一穷二白的旧中国变成了一个日益繁荣昌盛的新中国，我们已经拥有开启新征程、实现新的更高目标的雄厚物质基础。经过长期的实践探索、经验总结和理论创新，我们党对中国特色社会主义的规律性认识上不断深化、对发展的战略统筹上更加成熟、对贯彻的实践推动上无比坚定，特别是创立和形成了习近平新时代中国特色社会主义思想，奠定了新时代全面建设社会主义现代化国家坚实的思想理论基础。

2020年10月，党的十九届五中全会召开，审议通过了《中共中央关于制定国民经济和社会发展第十四个五年规划和二〇三五年远景目标的建议》，对我国未来5年和15年的发展作出全面部署，开启了我国迈向全面建设社会主义现代化国家的新征程。习近平指出："'十四五'时期是我国全面建成小康社会、实现第一个百年奋斗目标之后，乘势而上开启全面建设社会主义现代化国家新征程、向第二个百年奋斗目标进军的第一个五年，我国将进入新发展阶段。"他强调，"新发展阶段是我国社会主义发展进程中的一个重要阶段"，是我们党带领人民迎来从站起来、富起来到强起来历史性跨越的新阶段，在我国发展进程中具有里程碑意义。

★ 2020 年 10 月，党的十九届五中全会在北京举行

　　进入新发展阶段，国内外环境的深刻变化既带来一系列新机遇，也带来一系列新挑战，其中危与机并存，危中有机、危可转机。习近平强调，"我们要辩证认识和把握国内外大势，统筹中华民族伟大复兴战略全局和世界百年未有之大变局，深刻认识我国社会主要矛盾发展变化带来的新特征新要求，深刻认识错综复杂的国际环境带来的新矛盾新挑战，增强机遇意识和风险意识，准确识变、科学应变、主动求变，勇于开顶风船，善于转危为机"。他还指出，如今的机遇更具有战略性、可塑性，挑战更具有复杂性、全局性。机遇和挑战之大都前所未有，总体上机遇大于挑战。必须增强忧患意识、坚持底线思维，随时准备应对更加复杂困难的局面。要坚持政治安全、人民安全、国家利益至上有机统一，既要敢于斗争，也要善于斗争，全面做强自己。

　　进入新发展阶段，要坚定不移贯彻创新、协调、绿色、开放、共享的新发展理念。习近平指出："发展理念是否对

313

头，从根本上决定着发展成效乃至成败。"要坚持以人民为中心的发展思想，发展全过程人民民主，维护社会公平正义，着力解决发展不平衡不充分问题和人民群众急难愁盼问题，推动人的全面发展、全体人民共同富裕取得更为明显的实质性进展；要坚持稳中求进工作总基调，以推动高质量发展为主题，以深化供给侧结构性改革为主线，切实转变发展方式，推动质量变革、效率变革、动力变革，实现更高质量、更有效率、更加公平、更可持续、更为安全的发展；要坚持把创新作为第一动力，把协调作为内生特点，把绿色作为普遍形态，把开放作为必由之路，把共享作为根本目的，统筹发展和安全，加快建设现代化经济体系，推进国家治理体系和治理能力现代化，实现经济行稳致远、社会和谐安定。

进入新发展阶段，要加快构建以国内大循环为主体、国内国际双循环相互促进的新发展格局。习近平强调，构建新发展格局是一项关系我国发展全局的重大战略任务，需要从全局高度准确把握和积极推进。要把满足国内需求作为发展的出发点和落脚点，加快建设统一开放、竞争有序的现代市场体系，构建强大的国内经济循环体系和稳固的基本盘。要大力推进自主创新，全面加强科技创新的战略部署，集合优势资源，有力推进创新攻关，加强创新链和产业链对接。要实行高水平对外开放，使国内市场和国际市场更好联通，更好利用国际国内两个市场、两种资源，塑造我国参与国际合作和竞争新优势，不断增强我国经济的生存力、竞争力、发展力、持续力。

进入新发展阶段，要坚持继续全面深化改革。习近平指出，党的十八届三中全会以来，全面深化改革取得历史性伟大成就，"我们已经啃下了不少硬骨头但还有许多硬骨头要啃，我们攻克了不少难关但还有许多难关要攻克"。必须拿出更大的勇气、更多的举措破除深层次体制机制障碍。要把深化改革攻坚同促进制度集成结合起来，聚焦基础性和具有重大牵引作用的改革举措，加强制度创新充分联动和衔接配套，提升改革综合效能。要把推进改革同防范化解重大风险结合起来，深入研判改革形势和任务，科学谋划推动落实改革的时机、方式、节奏，推动改革行稳致远。要把激发创新活力同凝聚奋进力量结合起来，强化激励机制，充分调动各方面推进改革的积极性、主动性、创造性，推动改革在新发展阶段打开新局面。

"十四五"时期，是我国发展的新起点，对于今后15年乃至到本世纪中叶的发展都具有重要意义。要立足新发展阶段、贯彻新发展理念、构建新发展格局，坚持改革不停顿，开放不止步，以一往无前的奋斗姿态、风雨无阻的精神状态，推动经济发展取得新成效、改革开放迈出新步伐、全过程人民民主获得新进展、精神文明建设呈现新局面、民生福祉达到新水平、生态文明建设实现新进步、国家治理效能得到新提升，为全面建设社会主义现代化国家开好局、起好步。

展望2035年，实现全面建设社会主义现代化国家的宏伟目标，我国经济实力、科技实力、综合国力将大幅跃升，经济总量和城乡居民人均收入将再迈上新的大台阶，关键核心技术实现重大突破，进入创新型国家前列；基本实现新型工业化、信息化、城镇化、农业现代化，建成现代化经济体系；基本实现国家治理体系和治理能力现代化，人民平等参与、平等发展权利得到充分保障，基本建成法治国家、法治政府、法治社会；建成文化强国、教育强国、人才强国、体育强国、健康中国，国民素质和社会文明程度达到新高度，国家文化软实力显著增强；广泛形成绿色生产生活方式，碳排放达到峰值后稳中有降，生态环境根本好转，美丽中国建设目标基本实现；形成对外开放新格局，参与国际经济合作与竞争新优势明显增强；人均国内生产总值达到中等发达国家水平，中等收入群体显著扩大，基本公共服务实现均等化，城乡区域发展差距和居民生活水平差距显著缩小；平安中国建设达到更高水平，基本实现国防和军队现代化；人民生活更加美好，人的全面发展、全体人民共同富裕取得更为明显的实质性进展。到那时，中国特色社会主义将具有更加雄厚的实力，展示出更加显著的优越性和更加强大的生命力。

蓝图宏伟，目标远大，任务艰巨。习近平指出，当今世界正经历百年未有之大变局，但时与势在我们一边，这是我们定力和底气所在，也是我们的决心和信心所在。我国有独特的政治优势、制度优势、发展优势和机遇优势，经济社会发展依然有诸多有利条件，我们一定能够实现"十四五"规划和 2035 年远景目标，继续谱写经济快速发展奇迹和社会长期稳定奇迹"两大奇迹"新篇章。

我国发展正处于"两个一百年"奋斗目标的历史交汇期，我们离实现中华民族伟大复兴的目标越来越近，同时在前进道路上遇到的困难和挑战可能更多更大，面临的风险考验可能越来越复杂，甚至有可能遇到难以想象的惊涛骇浪。我们必须准备进行具有许多新的历史特点的伟大斗争。要深刻认识到，这些斗争不是短期的而是长期的，有可能会伴随我们实现第二个百年奋斗目标全过程，我们必须有更加坚定的意志，准备付出更具挑战、更为艰苦的努力。2019 年 10 月 1日，在庆祝中华人民共和国成立 70 周年大会上，习近平庄严指出："今天，社会主义中国巍然屹立在世界东方，没有任何力量能够撼动我们伟大祖国的地位，没有任何力量能够阻挡中国人民和中华民族的前进步伐。"这是全国各族人民的共同心声！

理想引领未来，使命呼唤担当。习近平指出："坚持好、发展好中国特色社会主义，把我国建设成为社会主义现代化强国，是一项长期任务，需要一代又一代人接续奋斗。"要统筹中华民族伟大复兴战略全局和世界百年未有之大变局，不断提高政治判断力、政治领悟力、政治执行力，不断提高把握新发展阶段、贯彻新发展理念、构建新发展格局的政治能力、战略眼光、专业水平，敢于担当、善于作为，把党中央决策部署贯彻落实好。要紧密团结在以习近平同志为核心的党中央周围，牢固树立"四个意识"，始终坚定"四个自信"，坚决做到"两个维护"，永远牢记"国之大者"，凝聚起亿万人民的磅礴力量，同心同德、努力奋斗，为把我国全面建成富强民主文明和谐美丽的社会主义现代化强国、实现中华民族伟大复兴的中国梦而不懈奋斗！

# 结 束 语

社会主义 500 多年的发展，印证了人类追求美好社会的铿锵脚步，印证了无产阶级为推翻不平等不公正不合理的剥削制度、求得自身解放和全人类解放的不懈奋斗。这一伟大历史进程，波澜壮阔、跌宕起伏，承载着亿万人民的理想和使命，凝聚着志士先贤的心血和智慧，充满着不屈不挠的奋斗精神，不断推动着人类文明的进步，始终代表着人类历史前进的正确方向。

## 一、社会主义始终是人类进步的"明灯"

社会主义从诞生起就是一种超越资本主义的先进思想。最先提出社会主义构想的空想社会主义者，正是通过对资本主义罪恶的无情揭露和批判，阐发了对建设没有剥削、没有压迫美好新社会的憧憬。尽管他们没有找到实现新社会的正确途径和现实力量，美好的构想沦为空想，但那些先驱勾画的理想蓝图始终占据着人类道义的制高点，具有不可遏止的吸引力，激励着一代又一代无畏的追随者。

习近平深刻指出："在马克思提出科学社会主义之前，空想社会主义者早已存在，他们怀着悲天悯人的情感，对理想社会有很多美好的设想，但由于没有揭示社会发展规律，没有找到实现理想的有效途径，因而也就难以真正对社会发展发生作用。马克思创建了唯物史观和剩余价值学说，揭示了人类社会发展的一般规律，揭示了资本主义运行的特殊规律，为人类指明了从必然王国向自由王国飞跃的途径，为人民指明了实现自由和解放的道路。"1848 年《共产党宣言》发表，标志着科学社会主义诞生。它一经问世，就在实践上推动了世界社会主义运动发展，深刻改变了人类历史进程。

1917 年，列宁领导的十月革命取得胜利，建立了第一个社会主义国家，在资本主义最薄弱的链条上打开了一个缺口，使社会主义实现了从理论、运动到实践、制度的伟大飞跃，开启了人类历史上建立新社会的伟大尝试，有力推动了各国无产阶级革命和民族解放运动的蓬勃发展，展示了人类文明新的曙光。第二次世界大战中，社会主义苏联和各国共产党领导的力量发挥了反法西斯战争主力军的作用，为保卫人类文明作出了伟大贡献。战后，社会主义由一国发展到多国，一大批国家建立了社会主义制度，许多殖民地半殖民地国家赢得了民族独立和人民解放，并先后走上了社会主义道路，世界格局发生了根本性的历史巨变。社会主义在各国的实践，有力促进了原来落后的国家迅速走向工业化和现代化，促进了人民的生活水平大幅度提高，并成为遏制帝国主义侵略战争的重要力量。

社会主义制度在世界范围的广泛确立，使社会主义新探索成为世界被压迫人民的希望、成为照亮人类前进的"明灯"。在社会主义国家，第一次否定了弱肉强食、尔虞我诈、剥削压迫、贫富分化的资本主义制度，建立起社会公正、人人平等、共同富裕的社会主义制度；第一次把身份、血缘、特权、财产等因素排斥于政治参与权利之外，让广大劳动人民成为国家政治生活的主体，真正当家作主；第一次使社会生产和社会财富增加的目的，不是为了资本家的利润、不是为了少数食利者，而是为了满足人民群众不断增长的物质文化需要，并由全体人民共享发展成果；第一次使更多普通劳动者获得接受教育的机会和权利，享受到更多更好的医疗保障，实现了较高程度的男女平等，享有越来越广泛、越来越丰富的社会福利。正因为如此，甚至一些西方学者也不得不承认，在当今世界上，只要还存在社会不平等，社会主义就有其生存、发展的土壤。社会主义制度使剥削、压迫、不平等和社会不公，真正在世界范围内得到有力抵制。

中国特色社会主义是人类对社会主义探索的重要组成部分，是世界社会主义事业发展的亮点，是中国共产党领导中国人民历尽千辛万苦、付出巨大代价取得的根本成就，是实现中华民族伟大复兴的正确道路。2013 年 3 月，习近平在第十二届全国人民代表大会第一次会议上讲话指出，中国特色社会主义道路来之不易，"它是在改革开放 30 多年的伟大实践中走出来的，是在中华人民共和国成立 60 多年的持续探索中走出来的，是在对近代以来 170 多年中华民族发展历程的深刻总结中走出来的，是在对中华民族 5000 多年悠久文明的传承中走出来的，具有深厚的历史渊源和广泛的现实基础"。苏联解体、东欧剧变之后，世界社会主义经历了从跌入低谷到谋求振兴的历史过程。在这一过程中，中国特色社会主义始终发挥着中流砥柱的关键作用，它的强大生机与活力，它取得的令世界瞩目的成就，鼓舞了世界各国人民的信心。

2008 年爆发的国际金融危机、2020 年突如其来的新冠肺炎疫情及其在世界的大流行再次表明，时至今日，资本主义并没有随着时代的发展摆脱其固有矛盾和弊端。"西方之乱"凸显出"中国之治"。中国特色社会主义的繁荣和发展，打破了对资本主义制度的迷信，给世界上那些既希望加快发展又希望保持自身独立性的国家和民族提供了全新选择，展示了科学社会主义的强大生命力。

## 二、社会主义历史发展给我们的深刻启示

社会主义以极其丰富多彩的理论与实践，推动了人类历史上最为广泛、最为深刻的社会变革，开启了人类文明不可逆转的历史进步，对人类历史进程产生了深刻影响，给我们留下了深刻的启示。

第一，社会主义代替资本主义具有历史必然性和长期性，必须矢志不渝地做共产主义远大理想和中国特色社会主义共同理想的坚定信仰者和忠实践行者。社会主义发展史充分证明了"两个必然"和"两个决不会"论断的正确性。马克思主义诞生 170 多年来，人类社会发生了翻天覆地的变化，世界资本主义和社会主义都发生了很大变化，但是资本主义的基本矛盾没有变，工人阶级的历史使命没有变，科学社会主义的真理性没有变，人类必然走向共产主义的历史趋

势没有改变。当今时代，资本主义仍然在世界上占据着优势，资本主义制度经过调整仍然具有容纳新的生产力的能力。尽管这种能力在不断弱化，但我们仍然需要对这种自我调节能力有清醒认识，充分估计到西方发达国家在经济科技军事方面占据优势的客观事实，认真做好两种社会制度长期共存、合作和斗争的准备。习近平指出："尽管世界社会主义在发展中也会出现曲折，但人类社会发展的总趋势没有改变，也不会改变。"社会主义作为一种"新事物"，它的发展不可能一帆风顺、一路坦途，必然会遇到来自内部与外部的各种挑战和冲击，会遇到前进中的各种曲折和困难。我们必须坚定对社会主义、共产主义的必胜信念和崇高信仰，同时要清醒认识建设社会主义、实现共产主义是一个很长的历史过程，要坚持从社会主义初级阶段的实际出发，不能犯急性病，脚踏实地为社会主义、共产主义事业奋斗！

第二，社会主义从来都是在开拓创新中前进的，必须勇于破除束缚社会主义发展的思想观念，在实践中不断深化对社会主义的认识、不断开辟社会主义发展的新境界。社会主义是前无古人的伟大事业，没有现成的方案可以遵循，只能随着时代、实践和科学的发展不断探索前进。列宁根据俄国经济文化相对落后的实际，及时将战时共产主义政策调整为新经济政策，这是对科学社会主义理论和实践的重要突破和创新。毛泽东倡导实现马克思主义同中国实际的"第二次结合"，并对建设适合中国情况的社会主义作出了重要探索。党的十一届三中全会以来，我们党解放思想、实事求是，大胆探索、开拓创新，敢于说老祖宗没有说过的新话，敢于干前人没有干过的新事业，走出了中国特色社会主义的新道路。习近平强调，中国特色社会主义道路，不是简单延续我国历史文化的母版，不是简单套用马克思主义经典作家设想的模板，不是其他国家社会主义实践的再版，也不是国外现代化发展的翻版。社会主义并没有定于一尊、一成不变的套路，只有把科学社会主义基本原则同本国具体实际、历史文化传统、时代要求紧密结合起来，在实践中不断探索总结，才能把蓝图变为美好现实。历史证明：社会主义从来都是在开拓创新中前进的，我们必须发挥历史主动性和创造性，坚持用马克思主义观察时代、把握时代、引领时代，清醒认识世情、国情、党情的变化，锐意进取，大胆探索，不断有所发现、有所创造、有所前进，不断深化对共产党执政规律、社会主义建设规律、人类社会发展规律的认识，不断开辟当代中国马克思主义、21 世纪马克思主义新境界，不断推进马克思主义中国化时代化！

第三，社会主义始终为了人民、依靠人民，必须坚持以人民为中心的发展思想，不断解放和发展社会生产力，促进人的全面发展和社会全面进步。社会主义生产的根本目的，是满足人民群众不断增长的物质文化需要。历史上，苏联和中国等社会主义国家，在理论上对社会主义生产目的是比较明确的，实践上也努力坚持以经济建设为中心工作，不断提高人民的生活水平，取得了比资本主义更大的社会进步。但是，社会主义国家在探索中，也出现了违背社会主义经济规律的失误。苏联出现了过分强调重工业优先，忽视人民群众的生活需要，农业、轻工业、消费品生产发展严重不足的情况；出现了过分强调指令性计划，忽视市场作用，统得过死、集中过多，使用行政手段管理经济等问题。后来又陷入与美国的军备竞赛，消耗了大量资源，影响国家经济发展和人民群众生活水平的提高。中国一度出现"以阶级斗争为纲"、偏离以经济建设为中心，分配中的平均主义、"大锅饭"、生产效率低下等问题。这些问题影响了社会主义优越性的发挥，甚至给社会主义事业发展带来了严重损害。党的十一届三中全会以后，我们党深刻总结历史经验教训。邓小平指出：发展是硬道理，"现在要横下心来，除了爆发大规模战争外，就要始终如一地、贯彻始终地搞这件事，一切围绕着这件事，不受任何干扰"。改革开放 40 多年来，我们党牢牢抓住经济建设这个首要任务，坚持以人民为中心的发展思想，把不断改善人民生活作为发展的根本目标，大力解放和发展先进生产力，坚持深化社会主义市场经济改革，坚持全面对外开放的基本国策，取得了经济社会发展的巨大成就，使我们经受住了来自各方面的风险和挑战，推动中国特色社会主义航船不断破浪前进！

第四，社会主义事业的核心领导力量是马克思主义政党，必须坚持党的全面领导和全面建设，把党领导的社会革命和党的自我革命结合起来，永葆马克思主义政党本色。实现社会主义必须建立无产阶级政党和坚持党的领导，这是马克思主义的基本原理。马克思、恩格斯认为，无产阶级只有建立起本阶级的革命政党，并在党的坚强领导下才能推翻资产阶级统治，实现社会主义和共产主义的伟大理想。他们指出："在实践方面，共产党人是各国工人政党中最坚决的、始终起推动作用的部分；在理论方面，他们胜过其余无产阶级群众的地方在于他们了解无产阶级运动的条件、进程和一般结果。"因此，他们历来把无产阶级政党的领导，作为实现社会主义和共产主义的前提条件，并亲自参加创立了第一个国际性的共产党组织——共产主义者同盟，后来又领导了国际工人协会（第一国际），并在指导国际共产主义运动中，形成了加强马克思主义政党建设的一系列重要思想。列宁在领导俄国十月革命过程中，也特别重视党的领导和党的建设。他认为，俄国的工人运动要想取得成功，必须有一个坚强有力的无产阶级政党。十月革命胜利后，他反复告诫全党必须重视自身建设问题，他指出，如果说有什么东西会毁掉我们的国家和事业，那就是"共产党员成了官僚主义者"。毛泽东把党的建设作为中国共产党取得新民主主义革命胜利的三个主要"法宝"之一，并在社会主义建设时期强调："领导我们事业的核心力量是中国共产党。指导我们思想的理论基础是马克思列宁主义。"世界社会主义发展历史经验，特别是苏联解体、东欧剧变的历史教训告诉我们，社会主义兴衰成败关键在于是否有一个坚强的马克思主义执政党。中国共产党 100 年来的奋斗、中华人民共和国成立 70 多年的发展充分证明：中国共产党的领导是中国特色社会主义最本质的特征，是中国特色社会主义制度的最大优势，是党和国家根本所在、命脉所在，是全国各族人民的利益所系、命运所系。加强党的全面领导、全面从严治党，是中国特色社会主义事业顺利发展的根本保障。习近平指出："党要团结带领人民进行伟大斗争、推进伟大事业、实现伟大梦想，必须毫不动摇坚持和完善党的领导，毫不动摇把党建设得更加坚强有力。"要进一步完善加强党的全面领导的体制机制，全面推进党的建设新的伟大工程，不断提高党科学执政、民主执政、依法执政水平，永葆党的先进性和纯洁性、凝聚力和战斗力，使党始终成为引领中国特色社会主义事业发展的坚强领导核心。

第五，社会主义事业要靠一代一代人接续奋斗，必须大力培养合格的社会主义事业的建设者和接班人，造就大批具有坚定马克思主义信仰、有较高理论水平和战略思维能力、深入了解实际的领导骨干。建设社会主义、实现共产主义是一个长期的历史过程，需要几代人、十几代人、几十代人持续努力的奋斗。苏联解体、东欧剧变的深刻教训表明，培养和选拔理想信念坚定的社会主义建设者和接班人，特别是大批领导骨干，是巩固和发展社会主义制度的基本前提，也是社会主义、共产主义事业顺利发展的基本前提。杜勒斯当年就说过，要把"和平演变"的希望寄托在共产党人的第三代、第四代身上，戈尔巴乔夫、雅科夫列夫等人正是苏共的第三、四代领导人。他们的思想渊源，可以追溯到赫鲁晓夫时期。赫鲁晓夫在苏共二十大上的秘密报告，全盘否定斯大林，造成党内和社会上严重思想混乱；他大力宣扬超阶级的人道主义，歪曲马克思主义国家学说和政党学说，严重混淆科学社会主义与民主社会主义的根本区别，造成大批党员干部理想信念动摇。戈尔巴乔夫、雅科夫列夫这一批被称为"60年代人"的苏共年轻干部就深受影响，这批人后来成了苏联共产党的"掘墓人"。习近平指出："信仰、信念、信心，任何时候都至关重要。小到一个人、一个集体，大到一个政党、一个民族、一个国家，只要有信仰、信念、信心，就会愈挫愈奋、愈战愈勇，否则就会不战自败、不打自垮。"历史表明，确保社会主义、共产主义事业后继有人，实现党和国家长治久安，就必须坚持不懈地对全体人民特别是青年一代进行理想信念教育，进行马克思主义理论教育，帮助人们深刻认识和把握人类社会发展的历史规律，牢固树立社会主义、共产主义理想信念；深刻认识和理解"中国共产党为什么能，中国特色社会主义为什么好，归根到底是因为马克思主义行"，不断坚定对马克思主义的信仰，不断坚定对共产主义的信念，不断坚定对中国特色社会主义道路的信心。

第六，社会主义、共产主义代表了人类历史发展方向，必须加强与全世界大多数国家人民的团结合作，构建人类命运共同体，推动建设持久和平、普遍安全、共同繁荣、开放包容、清洁美丽的世界。马克思主义认为，共产主义是人类社会发展的必然归宿。因此，社会主义实践的发展方向，始终是与人类历史的发展方向相一致的。马克思主义历来把被压迫民族和被压迫人民争取独立、解放的斗争看作无产阶级革命运动的重要组成部分，历来把维护世界和平，促进国际社会公平正义，实现互利共赢、繁荣发展，作为社会主义事业的历史责任。社会主义既是资本主义的否定者和对立物，也是资本主义文明的继承者和变革者，只有在人类创造的文明成果基础上才能实现社会主义、共产主义的目标。当今世界正经历百年未有之大变局，世界多极化、经济全球化、社会信息化、文化多样化深入发展，世界各国人民的命运从未像今天这样紧紧相连。习近平指出："我们要洞察时代风云，把握时代大势，站在人类发展前沿，积极探索关系人类前途命运的重大问题，为应对当今世界面临的全球性挑战、解决人类面临的共性问题贡献中国智慧、中国方案。"他提出构建人类命运共同体的倡议，不仅对于维护世界的长期和平与繁荣具有重要意义，而且为世界发展和人类文明进步指明了方向。中国共产党是为中国人民谋幸福的政党，也是为人类进步事业而奋斗的政党。中国共产党始终把为人类作出新的更大的贡献作为自己的使命。中国将高举和平、发展、合作、共赢的旗帜，恪守维护世界和平、促进共同发展的外交政策宗旨，坚定不移在和平共处五项原则基础上发展同各国的友好合作，推动建设相互尊重、公平正义、合作共赢的新型国际关系，推动构建人类命运共同体。

# 三、社会主义必将迎来新的辉煌

社会主义作为人类历史上崭新的思想体系和社会运动，从诞生起就经受各种挑战和考验，但始终充满着蓬勃的生命力。科学社会主义创立以后，在实践中取得了举世瞩目的辉煌成就，不断展示着人类文明进步的光辉和全人类解放的美好前景。从人类历史长河来看，社会主义实践还需要不断探索，社会主义制度还需要不断完善，社会主义理论还需要不断丰富。特别是在经济文化比较落后的国家，创新和发展社会主义道路、理论、制度和文化，进行社会主义革命、建设和改革，是一项极为艰巨复杂的历史任务。社会主义要赢得与资本主义相比更大的优势，必然需要经历一个漫长的历史过程，前进中不可避免会遇到曲折、困难和风险。20世纪八九十年代的苏联解体、东欧剧变，是社会主义发展遭受的一次严重曲折，但它只是前进中的曲折，并没有改变历史发展的总趋势。20世纪以来的历史，特别是近年来频发的国际金融危机表明，资本主义发展到今天，无论怎样进行自我调整，都没有也不可能从根本上解决资本主义社会的基本矛盾，始终无法克服其走向衰败的命运。社会主义代替资本主义，将是人类经历的虽然漫长但却是必然的历史过程。

中国特色社会主义道路，是科学社会主义理论逻辑和中国社会发展历史逻辑的辩证统一，是根植于中国大地、反映中国人民意愿、适应时代发展要求的社会主义道路，是中华民族从站起来、富起来到强起来，实现伟大复兴的必由之路。中国特色社会主义的生动实践和奇迹般的成功，彰显了社会主义制度的独特优势和强大生命力。习近平指出，"我们要全面掌握辩证唯物主义和历史唯物主义的世界观和方法论，深刻认识实现共产主义是由一个一个阶段性目标逐步达成的历史过程，把共产主义远大理想同中国特色社会主义共同理想统一起来、同我们正在做的事情统一起来，坚定中国特色社会主义道路自信、理论自信、制度自信、文化自信，坚守共产党人的理想信念"。要高举中国特色社会主义伟大旗帜，不断开创中国特色社会主义事业新局面，让科学社会主义在 21 世纪的中国焕发出强大生机活力。

世界社会主义历史是一部鸿篇巨制，500 多年来，无数志士仁人为其写下了精彩篇章。当代中国共产党人不仅要把这部鸿篇巨制写下去，而且要写好写精彩。我们的国家，我们的民族，从积贫积弱一步一步走到今天的发展繁荣，靠的就是一代又一代人的接力驰骋、顽强拼搏，靠的就是中华民族自强不息的奋斗精神。只要我们坚定地沿着中国特色社会主义道路不畏艰苦、开拓奋进，就一定能在新的历史条件下继续夺取中国特色社会主义新胜利，就一定能实现建设社会主义现代化国家的奋斗目标，就一定能在中国特色社会主义道路上实现中华民族伟大复兴的中国梦！

时代潮流浩浩荡荡，历史车轮滚滚向前。中国的昨天已经写在人类的史册上，中国的今天正在亿万人民手中创造，中国的明天必将更加美好。现在，中国共产党团结带领中国人民又踏上了实现第二个百年奋斗目标新的赶考之路。中华民族伟大复兴，绝不是轻轻松松、敲锣打鼓就能实现的。我们必须付出更为艰巨、更为艰苦的努力。大道至简，行久致远。历史从不等待一切犹豫者、观望者、懈怠者、软弱者，只有与历史同步伐、与时代共命运的人，才能够赢得光明的未来。习近平在庆祝中国共产党成立100周年大会上讲话指出："中国共产党的先驱们创建了中国共产党，形成了坚持真理、坚守理想，践行初心、担当使命，不怕牺牲、英勇斗争，对党忠诚、不负人民的伟大建党精神，这是中国共产党的精神之源。"他强调："要继续弘扬光荣传统、赓续红色血脉，永远把伟大建党精神继承下去、发扬光大！"我们要坚定理想信念、坚守初心使命，乘着新时代的浩荡东风，加满油，把稳舵，鼓足劲，让承载着14亿多中国人民伟大梦想的中华巨轮劈波斩浪、扬帆远航，胜利驶向中国特色社会主义更加辉煌的明天！

责任编辑：边　极　任　民

封面设计：林芝玉

版式设计：王欢欢

**图书在版编目（CIP）数据**

社会主义发展简史／《社会主义发展简史》编写组编著 . — 北京：
　学习出版社：人民出版社，2021.8

ISBN 978 - 7 - 5147 - 1075 - 5

I. ①社… 　 II. ①社… 　 III. ①社会主义 – 政治思想史 　 IV. ① D091.6

中国版本图书馆 CIP 数据核字（2021）第 173023 号

## 社会主义发展简史
SHEHUI ZHUYI FAZHAN JIANSHI

本书编写组

人民出版社
学习出版社　出版发行

北京联兴盛业印刷股份有限公司印刷　新华书店经销

2021 年 8 月第 1 版　2021 年 8 月北京第 1 次印刷
开本：787 毫米 ×1092 毫米 1/16　印张：21　插页：8
字数：228 千字

ISBN 978 - 7 - 5147 - 1075 - 5　定价：35.00 元

邮购地址 100062　北京市东城区崇外大街 11 号新成文化大厦 B 座 11 层
电话（010）66063020　66061634　66061646